Dall'autore di
"Generazione Z" e
"La Tragedia Silenziosa"

ETTORE GUARNACCIA

CYBERSECURITY INTELLIGENCE
2.0

Non puoi proteggere
qualcosa che non conosci
da ciò che non conosci

Prefazione di
Pierguido Iezzi

CYBERSECURITY INTELLIGENCE 2.0
di Ettore Guarnaccia

Prefazione di
Pierguido Iezzi

ISBN 9798367463118
Prima edizione: dicembre 2022
Seconda edizione: dicembre 2023

Dello stesso autore:
- **La Tragedia Silenziosa** – Come il digitale sta plasmando e
  minacciando le nuove generazioni (ai tempi del COVID-19) (2020)
- **Generazione Z** – Fotografia statistica e fenomenologica
  di una generazione ipertecnologica e iperconnessa (2018)

Tutti i libri dell'autore sono acquistabili
su Amazon o su shop.ettoreguarnaccia.com

Sommario

Prefazione

di Pierguido Iezzi

Alle porte del 2024, intelligenza artificiale e *cyber threat intelligence* si distinguono come fattori cruciali, segnali fondamentali di un punto di svolta, se non addirittura elementi determinanti del futuro geopolitico e dello scenario cyber. La loro influenza nel ridefinire le strategie di sicurezza globale pone in evidenza il ruolo sempre più centrale che queste tecnologie avranno nel contesto generale, trasformando non solo il modo in cui aziende e organizzazioni si difendono dalle minacce digitali, ma anche come le nazioni interagiscono e influenzano gli equilibri di potere globali. Entrambe stanno ridefinendo il panorama globale con impatti significativi, in particolare in contesti di tensione come Medio Oriente e Ucraina. Con molta probabilità, l'applicazione concreta dell'intelligenza artificiale nel settore della cybersecurity non solo migliorerà le strategie di difesa e attacco nel contesto aziendale, ottimizzando la protezione dei dati e delle infrastrutture digitali, ma avrà risonanze profonde anche nella geopolitica mondiale. La relazione tra *intelligence, threat intelligence* e *cyber threat intelligence* diventa anch'essa un elemento chiave in questo contesto. Ogni ambito, pur distinto, contribuisce a formare il quadro completo della sicurezza globale in un'era caratterizzata da minacce digitali sempre più complesse.

L'*intelligence*, nel suo senso più ampio, comprende la raccolta, l'analisi e la distribuzione di informazioni relative alla sicurezza nazionale e internazionale. Questo campo si estende oltre la sicurezza cyber, abbracciando aspetti politici, militari, economici e sociali. Essa si occupa della comprensione del panorama globale, analizzando le relazioni tra nazioni, movimenti geopolitici e minacce transnazionali, fornendo quindi una base per decisioni strategiche a lungo termine.

La *threat intelligence*, invece, si focalizza specificamente sulla raccolta e analisi di informazioni relative alle minacce, sia fisiche che digitali. Questo include l'identificazione di potenziali attori ostili, le loro tattiche, tecniche e procedure, nonché la valutazione delle vulnerabilità e dei rischi. Questo aspetto della sicurezza è cruciale per comprendere e prevenire attacchi imminenti o in corso, offrendo un quadro tempestivo delle minacce attuali.

D'altro canto, la *cyber threat intelligence* rappresenta un sottoinsieme specializzato della threat intelligence, focalizzandosi esclusivamente sulle minacce cyber. Grazie all'intelligenza artificiale, la cyber threat intelligence può abilitare una comprensione più approfondita e una reazione più veloce alle minacce informatiche. Questo campo si concentra sulle vulnerabilità dei sistemi informatici, sulle tecniche di attacco cyber e sulla prevenzione di intrusioni digitali. Essa crea un ponte critico tra la sicurezza digitale e le strategie geopolitiche globali, integrando l'analisi delle minacce cyber con le più ampie considerazioni di intelligence, per formare una risposta coerente e strategica alle sfide della sicurezza globale.

La *quinta dimensione* della guerra, quella cibernetica, si configura come uno scenario sempre più rilevante. Non sarà più solo questione di difendere gli interessi commerciali, ma l'intelligenza artificiale influenzerà attivamente le dinamiche geopolitiche e geoeconomiche su scala globale. Qui, la cyber threat intelligence si rivela indispensabile, fornendo analisi cruciali che guidano le decisioni in ambito di sicurezza nazionale e internazionale.

L'instabilità di specifiche regioni, come sta avvenendo appunto in Ucraina, emerge come terreno cruciale che riflette questa realtà, dove le azioni nel mondo digitale si integrano sinergicamente con gli sviluppi sul terreno fisico. In questo contesto, la cyber threat intelligence diventa un attore strategico, anche impiegando l'intelligenza artificiale per proteggere le infrastrutture digitali e anticipare le mosse degli avversari, rafforzando la sua posizione centrale nel definire l'equilibrio di potere globale.

Allo stesso tempo, il conflitto tra Hamas e Israele offre uno spaccato della complessità delle dinamiche. In questo caso la cyber threat intelligence è uno strumento importante ma poco efficace, se parliamo di un conflitto di guerra asimmetrica digitale, mentre intelligence e threat intelligence risultano inestimabili. In questo specifico contesto, l'intelligenza artificiale diventa un elemento strategico per anticipare e neutralizzare le minacce prima che si materializzino, confermando la sua centralità nel definire l'equilibrio di potere globale.

Per affrontare questa realtà complessa, nazioni e organizzazioni sono chiamate a sviluppare strategie cyber integrate, sfruttando appieno le potenzialità della cyber threat intelligence. Un approccio multidisciplinare, accompagnato da forti investimenti nella ricerca e sviluppo di nuove tecnologie di intelligenza artificiale, diventa essenziale. Inoltre, la cooperazione internazionale nella condivisione di intelligence e migliori pratiche diventerà fondamentale per affrontare le sfide cyber in un contesto geopolitico sempre più interconnesso. La sicurezza cyber, avvalendosi della guida e del valore aggiunto della cyber threat intelligence, si afferma dunque come elemento chiave per la stabilità e la sicurezza mondiale, in un 2024 che si preannuncia caratterizzato da crescenti sfide e opportunità.

Pierguido Iezzi è CEO e co-fondatore di Swascan, ex ufficiale di carriera presso l'Accademia Militare di Modena, laureato in Scienze dell'Informazione. Vanta oltre 30 anni di esperienza nel mondo della Cyber Security e ha alle spalle un'ampia gamma di attività operative relative a tecnologia, innovazione, cybersecurity e gestione aziendale. Autore del libro "Cyber e Potere" pubblicato da Mondadori e di numerose pubblicazioni, collabora regolarmente con diverse testate giornalistiche e di stampa specializzata, ed è keynote speaker e testimonial presso università e in eventi nazionali e internazionali.

Profilo LinkedIn: https://www.linkedin.com/in/pierguido-iezzi-cybersecurity/

Una storia che parte da lontano

Caserma Nino Bixio di Casale Monferrato, sede dell'11° Reggimento Fanteria "Casale" e del primo CAR (Centro Addestramento Reclute). Siamo a metà gennaio del 1989 e il freddo pungente, che ci ha accompagnato fedele per l'intero mese di permanenza, continua ad avvolgerci mentre siamo tutti schierati in trepidante attesa. Noi, del nono scaglione 1988, stiamo per ricevere l'assegnazione dell'incarico militare, quel fatidico codice che decreterà quale tipo di ruolo saremo chiamati a ricoprire nei successivi 11 mesi di servizio militare di leva. Arrivano gli ufficiali e, dopo l'attenti e il riposo, ha finalmente inizio la procedura di assegnazione degli incarichi.

"Amato Salvatore", *"Comandi!"*, *"30/A, fuciliere"*

"Barbieri Domenico", *"Comandi!"*, *"30/A, fuciliere"*

"Bruno Carmine", *"Comandi!"*, *"18/A, autiere"*

"Caputo Francesco", *"Comandi!"*, *"40/A, marconista"*

Gli incarichi vengono assegnati uno dietro l'altro. Quasi tutti fucilieri, qualche marconista, qualche autista, qualche furiere, comunque tutte assegnazioni ben conosciute. Chi ha appena scoperto il proprio incarico lancia fugaci sguardi agli altri con stesso incarico per raccogliere le prime reazioni.

Tutto si svolge normalmente, finché non si arriva al sottoscritto…

"Guarnaccia Ettore", *"Comandi!"*

"30/B, addetto alla situazione operativa"

Un impercettibile momento di silenzio, durante il quale ho la sensazione che il comandante mi stia cercando con lo sguardo all'interno dello schieramento. La procedura prosegue, mentre qualcuno mi squadra con sospetto, altri con sguardo inquisitorio. Nessuno sembra conoscere questo incarico. Vengo assalito da un misto di timore e curiosità che avvolgono la mia mente fino alla conclusione del rito, quando, subito dopo il "rompete le righe", risuona nuovamente la voce del comandante:

"Guarnaccia! Lei resti qui a disposizione, gli altri possono andare."

Adesso è l'ansia a prevalere. I pensieri si accavallano confusi e non trovo una chiave di interpretazione. I miei commilitoni si allontanano voltandosi a guardarmi, interrogandosi sul motivo di tale particolare trattamento. Io mi interrogo, invece, sul significato di *"situazione operativa"*, termine che mi è del tutto sconosciuto e che non riesco a decifrare.

Il comandante mi ordina di seguirlo. Una volta arrivati nel suo ufficio, mi guarda per un attimo con uno strano sorriso e mi chiede:

"Lei non sa in cosa consiste questo incarico, vero?"

"No, signor comandante, non ne ho idea"

"Sappia che il suo è un incarico speciale, che viene assegnato a una sola persona per battaglione. Le verrà conferita una classificazione NATO di segretezza e dovrà operare al comando dei Servizi Informativi Militari dell'Esercito. Sosterrà un addestramento speciale di sei settimane in una caserma di Bergamo e poi verrà assegnato al suo battaglione definitivo. Dimenticavo, riceverà subito il grado di caporal maggiore. Tutto chiaro?"

"No, signor comandante, non proprio..."

"Guarnaccia, facciamola breve, lei avrà l'incarico di informatore dell'Esercito Italiano... insomma, sarà una spia."

Partii qualche giorno dopo alla volta di una sperduta caserma di Bergamo dove sostenni il corso per addetti alla "situazione operativa", che scoprii indicare un qualsiasi contesto di interesse dei servizi militari di intelligence. Il corso era erogato dal SIOS, il Servizio Informazioni Operative e Situazione, un'articolazione dei Servizi Segreti Italiani costituita all'interno delle forze armate italiane, i cui compiti consistevano nel definire il potenziale militare dei paesi esteri, gestire comunicazioni classificate e rilasciare abilitazioni di sicurezza per i militari fino al grado di tenente colonnello, i civili, il personale ausiliario e i vari dipendenti delle ditte fornitrici dell'Esercito.

Furono settimane impegnative ma anche molto stimolanti. Praticavamo tecniche di pattugliamento e spionaggio, studiavamo le telecomunicazioni, il codice MORSE e i sistemi crittografici, imparavamo l'uso di diverse armi tattiche e svolgevamo esercitazioni di orientamento sul campo. Anche il resto del servizio militare fu in qualche modo stimolante, ma talvolta difficile da sopportare. Chi riceveva questo particolare incarico era inviso ai pochi colleghi che ne conoscevano il significato e sapevano che era di fatto un compito di controllo della truppa. Ero intoccabile e, per questo, particolarmente temuto. Tuttavia, l'incarico comportava anche il vantaggio di ricevere il massimo grado di truppa e rendermi immune alle attenzioni dei "nonni".

Ho prestato servizio come addetto della sezione "I" dell'Ufficio OAI presso la Compagnia Comando e Servizi del 4° Battaglione Carri "M.O. Passalacqua", nella caserma operativa "Ugo Mara" a Solbiate Olona. Molto spesso all'interno di un ufficio con porta blindata e varie casseforti, assieme al maresciallo capo responsabile, gestivo, producevo e avevo accesso a informazioni classificate. Erano per lo più schede di profilazione e rapporti di intelligence su operazioni militari o particolari eventi. Ero un privilegiato rispetto agli altri commilitoni, ma non lo davo a vedere, e non potevo parlare del mio servizio, dietro minaccia di corte marziale.

Fu questa la mia prima esperienza in materia di intelligence, e mai avrei pensato di tornare, un giorno, a occuparmi di questa affascinante disciplina.

E invece…

Nell'aprile del 2021, ben 32 anni più tardi, la mia azienda mi assegnò la responsabilità del CSIRT[1], una funzione con compiti di incident response, red teaming e cyber threat intelligence. In un primo momento non fui così entusiasta di lasciare la responsabilità della funzione di ingegneria, molto più grande e complessa, ma bastarono poche settimane per comprendere il valore che la nuova funzione sarebbe stata in grado fornire all'azienda.

Com'è mia abitudine, iniziai subito a studiare e approfondire la materia, dato che, in passato, non mi ero occupato direttamente di offensive security e intelligence. Fu una rivelazione. Compresi il grande potenziale della cyber threat intelligence e come essa avrebbe dovuto essere centrale in diversi processi della cybersecurity. Capii anche che era necessario estendere il più possibile la rete di fonti e relazioni e, ben presto, maturai l'ambizione di farne un punto di riferimento nel settore finanziario a livello nazionale.

Grazie a un team d'eccellenza, composto da professionisti preparati, con competenze e attitudini complementari tra loro, ma soprattutto appassionati della materia, fu possibile elaborare un programma molto ambizioso di espansione della rete di cybersecurity intelligence.

---

[1] CSIRT sta per Computer Security Incident Response Team e indica una funzione della cybersecurity che ha l'incarico di prevenire le minacce e rispondere tempestivamente e con efficacia agli incidenti di sicurezza informatica.

Il programma prevedeva:

- la sottoscrizione di nuovi servizi di intelligence, al fine di aumentare la copertura geografica e geopolitica, ampliando così le capacità di intervento proattivo e di risposta nei confronti degli attaccanti;
- la partecipazione attiva a community di intelligence, sia nazionali che internazionali, con l'obiettivo di rilevare sempre più rapidamente qualsiasi evento, tendenza o informazione rilevante;
- il rafforzamento del rapporto con autorità e constituency nazionali e internazionali, in particolare con l'Agenzia per la Cybersicurezza Nazionale, il CSIRT Italia, la Polizia Postale e delle Comunicazioni, e varie funzioni di risposta alle emergenze cyber;
- il rafforzamento del rapporto con le altre entità del gruppo, sensibilizzando e responsabilizzando le figure chiave della cybersecurity, anche in relazione alla raccolta e alla condivisione di eventi, dati e informazioni a qualsiasi titolo rilevanti;
- il coinvolgimento di numerose terze parti critiche – soprattutto grandi aziende fornitrici di servizi di consulenza, tecnologie, telecomunicazioni, servizi informatici, soluzioni di cybersecurity, soluzioni di sicurezza fisica e servizi bancari e finanziari – per instaurare un rapporto di mutuo scambio di dati e informazioni reciprocamente rilevanti, valutando anche l'eventuale vantaggio di collegare tra loro le rispettive piattaforme di intelligence;
- la definizione e l'attuazione di nuove modalità di interazione diretta sotto copertura[2] con i gruppi criminali, al fine di apprenderne tecniche, tattiche, procedure, motivazioni e peculiarità, accelerando anche la raccolta dei sample del malware adottato da sottoporre ad analisi per l'estrazione degli indicatori di compromissione;
- la definizione e l'attuazione di processi di smantellamento proattivo delle infrastrutture tecnologiche utilizzate dai gruppi operanti nel settore, per attacchi informatici e controllo remoto del malware.

I risultati non hanno tardato a venire. Man mano che il programma di espansione procedeva, la capacità di intercettare tempestivamente eventi e informazioni rilevanti per la mia azienda cresceva, mentre aumentava anche la capacità di contribuire alla sicurezza delle terze parti, grazie alla comunicazione di eventi e informazioni per esse rilevanti. Può sembrare ovvio, ma contribuire alla sicurezza delle terze parti rende sensibilmente più elevato il livello di sicurezza della nostra azienda e rafforza ulteriormente il rapporto

---

[2] L'iniziativa è stata definita "human honeypot", mutuando il concetto informatico di honeypot, cioè un sistema hardware o software usato come esca o trappola al fine di rilevare attacchi informatici prima che questi colpiscano sistemi e servizi critici o sensibili.

di mutua e proattiva collaborazione. Inoltre, lo smantellamento proattivo delle infrastrutture malware consentiva di azzerare i tentativi di frode che sfruttavano quello specifico malware per alcune settimane, con evidenti e tangibili benefici sia finanziari, sia di percezione della clientela.

Nel frattempo, il servizio di intelligence dimostrava di poter fornire valore aggiunto osservabile su più fronti: prevenzione delle minacce, risposta efficace agli attacchi cyber, prioritizzazione del vulnerability management, gestione del rischio, valutazione del sentiment di clienti e utenti a fronte di disservizi, rappresentazione di scenari di attacco e di rischio per la definizione, attuazione di programmi per una maggiore resilienza del business, e decisioni consapevoli e informate. In poco tempo, il valore e l'importanza della cybersecurity intelligence è stato percepito da più funzioni aziendali, giungendo fino ai più alti livelli di responsabilità.

Dopo questi due anni ho cambiato nuovamente responsabilità in azienda, ma ho lasciato un CSIRT con capacità nettamente superiori rispetto a quando ne avevo assunto la conduzione. Devo molto agli specialisti di cyber threat intelligence e agli ethical hacker del team, che hanno messo passione e competenza tecnica al servizio della mia visione evolutiva della funzione, abilitandone la crescita complessiva e il valore fornito all'azienda. Saluto con affetto e ringrazio ognuno di loro, perché sono stati decisivi nel processo di crescita intrapreso e perché hanno riacceso in me la passione verso una disciplina così stimolante come la cybersecurity intelligence.

Eppure, anche se non sembra, ognuno di noi fa intelligence. Quando dobbiamo acquistare un immobile raccogliamo più informazioni possibili sulla zona, i vicini, l'età e la qualità costruttiva dell'edificio, il regolamento aziendale, le spese di manutenzione e la vicinanza ai servizi. Se dobbiamo acquistare una nuova auto ci informiamo su caratteristiche, motorizzazione, consumi, allestimento, qualità costruttiva e prove su strada, e chiediamo un parere a eventuali conoscenti che già ce l'hanno. La nostra rete di conoscenze e relazioni è di fatto una rete di intelligence, cui ricorriamo ogni volta che abbiamo bisogno di conoscere meglio un contesto di nostro interesse oppure dobbiamo prendere decisioni informate e consapevoli.

Nell'era della comunicazione digitale, l'intelligence sta diventando un aspetto sempre più importante della cybersecurity in ambito aziendale, poiché favorisce a tutti i livelli una maggiore comprensione degli aspetti cruciali e asset critici per il business, consente di avere una chiara rappresentazione delle minacce e dei rischi applicabili al contesto in cui opera l'azienda, e abilita un approccio proattivo al contrasto dei potenziali avversari e degli attaccanti, razionalizzando strategie e investimenti in base a informazioni aggiornate e affidabili. Eppure, ancora oggi sono pochissime le aziende che fanno intelligence, mentre tante altre la fanno in maniera sbagliata.

Sì, perché fare intelligence in preda a preconcetti fuorvianti, ignorando chiari segnali di minaccia o rischio, senza verificare l'affidabilità delle fonti, senza incrociare le informazioni e senza la necessaria profondità predittiva, è sicuramente molto peggio che non farla del tutto. Anzi, è il modo migliore per conseguire ciò che viene definita *intelligence failure*[3]. Nel contesto digitale moderno, in cui ogni minuto vengono condivisi 1,7 milioni di contenuti su Facebook, 347mila tweet su Twitter, 66mila foto su Instagram, 500 ore di video caricate su YouTube e 231 milioni di e-mail inviate, diventa fondamentale sapersi destreggiare in un oceano di dati e informazioni, per costruire una rappresentazione fedele e realistica del contesto di rischio attuale e futuro della propria azienda.

Più una scelta è determinante, maggiore è l'esigenza di investire in intelligence. Più un'operazione è complessa, maggiore sarà lo sforzo di intelligence necessario per supportarla. Eppure, il ricorso all'intelligence viene spesso ritenuto superfluo, non necessario, qualcosa di inutile. Molti manager sono ancora convinti che sia più che sufficiente la loro percezione e molti collaboratori preferiscono essere accondiscendenti per non urtarne la sensibilità. Tuttavia, basare scelte strategiche e grandi cambiamenti aziendali sulla percezione di poche persone, talvolta di una sola, equivale a navigare a vista, senza conoscerne i pericoli né avere una rotta definita e verificata.

"Abbiamo sempre fatto così"

"Non è affatto necessario"

"È solo una nuova e inutile moda"

Queste frasi sono spesso l'anticamera del fallimento. Vanno benissimo, certo, finché non si verifica l'evento inatteso, apparentemente imprevedibile e del tutto sorprendente: un attacco ransomware, una violazione della rete veicolata da un partner inaffidabile, un conflitto che colpisce aree geopolitiche di interesse strategico, una tensione socioculturale che genera scioperi e interruzioni in stabilimenti produttivi o la pubblicazione di codice software riservato. Solo in quel momento, finalmente, la percezione del capo viene messa in discussione dalle evidenze e subentra l'immancabile *senno di poi*.

Ma è sempre troppo tardi.

Fare intelligence non è semplice né facile, sia chiaro. Richiede spiccate capacità di analisi, correlazione e verifica, competenze di sviluppo di algoritmi e di gestione di grosse moli di dati, abilità informatiche molto spinte, preparazione su criminologia, sociologia, lingue straniere, nonché soft skill di senso critico, mentalità analitica, relazione proficua e comunicazione efficace. Non è da tutti, insomma. E non è sufficiente ricorrere alle sole fonti

---

[3] "Failure in the intelligence cycle" (or "intelligence failure"), Wikipedia (https://en.wikipedia.org/wiki/Failure_in_the_intelligence_cycle)

aperte disponibili, poiché nell'epoca moderna regnano *spin doctor*, propaganda, *fake news*, social media, giornalisti incapaci che copiano e incollano senza alcuna verifica, ideologie deviate, conformismo e moltissime forme di manipolazione mediatica. Fare intelligence richiede un processo strutturato che si fonda su competenze, approcci e talento, nonché apertura mentale, proattività, capacità previsionale e passione. Significa maturare una conoscenza sempre più approfondita del contesto, apprendere come pensano e agiscono gli avversari, identificare le minacce che si possono applicare al contesto, quantificarne rischi e potenziali impatti, delineare possibili scenari futuri, individuare le migliori contromisure, guidare le scelte strategiche, supportare la continuità del business e contribuire in maniera determinante alla salvaguardia dell'immagine e della reputazione della propria azienda.

Questo libro trae origine dalla ritrovata passione per l'intelligence, che era sopita da anni, e dalla consapevolezza sull'effettivo valore dell'intelligence, non solo per la cybersecurity, ma per qualsiasi funzione aziendale, per anticipare le minacce, rispondere tempestivamente e con efficacia agli attacchi e prendere decisioni migliori per ridurre il rischio. Qui illustro in cosa consiste l'intelligence applicata alla cybersecurity, qual è il valore aggiunto che è in grado di esprimere in diversi ambiti e processi aziendali, e come introdurla e strutturarla al meglio nella propria azienda, anche partendo da zero e con poche risorse. Ho pensato anche di includere qualche interessante aneddoto e diversi suggerimenti su aspetti pratici che ho personalmente sperimentato. La lettura aiuta a comprendere l'importanza di disporre di intelligence di contesto, tempestiva, chiara e fruibile, per arricchire la propria conoscenza e abilitare processi decisionali supportati da informazioni affidabili e verificate. Aiuta ad apprezzare l'importanza di automatizzare l'elaborazione di grosse moli di dati e informazioni, per lasciare agli analisti il tempo e il contesto necessario a condurre analisi comprensive e intuitive. Inoltre, suggerisce come rendere più efficace, produttivo e consapevole il lavoro delle altre funzioni della cybersecurity, così come di altre funzioni esterne e, non ultimi, dei ruoli esecutivi aziendali, attraverso la produzione e la disseminazione di più informazioni di intelligence rilevanti e meno dati grezzi o insignificanti, garantendo la consegna dei giusti contenuti al momento giusto, in formati facilmente comprensibili e fruibili.

Infine, aiuta a capire l'esigenza di identificare gli avversari più pericolosi per il contesto della propria azienda, attribuire gli attacchi subìti ai gruppi responsabili, comprendere come pensano e agiscono, al fine di adottare contromisure idonee prima che possano attaccare e generare impatti sul business, e addirittura per poter contrattaccare, mediante lo smantellamento proattivo delle loro infrastrutture tecnologiche, con l'obiettivo di indurli a scegliere altri obiettivi meno rischiosi e più remunerativi.

Cos'è la Cybersecurity Intelligence

Definizione

La parola *"intelligence"* deriva dal verbo latino *"intellègere"*, composto da *"intus"* (dentro, internamente, dall'interno) e *"lègere"* (variante della seconda persona singolare del congiuntivo presente passivo di "lĕgo", leggere, comprendere, raccogliere idee e informazioni su qualcuno o qualcosa), ed è riferito alla capacità della mente umana di intendere, concepire pensieri, elaborare concetti e formulare giudizi su ciò che è vero o erroneo secondo realtà. Da ciò deriva anche il concetto di *"intelletto"*, cioè la facoltà che consente di cogliere l'essenzialità che è all'interno delle cose e dei fatti.

Nel campo della cybersecurity si parla *cyber threat intelligence*, disciplina generalmente riferita all'ottenimento di informazioni su potenziali o reali minacce cyber e alla loro analisi per identificare e comprendere conoscenze, abilità, esperienza, comportamento, andamento e impatto degli avversari, con l'obiettivo di supportare l'individuazione di minacce realistiche, la prevenzione di potenziali attacchi e la mitigazione degli eventi malevoli. Questa concezione mi è parsa un po' limitata rispetto alle effettive esigenze dell'ecosistema cyber, soprattutto in realtà molto grandi e distribuite. Quasi subito ho intravisto la necessità di estenderne ottica e raggio d'azione verso una concezione più ampia e comprensiva, maggiormente focalizzata sia sul conoscere a fondo **i propri avversari** (i cosiddetti *"threat actor"*), scoprendone metodi, strumenti e capacità per poi cercare di ostacolare le loro azioni prima dell'attacco vero e proprio (ad esempio attivando contromisure appositamente ritagliate su scenari realistici di attacco, ma talvolta anche attraverso lo smantellamento proattivo della loro infrastruttura tecnologica), sia **ciò che da questi deve essere protetto**, ovvero gli elementi critici che supportano e garantiscono la prosperità e la continuità del business aziendale.

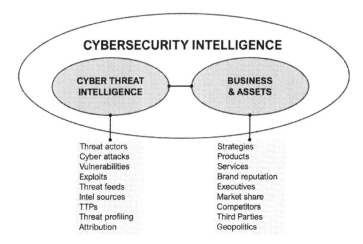

Cybersecurity intelligence è la conoscenza approfondita delle minacce cyber e degli elementi che garantiscono prosperità e continuità del business aziendale.

Una volta assunta la responsabilità sulla materia, divenne per me evidente la necessità di espandere programmi e operazioni di intelligence verso aree come il controllo del rischio delle terze parti, la protezione del brand aziendale e il rischio geopolitico, oltre al supporto dei ruoli del Security Operations Center (SOC) e delle funzioni di Vulnerability Management e Incident Response. Da ultimo, ma non meno importante, ritenni indispensabile portare il valore aggiunto dell'intelligence fino ai vertici della cybersecurity aziendale, se possibile fino alle prime linee aziendali e al consiglio di amministrazione, per supportarne al meglio la comprensione dei rischi e le decisioni di business e di investimento, con l'obiettivo primario di garantire la massima salvaguardia possibile del business aziendale.

Poiché l'obiettivo primario della cybersecurity per un'azienda è, senza dubbio alcuno, la salvaguardia della continuità del business aziendale, questo approccio molto più esteso e comprensivo può essere riassunto nel concetto di "*cybersecurity intelligence*".

Gli avversari

Il presupposto fondamentale di qualsiasi strategia di difesa, che si traduca in azioni tempestive ed efficaci, è la conoscenza approfondita dei propri avversari, del loro modo di agire, le loro motivazioni e i loro obiettivi.

"Conosci il tuo nemico come conosci te stesso. Se farai così, anche in mezzo a cento battaglie non sarai mai in pericolo.
Se non conosci il nemico, ma conosci soltanto te stesso, le tue possibilità di vittoria saranno pari alle tue possibilità di sconfitta.
Se non conosci te stesso, né conosci il tuo nemico, sii certo che ogni battaglia sarà per te fonte di pericolo gravissimo.
[Sun Tzu, L'arte della guerra, VI sec. a. C.]

In cybersecurity, l'avversario è generalmente definito *threat actor*[4] con riferimento a persone, gruppi, entità od organizzazioni che sono all'origine di un tentativo di attacco o di un incidente cyber, con l'obiettivo di generare impatti sulla sicurezza e il business dell'azienda. Conoscere le varie tipologie di threat actor non è sufficiente: è indispensabile conoscere a fondo le loro tecniche, tattiche e procedure (TTP[5]), quali obiettivi si prefiggono e quali motivazioni li animano nell'attaccare proprio la nostra azienda o il settore in cui essa opera. La cybersecurity intelligence ha il compito di fornire questo tipo di conoscenza, attraverso la raccolta di dati e informazioni, la profilazione degli avversari, la riconduzione di attacchi e incidenti a uno specifico threat actor, la comprensione di come si muove, quali strumenti e tecniche adotta, quali finalità ha, se è finanziato da uno stato o da organi governativi, come è strutturato, se ha rapporti con altri threat actor e altro ancora.

Secondo un recente rapporto[6] dell'INTERPOL sull'andamento globale del crimine, il 60% degli intervistati nei 195 paesi membri ritiene che ransomware, phishing e truffe online siano minacce particolarmente gravi, mentre il 70% prevede che la loro incidenza aumenterà significativamente nei prossimi 3-5 anni. Il ransomware è la seconda minaccia a livello globale, seguita da phishing, truffe online e intrusioni informatiche. La criminalità

---

[4] Un threat actor (o *malicious actor*) è un soggetto che prende parte a un'operazione che ha l'obiettivo di causare danni a sistemi informatici, dispositivi, reti o dati di un altro soggetto.

[5] L'acronimo TTP sta per "Tactics, Techniques and Procedures" e indica il comportamento di un attore cyber o terroristico. La "tattica" è il livello più elevato di descrizione, mentre "tecnica" si riferisce a una descrizione più dettagliata degli elementi della tattica, e "procedura" consiste in un livello ancora più dettagliato di descrizione di una tecnica. (https://csrc.nist.gov/glossary/term/tactics_techniques_and_procedures)

[6] "Financial and cybercrimes top global police concerns, says new INTERPOL report", INTERPOL, 2022 (https://www.interpol.int/News-and-Events/News/2022/Financial-and-cybercrimes-top-global-police-concerns-says-new-INTERPOL-report)

organizzata si è spostata anche online e i crimini finanziari informatici, come la compromissione della posta elettronica aziendale, la CEO Fraud[7], le truffe sull'e-commerce e le frodi sugli investimenti, sono aumentati in quasi tutte le regioni del mondo. Gli attacchi ransomware prendono di mira obiettivi critici come grandi aziende, governi e infrastrutture critiche. Per massimizzare i danni e il profitto, le strategie si sono modificate per adottare tecniche come la doppia estorsione, nella quale i dati dell'azienda vittima vengono crittografati e divengono oggetto di minaccia di esposizione pubblica, rendendo ancora più gravi i rischi di interruzione delle attività e danno alla reputazione aziendale, con enormi ripercussioni sul business.

Sulla base delle informazioni disponibili sugli attacchi più diffusi e sulle rispettive motivazioni, è possibile tracciare una rappresentazione di massima delle tipologie di threat actor globalmente riconosciute.

Lo scoppio dei conflitti in Ucraina e Medio Oriente ha riacceso l'attenzione dell'opinione pubblica mondiale il **cyberwarfare**, la guerra cibernetica intrapresa in preparazione o nel corso di un'attività bellica convenzionale con l'obiettivo primario di causare danni al nemico. In quest'ambito, gli attacchi sono tipicamente indirizzati all'interruzione o all'inefficienza di sistemi vitali della nazione nemica, cioè sistemi di difesa militare, forze di sicurezza interna e infrastrutture critiche nazionali, come reti di distribuzione energetica (elettricità, gas e carburanti), reti idriche, reti e sistemi di trasporto, reti e sistemi di telecomunicazione, grandi reti commerciali e aziende critiche per la difesa. Altro obiettivo fondamentale del cyberwarfare è lo spionaggio, con l'obiettivo di ottenere informazioni determinanti sulle difese e sulle strategie nemiche, oppure la propaganda mediatica, attraverso messaggi politici e guerra psicologica, spesso sfruttando immagini artefatte e fake news.

Va considerato, inoltre, che quasi sempre i conflitti tra due o più nazioni sul piano convenzionale si allargano inevitabilmente ad altri attori sul piano cibernetico, attraverso operazioni di attivismo, spionaggio e sabotaggio condotte da gruppi di hacker finanziati (*proxy warfare*[8]) o direttamente controllati da enti governativi o agenzie nazionali con interessi geopolitici o militari nell'area geografica interessata o addirittura a livello molto più ampio.

---

[7] La cosiddetta "truffa del CEO" è un attacco di tipo "business e-mail compromise" (BEC) che, sfruttando tecniche di ingegneria sociale, comporta l'impersonificazione di un alto dirigente aziendale (CEO, CFO o DG) per inviare via e-mail specifiche disposizioni a dipendenti con facoltà speciali, tipicamente legate al trasferimento di somme di denaro. È uno degli attacchi più semplici, più efficaci e meno rischiosi da attuare, ed è anche uno dei più frequenti.

[8] Nell'ambito di conflitti tra due o più nazioni, ci riferisce al concetto di "*proxy warfare*" per indicare il ricorso a terze parti (altre nazioni, gruppi ribelli, milizie o, appunto, gruppi di hacker) come sostituti per combattere indirettamente il proprio nemico, fornendo varie forme di supporto come armi, finanziamenti, addestramento, intelligence e propaganda politica. I principali vantaggi consistono nella negabilità del coinvolgimento, nella riduzione dei rischi e

La guerra cibernetica si svolge nel cosiddetto *quinto dominio*, lo spazio cibernetico, virtuale e intangibile, a differenza degli altri quattro domini convenzionali quali terra, acqua, aria e spazio extra-atmosferico. Tuttavia, essa ha la capacità di generare effetti, anche devastanti o letali, nel mondo reale. Nel Glossario di Intelligence del Sistema di Informazioni per la Sicurezza della Repubblica[9] (SISR), per *cyberwar* si intende:

"L'insieme delle operazioni condotte nel e tramite il cyberspace al fine di negare all'avversario – statuale o non – l'uso efficace di sistemi, armi e strumenti informatici o comunque di infrastrutture e processi da questi controllati. Include anche attività di difesa e «capacitanti» (volte cioè a garantirsi la disponibilità e l'uso del cyberspace). Può assumere la fisionomia di un conflitto di tipo «tradizionale» – quando coinvolge le forze armate di due o più stati – ovvero «irregolare», quando si svolge tra forze ufficiali e non ufficiali. Può rappresentare l'unica forma di confronto ovvero costituire uno degli aspetti di un conflitto che coinvolga altri dominii (terra, mare, cielo e spazio); in entrambi i casi, i suoi effetti possono essere limitati al cyberspace ovvero tradursi in danni concreti, inclusa la perdita di vite umane."

Ulteriori elementi descrittivi del concetto di cyberwarfare sono contenuti nel Manuale di Tallin[10] del Cooperative Cyber Defence Centre of Excellence (CCDCOE) della NATO, aggiornato alla versione 3.0 nel 2021. La cyberwar può sfruttare diversi sistemi di attacco informatico, con due specifiche connotazioni legate agli obiettivi e ai risultati attesi, ovvero:

- **cyberwar strategica**, che consiste in una serie organizzata di attacchi pensati e attuati da entità statali, parastatali o private contro un altro stato sovrano o un suo sottosistema (economico, politico, energetico, assistenziale, ecc.) allo scopo primario, ma non esclusivo, di condizionarne il comportamento e indurlo ad accettare condizioni o resa;
- **cyberwar operativa**, utilizzata soprattutto in tempo di guerra contro obiettivi militari, infrastrutture nazionali critiche, aziende private e servizi civili di particolare interesse strategico, militare, industriale o relativo alle telecomunicazioni.

---

dei costi, nello sfruttamento di obiettivi geopolitici o ideologici comuni, e nel mantenere il conflitto entro determinati limiti, evitando pericolose e costose escalation.

[9] "Nuova edizione del Glossario Intelligence", Sistema di Informazione per la Sicurezza della Repubblica, giugno 2019 (https://www.sicurezzanazionale.gov.it/sisr.nsf/archivio-notizie/nuova-edizione-del-glossario-intelligence.html)

[10] "The Tallin Manual", CCDCOE (https://ccdcoe.org/research/tallinn-manual/)

Le operazioni di guerra cibernetica possono avere connotati *esplorativi*, ad esempio per la scoperta, l'individuazione e l'analisi delle infrastrutture critiche e delle installazioni militari del nemico, o *disgregativi* e *distruttivi*, quando mirano alla compromissione momentanea, intermittente o permanente delle capacità di difesa e risposta del nemico. Fra le nazioni più coinvolte nel cyberwarfare troviamo Stati Uniti (NATO), Russia, Cina, Corea del Nord, Iran e Israele, anche se non abbiamo cognizione né prove dirette di moltissimi attacchi attuati negli ultimi anni. Una delle prerogative della cyberwar, infatti, è quella di rendere complicata o impossibile l'attribuzione[11] dell'attacco attraverso tecniche di occultamento delle tracce informatiche, di distrazione delle difese o di falsa attribuzione ad altre nazioni concorrenti.

Nell'ambito del cyberwarfare sono tipicamente inquadrati i **threat actor sponsorizzati da agenzie governative nazionali** (cosiddetti *government-sponsored* o *state-sponsored*), gruppi di criminali preparati, addestrati e ben forniti di strumenti di attacco e spionaggio, grazie al finanziamento diretto o indiretto da parte di stati nazionali, spesso veicolati da agenzie governative e servizi segreti o da finanziatori sotto copertura. La loro peculiarità è il furto o l'esfiltrazione di proprietà intellettuale, segreti industriali, informazioni sensibili e credenziali d'accesso, come prodromi di attacco verso obiettivi primari o con impatti più ampi, nell'interesse di specifici governi o gruppi di nazioni. Obiettivi tipici sono agenzie governative, società produttrici di software e sistemi di sicurezza, infrastrutture critiche nazionali o grandi compagnie industriali sulle quali le nazioni-obiettivo hanno particolari interessi.

Secondo il Rapporto Clusit 2023 sulla Sicurezza ICT in Italia[12], l'11% degli attacchi gravi di dominio pubblico avvenuti nel 2022 sono riferibili ad attività di spionaggio o sabotaggio, il 4% a campagne di cyberwarfare e il 3% ad attivismo. Se la nostra azienda è coinvolta a qualsiasi titolo in operazioni militari o nella produzione di armamenti, sistemi di difesa, soluzioni software e servizi di supporto, allora è il caso di preoccuparci di probabili impatti sul business in caso di guerra cibernetica.

I **cyber terroristi** sono una forma moderna e informatica di un fenomeno globale, il terrorismo, che affligge da decenni diversi paesi del mondo. Di solito, hanno una causa che li spinge a provocare danni e distruzione, molto spesso prendendo di mira servizi critici e infrastrutture nazionali[13], come reti

---

[11] All'affascinante tema dell'attribuzione è dedicato un intero capitolo di questa sezione, mentre un capitolo della sezione conclusiva è dedicato ai framework di attribuzione.

[12] "Rapporto Clusit 2023 sulla Sicurezza ICT in Italia" (https://clusit.it/rapporto-clusit/)

[13] Si veda il mio articolo "Saldi per incendio, uno scenario meno improbabile di quanto si creda", pubblicato sul mio blog: https://www.ettoreguarnaccia.com/archives/1166

di trasporto (treni, autostrade, sistemi di segnaletica stradale, sistemi di controllo aereo e aeroportuale, ferrovie, metrò e infrastrutture marittime), servizi economici e finanziari (scambi di borsa, reti interbancarie, sportelli di erogazione del contante, servizi di Internet banking, sistemi di pagamento e terminali POS), servizi primari (rete elettrica, forniture di acqua e gas, rete fognaria e telecomunicazioni), servizi sanitari e di emergenza (pronto soccorso, guardie mediche, sale operatorie, ospedali e vigili del fuoco) e grandi compagnie industriali. L'obiettivo è generare caos, panico, terrore e isteria di massa per mettere sotto scacco governi e grandi regioni geografiche.

I **cyber criminali** sono spesso gruppi organizzati di criminali che operano con strumenti informatici per attaccare una moltitudine di obiettivi. Questa categoria è probabilmente la più diffusa, poiché l'obiettivo è il profitto finanziario e questo può essere conseguito in moltissimi modi, dalla sottrazione e la vendita di informazioni personali, sensibili o confidenziali, all'organizzazione di sistemi di inganno e di frode finanziaria per indurre gli utenti a concedere l'accesso a sistemi di Internet banking o a cedere somme di denaro. Le informazioni ottenute hanno spesso un valore per il legittimo proprietario e per i suoi avversari, pertanto, vengono messe in vendita sul mercato nero in consessi online ad accesso controllato, in appositi mercati sul Dark Web o messe all'asta e cedute al migliore offerente. In molti casi vengono usate per ricattare la vittima, con l'obiettivo di ottenere il pagamento di un riscatto, spesso utilizzando software malevoli (cosiddetti *"ransomware"*) che cifrano le informazioni rendendole di fatto indisponibili e mantenendo sotto scacco l'azienda vittima fino alla corresponsione della somma richiesta.

Gli **hacktivisti** sono soggetti il cui obiettivo è principalmente quello di attirare l'attenzione su specifici temi, mediante azioni dimostrative o esponendo fatti e documenti compromettenti o secretati, a beneficio dell'opinione pubblica e come forme di protesta contro abusi dei diritti civili, pratiche occulte di governi corrotti o sentenze ingiuste. Di recente, il significato del termine è stato esteso a tutti coloro che, attraverso sistemi informatici, mettono in discussione l'operato di governi e multinazionali, organizzando petizioni online, movimenti ideologici, virus innocui, siti web di controinformazione e altri strumenti a difesa dei diritti dei cittadini. Oggi sono inclusi in questa categoria hacker ecologisti, artisti digitali attivisti, ricercatori, accademici e scienziati non allineati, militanti politici, pacifisti. Seppur spesso animati da obiettivi etici e condivisibili, a causa di motivazioni spesso imprevedibili come false notizie, contenuti diffamatori o preconcetti infondati, essi possono indirizzare le loro azioni verso la nostra azienda, sia sotto forma di attacchi informatici veri e propri, sia attraverso campagne di diffamazione e propaganda aggressiva che possono minarne l'immagine, la reputazione e, quindi, il business e gli obiettivi strategici.

Gli **script kiddies** sono soggetti con limitata competenza tecnica, che utilizzano istruzioni, codici e programmi ideati da altri, al massimo con piccole modifiche, per portare attacchi e dimostrare una certa abilità. Grazie alla sempre più ampia disponibilità di strumenti di attacco, malware e utilità software, sia nel Web che nel Dark Web, questi threat actor possono avere successo nel portare sporadici attacchi distruttivi, nell'aggirare i sistemi di sicurezza meno avanzati per accedere alla rete e ai dati dell'azienda, o nello sfruttare vulnerabilità ben conosciute e ancora attive sui sistemi aziendali. L'obiettivo è causare il maggior danno possibile e, magari, entrare in possesso di dati e documenti da rivendere o da pubblicare per dimostrare al mondo il successo ottenuto. Il problema principale di questo particolare tipo di threat actor è l'imprevedibilità, poiché non è semplice individuare quali motivazioni specifiche potrebbero spingerli all'azione.

Gli **insider** sono una delle minacce più subdole e in maggiore ascesa. Spesso si commette l'errore di considerare esclusivamente forme di minaccia esterne all'azienda, sottovalutando il rischio di avere avversari in azienda senza saperlo. Alcuni threat actor utilizzano la strada dell'infiltrazione tra il personale interno per accedere direttamente e senza grande sforzo a informazioni riservate, segreti industriali, sistemi informatici e basi dati. Altri reclutano personale interno tramite social media, canali di messaggistica istantanea (es. Telegram e Discord), forum tematici, Dark Web o rapporti personali diretti, selezionando i candidati fra i dipendenti scontenti che ricoprono ruoli chiave o sono in possesso di privilegi d'accesso funzionali ai loro obiettivi. L'offerta giusta sottoposta alla persona giusta nel momento giusto può aprire strade inimmaginabili, molto economiche e troppo spesso sottovalutate dalle funzioni di cybersecurity, di controllo e di gestione del rischio. Nei restanti casi, è il dipendente stesso che, a causa di opportunità di guadagno allettanti o animato da voglia di rivalsa nei confronti dell'azienda, intraprende azioni di sottrazione, pubblicazione o vendita di informazioni riservate critiche, oppure di distrazione di somme in denaro.

Gli **avversari commerciali o finanziari** sono soggetti che intraprendono operazioni illecite per interrompere il business della nostra azienda e minarne immagine e reputazione nell'opinione pubblica, con l'obiettivo di trarne un vantaggio competitivo e sottrarre quote di mercato. Questa tipologia di avversario può impiegare tecniche di spionaggio industriale, anche attraverso il reclutamento di dipendenti infedeli della società vittima, può organizzare campagne diffamatorie su social media, sistemi di recensione e organi di informazione, oppure può ingaggiare gruppi di cybercriminali per condurre attacchi informatici, violazioni e sottrazione di dati e segreti industriali. Un attacco ransomware, ad esempio, può causare l'arresto improvviso e prolungato della linea produttiva o dei servizi di business di un'azienda, che si trova costretta a mettere in cassa integrazione il personale per settimane in attesa di ripristinare sistemi informativi e dati aziendali, senza poter ottemperare ai contratti di fornitura sottoscritti. Così, mentre l'azienda colpita è sommersa da perdite finanziarie ingenti, lamentele, reclami, penali contrattuali e cause legali, i suoi clienti si rivolgeranno inevitabilmente all'azienda concorrente per continuare il loro business, spostando ingenti quote di mercato.

Esistono, infine, dei threat actor difficilissimi da rilevare, in quanto particolarmente abili a non attirare l'attenzione su di sé e a non far percepire alcun segnale in merito alla loro attività. Sono comunemente definiti **APT**, ovvero **Advanced Persistent Threat**, termine riferito ad avversari dotati di notevole competenza ed esperienza, nonché di grandi risorse, in grado di esprimere una notevole potenza d'attacco su vasta scala, adottando molteplici vettori d'attacco, con una persistenza silente che può durare per periodi di tempo molto estesi (settimane, mesi o anni). I costi di queste operazioni sono molto elevati, pertanto, affinché ci sia un adeguato ritorno degli investimenti, gli obiettivi devono sempre essere di alto profilo per poter garantire notevoli guadagni, tipicamente stati sovrani e multinazionali. Tuttavia, il settore delle PMI non è affatto escluso, poiché molte piccole e medie aziende appartengono alla supply chain di organismi governativi e grandi compagnie internazionali. Spesso non hanno la medesima attenzione per la cybersecurity delle grandi realtà e questo le rende un perfetto punto d'appoggio per un APT che vuole iniziare un'operazione di infiltrazione della filiera verso il suo vero obiettivo strategico. Gli APT possono avere motivazioni differenti, che vanno dall'ottenimento di informazioni sensibili, proprietà intellettuale, brevetti, segreti industriali e militari, a finalità puramente economico-finanziarie, fino al sabotaggio e alla distruzione di infrastrutture critiche nazionali.

Alcuni esempi di gruppi APT fra i più attivi nel momento in cui scrivo sono i russi *SandEagle*, *Fancy Bear*, *BlackEnergy*, *XD Spy*, *Gamaredon*, *Callisto* e *Turla*, i cinesi *Bronze Spring*, *BlackTech*, *IronTiger*, *Space Pirates*, *Storm-0558*, *Mustang Panda*, *Red Menshen*, *UNC4841*, *UNC3886*, *APT40*, *APT41* e *APT31*, gli indiani *Donot*, *Patchwork*, *SideWinder* e *Rocket Kitten*, i nordcoreani *Andariel*, *Lazarus*, *Kimsuky* e *APT37*, gli iraniani *Oilrig*, *APT33* e *MuddyWater*, e poi i gruppi *StrongPity* (Turchia), *Transparent Tribe* e *SideCopy* (Pakistan), *Cloud Atlas* (Ucraina), *Ghostwriter* (Bielorussia) e *Cyber Error System* (Indonesia).

Alcuni APT sono noti per essere rimasti attivi per periodi incredibilmente lunghi, in alcuni casi oltre i 5 anni, per questo è fondamentale comprenderne il **ciclo di vita** per capire come operano e poter produrre cybersecurity intelligence mirata.

Generalmente, i passi intrapresi dai gruppi APT per iniziare, condurre e portare a compimento l'attacco sono:

- **Initial Recon** (ricognizione iniziale), ovvero la raccolta e l'analisi di tutte le informazioni possibili sulla vittima, anche con l'ausilio di strumenti automatici di mercato o soluzioni realizzate appositamente, e con l'uso di tecniche di social engineering;
- **Initial Compromise** (compromissione iniziale), con la quale l'APT si introduce nella rete dell'azienda, spesso attraverso operazioni di *spear phishing* (cioè mirato a specifici soggetti) con allegati malevoli via e-mail, social network o servizi di messaggistica istantanea, oppure infettando con malware siti legittimi che l'azienda visita spesso, o ancora attraverso lo sfruttamento di vulnerabilità non risolte;
- **Establish Foothold**, cioè la creazione di un punto di entrata per garantirsi future molteplici possibilità di accesso, anche permanente, alla rete aziendale, mediante l'attivazione di *backdoor*, l'ottenimento di credenziali di accesso remoto o la compromissione di sistemi VPN;
- **Escalate Privileges** (aumento dei privilegi), ovvero l'ottenimento di sempre maggiori privilegi di accesso a dati e sistemi, sfruttando le debolezze del sistema aziendale di controllo accessi o l'inefficienza dei sistemi di protezione e rilevazione di sicurezza;
- **Internal Recon** (ricognizione interna), con l'obiettivo di raccogliere più informazioni possibili sull'ambiente aziendale, l'organizzazione interna, la topologia di rete, l'architettura informatica e le modalità di accesso, scandagliando allegati dei messaggi e-mail, cartelle di rete condivise, NAS e domain controller;
- **Move Laterally**, cioè movimento laterale (o *pivoting*) per guadagnare l'accesso ad altri sistemi, per rinforzare la persistenza e per ottenere ulteriori informazioni utili sull'azienda;
- **Maintain Presence**, cioè mantenimento della presenza (o della persistenza), un accesso sempre più profondo ed esteso seppur silente e invisibile, ciò che meglio definisce il concetto di APT, poiché maggiore è il tempo di osservazione e raccolta di informazioni, maggiori saranno le probabilità di successo una volta che l'attacco definitivo verrà finalmente sferrato;
- **Complete Mission**, il completamento della missione, quando l'APT è finalmente nelle condizioni ideali, in termini di privilegi, strumenti e tempo a disposizione (spesso le azioni cruciali finali si svolgono nel corso di fine-settimana lunghi, come i ponti per le festività nei quali molte aziende sono chiuse e poco presidiate), ovvero l'attuazione dell'attacco vero e proprio per conseguire gli obiettivi prefissati.

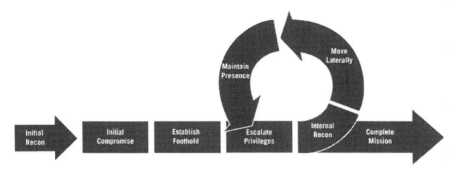

La rappresentazione del ciclo di vita degli APT proposta da Mandiant.

I gruppi di criminalità cyber sono tipicamente composti da più figure con diverse competenze e specifici ruoli, fra i quali:

- Sviluppatori di malware;
- Esperti di dispositivi mobili Android e iOS;
- Esperti nel procurare, allestire e gestire infrastrutture tecnologiche;
- Team di accesso specializzati nell'ottenere l'accesso e la persistenza all'interno delle reti delle organizzazioni target;
- Amministratori di server di Command and Control (C&C o C2);
- Operatori per la gestione delle telemetrie;
- Coordinatori che sovrintendono all'opera degli appaltatori;
- Operatori e frodatori specializzati nel rapporto con l'utente vittima;
- Esperti in tecniche di social engineering.

Gruppi criminali, gruppi APT e frodatori sono spesso entità transnazionali che operano ignorando i confini nazionali e che svolgono diverse tipologie di crimini, dal furto di informazioni allo sviluppo e alla vendita di malware, compreso il riciclaggio di denaro, come forma di autofinanziamento attraverso il sistema finanziario di giurisdizioni estere conniventi. Inoltre, hanno strutture organizzate gerarchicamente, composte da professionisti competenti e molto preparati, ma anche sufficientemente flessibili per consentire l'entrata e l'uscita di figure professionali specifiche a secondo della necessità. Questo consente loro di adottare un approccio di sofisticazione crescente e in una maggiore facilità di ottenere profitti illeciti. La loro organizzazione interna può prevedere la suddivisione in sottogruppi specializzati in specifiche aree criminali, spesso decentralizzati, le cui comunicazioni avvengono quasi sempre mediante canali criptati. Questi fattori rendono molto difficile e complesso lo sforzo di intercettazione e investigazione da parte delle autorità.

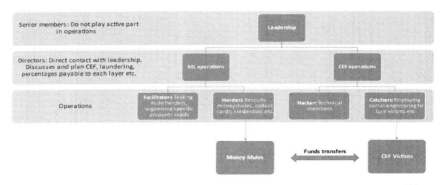

Esempio di organizzazione interna di gruppi di cyber criminali e frodatori (FATF[14])

Il reclutamento dei membri all'interno dei gruppi avviene con tecniche derivanti, se non addirittura mutuate, da quelle tipicamente adottate dalle agenzie governative di spionaggio internazionale. Il classico framework "MICE[15]" (Money, Ideology, Coercion/Compromise, Ego), che risale al periodo della Guerra Fredda e viene usato ancora oggi per assoldare dipendenti infedeli (c.d. "*insider*") all'interno delle aziende-obiettivo, ha via via lasciato il posto al più moderno framework "RASCLS[16]", ideato dallo psicologo statunitense Robert Cialdini. Rispetto al MICE, il RASCLS indirizza meglio la complessità della motivazione umana, attraverso i sei meccanismi universali di influenza e persuasione utilizzati dall'Agent Recruitment Cycle (ARC) adottato dalla famosa Central Intelligence Agency (CIA):

- **Reciprocation (reciprocità)**: meccanismo fondato sul principio di "*fornire sempre elementi di confort*", è tanto semplice quanto efficace e si basa sul fatto che una persona si senta in obbligo di restituire una cortesia quando riceve qualcosa di gradito da qualcuno;
- **Authority (autorità)**: fondato sul principio di "*dare sempre, fin dal primo momento, l'impressione di essere parte di un'organizzazione potente e ben organizzata*", si basa sul fatto che una persona è portata naturalmente a reagire con favore, se non addirittura con obbedienza, alle figure con autorità, soprattutto quando questa autorità viene enfatizzata subdolamente oppure è evidente di per sé;

---

[14] "Illicit Financial Flows from Cyber-Enabled Fraud", FATF, Interpol, Egmont Group, novembre 2023 (https://egmontgroup.org/wp-content/uploads/2023/11/Final_Illicit-financial-flows-from-cyber-enabled-fraud.pdf)

[15] Per approfondire la conoscenza del framework MICE si legga "Want to Fight Insider Threats? Just Look for the MICE", Caroline D'Agati, Clearance Jobs (https://news.clearance-jobs.com/2019/08/02/want-to-fight-insider-threats-just-look-for-the-mice/)

[16] "An Alternative Framework for Agent Recruitment: From MICE to RASCLS" di Randy Burkett (https://cyberwar.nl/d/fromCIA.gov/Burkett-MICE%20to%20RASCALS.pdf)

- **Scarcity (scarsità)**: fondato sul principio secondo il quale *"quando qualcosa è scarsamente disponibile, le persone tendono a ritenerlo più attraente"*, e dato che nessuno può sottrarsi alla legge di domanda e offerta, nemmeno le spie e i threat actor, è possibile sfruttare questa leva sotto forma di *"offerta irrinunciabile e limitata nel tempo"*, adducendo un senso di urgenza, eccezionalità e dovere;
- **Commitment and Consistency (impegno e coerenza)**: basato sul principio secondo il quale *"impegno e coerenza generano fiducia"*, prevede l'obiettivo di guadagnare la fiducia e la lealtà di una persona dimostrando profondo impegno nei suoi confronti e poi mantenendo una certa coerenza di azione per rafforzare l'impegno;
- **Liking (passioni)**: basato sull'indiscutibile principio che *"ci piace la gente che è come noi"*, il meccanismo consiste nell'individuare una passione che sia in comune con la persona da coinvolgere – lettura, musica, sport, arte, ecc. – e se non si riesce a trovarla, la si inventa;
- **Social Proof (riprova sociale)**: basato sul principio secondo il quale *"attraverso l'osservazione altrui, soprattutto in ambienti non familiari, le persone determinano ciò che è il comportamento considerato socialmente corretto"*, il meccanismo consiste nello sfruttamento di informazioni provenienti da altre fonti per indurre una persona ad ammettere o divulgare qualcosa che normalmente terrebbe nascosta. Le riprove sociali consistono nei riferimenti, le testimonianze e altre dimostrazioni pubbliche che gli altri conoscono, apprezzano, di cui si fidano e che acquistano dalla persona.

Infine, esistono organizzazioni, denominate **Supra Threat Actors**, che rappresentano più governi, istituzioni o gruppi internazionali che cooperano fra loro per scrivere codice sorgente di malware o per organizzare e condurre attacchi molto sofisticati. Un esempio particolarmente famoso è rappresentato da *Gossip Girl*[17], organizzazione nella quale hanno cooperato le agenzie di intelligence di Stati Uniti e Israele per sviluppare *Stuxnet*[18], il virus con cui fu attaccata la centrale nucleare iraniana di Natanz nel 2009. Gossip Girl comprendeva l'APT *Equation Group*, collegato direttamente all'unità TAO (Tailored Access Operations) della National Security Agency USA, i gruppi *Flame* e *Duqu*, specializzati nello sviluppo di malware, e *FlowerShop*, gruppo specializzato nello sviluppo di spyware. L'operazione Stuxnet era stata avviata da Gossip Girl anni prima, almeno dal 2006.

---

[17] "Who is GossipGirl?", Chronicle Blog, Medium, 2019 (https://medium.com/chronicle-blog/who-is-gossipgirl-3b4170f846c0)

[18] "Stuxnet 2010", Cyber Law Toolkit (https://cyberlaw.ccdcoe.org/wiki/Stuxnet_(2010))

Decisioni basate sul rischio

Se la cybersecurity è sempre più riconosciuta come un aspetto prioritario per l'abilitazione e la salvaguardia del business aziendale, la cybersecurity intelligence rappresenta un elemento irrinunciabile per indirizzare al meglio le iniziative e gli investimenti. La pratica dell'intelligence è una disciplina storicamente e commercialmente molto ben radicata e conosciuta, ed esistono diverse definizioni di intelligence, a seconda dell'oggetto e dell'ambito di applicazione, ma il concetto di base è sempre lo stesso: fornire conoscenza, informazioni e previsioni che supportino al meglio i processi decisionali e, quindi, le conseguenti azioni. Senza tutto questo, le aziende possono sottovalutare molti elementi di rischio, oppure possono fare enormi sforzi per cercare di difendersi da tutte le potenziali minacce, con ingenti investimenti, ma con scarsi risultati. Il valore aggiunto garantito dalla cybersecurity intelligence consiste nel conoscere e comprendere minacce, avversari e attacchi prima di decidere come difendersi, coniugando insieme la conoscenza di come funziona il business della propria azienda, quali sono i suoi elementi cruciali e a quali minacce e rischi sono effettivamente soggetti.

Gli avversari di oggi sono sempre più innovativi, sono costantemente alla ricerca di punti deboli da sfruttare e sviluppano in continuazione nuove idee per violare o aggirare le tradizionali misure di difesa. Sottraggono credenziali da sistemi aziendali o di terze parti per accedere alla rete, raccolgono informazioni dai social media per allestire campagne di phishing convincenti, creano siti web abusivi molto simili a quelli legittimi per impersonare aziende e frodarne i clienti. Pianificano con accuratezza attacchi cyber o fisici contro sedi remote sparse nel mondo ed escogitano operazioni complesse che risultano di difficile rilevazione da parte delle soluzioni convenzionali di sicurezza. Uno degli aspetti più importanti e cruciali della cybersecurity è costituito dalla **gestione del rischio**, pratica ormai universalmente riconosciuta attraverso la quale un'azienda è in grado di identificare i rischi più rilevanti per il proprio business e assumere decisioni informate su quali siano le priorità di intervento e investimento per mitigare, con logica efficacia, i rischi più importanti. Per **rischio** si intende la combinazione di minaccia, vulnerabilità e impatto sul business, ma per adottare un approccio di cybersecurity basato sul rischio è fondamentale dapprima conoscere e comprendere quali siano le minacce effettivamente applicabili al proprio contesto. Per **minaccia** si intende la motivazione e la capacità di uno o più avversari di prendere di mira e attaccare un qualsiasi elemento o aspetto dell'azienda, una tipologia di dati, informazioni particolarmente critiche, reti di comunicazione, sistemi, applicazioni, servizi, personale interno o esterno, e determinate figure apicali.

La cybersecurity intelligence è ciò che consente all'azienda di conoscere le minacce per predisporre le migliori difese. Quando un'azienda è in grado di rispondere alle domande cruciali su quali minacce incombono su di essa, allora ha probabilità sensibilmente maggiori di riuscire a difendersi, prevenendo il concretizzarsi delle minacce o gestendo tempestivamente e con efficacia eventuali incidenti. Per questo è importante domandarsi **chi** è probabile che prenda di mira **quali** aspetti, **quando**, **dove**, **come** e **perché**, per poi cercare le relative risposte. Tutto ciò è particolarmente vero in un'epoca come quella attuale, in cui la mole e la diversità di avversari, motivazioni, strumenti e modalità di attacco, nonché la rapidità con cui si modificano gli scenari, rendono il compito di difendersi estremamente difficile. Quando le aziende riescono a ottenere una maggiore e migliore comprensione delle minacce che devono fronteggiare, si mettono nella condizione di combinare questa conoscenza con un'oggettiva misurazione del livello di maturità delle difese disponibili e, quindi, di definire con maggiore accuratezza la probabilità di accadimento di un incidente. Questa probabilità potrà quindi essere correlata al possibile impatto per comprenderne il rischio conseguente. Un ottimo modo per indirizzare risorse economiche, spesso limitate, verso la migliore mitigazione possibile dei rischi che hanno una priorità maggiore, quindi secondo una logica realmente basata sul rischio.

Le motivazioni che devono tipicamente essere prese in considerazione e accuratamente analizzate per individuare potenziali rischi di attacco sono:

- **Programmi politici, economici, tecnici e militari**, obiettivo delle azioni di hacktivisti e gruppi finanziati o sponsorizzati da governi;
- **Profitti finanziari**, una delle motivazioni più frequenti dei gruppi di cybercriminali, che non si preoccupano granché di portare azioni audaci né di essere scoperti, perché l'obiettivo è monetizzare il più possibile e il più rapidamente possibile;
- **Notorietà, reputazione e attenzione pubblica**, ottenute attaccando obiettivi che possano dare particolare visibilità e riconoscimento nel settore della cybersecurity, tralasciando quelli che sono poco visibili;
- **Vendetta e rivalsa**, motivazione anch'essa molto diffusa (e spesso molto forte) in quanto riferibile a un insieme molto vasto ed eterogeneo di offese e oltraggi, che può animare dipendenti scontenti ed ex dipendenti (che peraltro hanno una conoscenza molto approfondita dell'organizzazione e dei sistemi aziendali), così come avversari commerciali, finanziari e strategici;
- **Una combinazione di due o più delle motivazioni suddette** (es. un'azione di vendetta contro un programma politico), eventualità che aumenta esponenzialmente la spinta verso l'attuazione dell'attacco e il danneggiamento delle organizzazioni-vittima.

Come vedremo nel capitolo "Attribuzione e profilazione", il processo di *Cyber Threat Profiling*, mediante il quale vengono identificate, classificate e analizzate le potenziali minacce per l'azienda, valutandone il rischio e identificando la priorità di attuazione delle necessarie contromisure, deve necessariamente considerare le varie tipologie di threat actor e le motivazioni che potrebbero animarli, attingendo dal contesto in cui operano l'azienda e tutte le sue terze parti rilevanti per il suo business: clienti, fornitori, consulenti, partner, supply chain, ecc. La cybersecurity intelligence deve essere assolutamente centrale in questo processo, abilitando l'individuazione delle risorse da proteggere, le minacce e le vulnerabilità che vi insistono, e gli interventi di mitigazione realmente prioritari.

Dati, informazioni, intelligence

Troppo spesso i concetti di dato, informazione e intelligence vengono usati in maniera intercambiabile, pertanto, è bene distinguere fra ciò che è un dato, cosa è un'informazione e in cosa consiste realmente l'intelligence:

- I **dati** si riferiscono a semplici fatti, eventi o numeri che tendono a essere disponibili in grandi volumi e che, da soli, consentono limitate possibilità di interpretazione. Nel settore della cybersecurity, un esempio tipico è costituito da indirizzi IP, nomi di dominio, URL, hash, porte, protocolli o registrazioni all'interno di log. Senza correlazione né analisi, ogni singolo dato fornisce un'utilità molto limitata.

- Le **informazioni** si ottengono quando più dati vengono raccolti, analizzati e messi in relazione tra loro per produrre un risultato significativo. Ad esempio, la raccolta e l'analisi di una serie di log può dimostrare una tendenza anomala che merita un approfondimento, oppure l'analisi combinata di indirizzi IP, nomi di dominio e dati sulla geolocalizzazione può aiutare a ricondurre un evento a uno specifico threat actor. Sebbene sia più utile del singolo dato, un'informazione non è sufficiente a supportare decisioni o specifiche azioni.

- L'**intelligence** è il risultato del processo di verifica, elaborazione, correlazione e analisi di più informazioni raccolte da diverse fonti, in un formato che possa essere utilizzato per prendere decisioni informate. Ad esempio, un insieme di log può essere contestualizzato con precedenti incidenti contraddistinti da attività similari, con il beneficio di poter ricondurre un tentativo di attacco a uno specifico threat actor e alle relative TTP, nonché di poter sviluppare una strategia preventiva di difesa per impedire l'esecuzione dell'attacco o mitigarne l'impatto.

La trasformazione dei dati in informazioni e in intelligence

Ciascuna istanza di cybersecurity intelligence deve risultare fruibile per lo specifico gruppo di destinatari, ovvero deve essere indirizzata a specifiche decisioni o azioni, e deve essere ritagliata perché sia agevolmente fruibile da parte di specifici soggetti, gruppi o sistemi che la utilizzeranno per assumere decisioni o intraprendere azioni. Fonti di dati che non vengono mai utilizzate o report che non vengono mai letti, non sono intelligence. Lo stesso vale per informazioni che, per quanto accurate e approfondite, richiedono uno sforzo di analisi e interpretazione o vengono sottoposte a qualcuno che non è in grado di interpretarle correttamente e che, quindi, non sarà nella condizione di agire con la necessaria consapevolezza.

Struttura

Produrre intelligence presuppone la definizione e l'attuazione di un programma attraverso il quale dati e informazioni vengono raccolti, verificati, classificati, analizzati, correlati, rappresentati, presentati e disseminati in azienda. Perché risulti veramente efficace, la cybersecurity intelligence deve avere necessariamente le seguenti caratteristiche:

- deve essere **collaborativa**;
- deve garantire una **visibilità completa ed estesa**;
- deve beneficiare di apposite misure di **integrazione** e **automazione**;
- deve essere il più possibile **allineata** con le strategie aziendali;
- deve essere il più possibile **integrata** nei processi di cybersecurity.

In molte realtà, la cybersecurity intelligence si svolge a compartimenti stagni, ad esempio con funzioni come security operations center, antifrode e controllo terze parti che hanno i propri analisti, le proprie fonti e i propri strumenti per raccogliere e analizzare informazioni e fare intelligence mirata. Pur essendo un approccio valido per le singole funzioni, esso può comportare sprechi di tempo e risorse, duplicazioni di informazioni e, soprattutto, la difficoltà di condividere i risultati con altre funzioni che hanno esigenze, competenze e visione sensibilmente differenti. Inoltre, questa segregazione può rendere difficoltose l'individuazione dei rischi in azienda e la destinazione degli investimenti dove è maggiormente richiesto. Per queste motivazioni, qualsiasi programma di cybersecurity intelligence dovrebbe condividere framework e processi, abilitare un esteso accesso ad approfondimenti e procedure operative, incoraggiare una visione completa sui rischi e indirizzare l'allocazione di risorse e investimenti. Molte minacce cyber provengono dalle fonti più disparate e imprevedibili, perciò, un programma di cybersecurity intelligence non può prescindere da una visibilità il più possibile estesa e comprensiva, che elabori e metta in correlazione tra loro, con costanza e regolarità, oltre alle informazioni provenienti da fonti convenzionali, anche quelle rilevabili da altri consessi come:

- eventi di sicurezza rilevati nella rete e nei sistemi aziendali;
- forum e comunità web in cui potenziali attaccanti e cyber criminali si scambiano informazioni su azioni, obiettivi, strumenti e modalità di sfruttamento delle vulnerabilità;
- canali di comunicazione su Telegram, Discord e Signal gestiti da gruppi ostili e criminali;
- comunità del Dark Web in cui hacker, threat actor, gruppi criminali e organizzazioni facenti parte di organi governativi statali o da questi finanziati e sponsorizzati condividono tattiche, tecniche e procedure (TTP) o pianificano gli attacchi;
- mercati e piattaforme di scambio online attraverso cui i cybercriminali acquistano e vendono informazioni riservate;
- account social attraverso i quali i threat actor possono impersonare dipendenti aziendali o abusare del marchio aziendale e dell'immagine commerciale dei prodotti.

Tuttavia, non è difficile immaginare che il ricorso a così tante fonti di dati e informazioni da monitorare, correlare e analizzare comporti inevitabilmente uno sforzo sovrumano. Ecco perché è importantissimo prevedere un livello di automazione particolarmente spinto per ridurre al minimo le azioni manuali e produrre risultati il più velocemente possibile. Ed è altrettanto fondamentale aggiungere informazioni di contesto e garantire una disseminazione efficiente attraverso l'integrazione con diverse tipologie di soluzioni di sicurezza, come piattaforme informative direzionali (dashboard), prodotti di Security Information and Event Management (SIEM), soluzioni di gestione delle vulnerabilità, dispositivi e strumenti di sicurezza di rete e soluzioni di Security Orchestration, Automation and Response (SOAR).

Molte aziende sprecano ingenti risorse per rilevare, raccogliere e analizzare dati e informazioni che non hanno alcuna rilevanza per il loro contesto. Un programma efficace di cybersecurity intelligence richiede la definizione e la documentazione chiara delle esigenze di intelligence per garantire che le operazioni siano allineate con le reali priorità dell'azienda. Sempre in materia di allineamento, è fondamentale che i contenuti e il formato di rappresentazione dei prodotti di cybersecurity intelligence siano ritagliati e confezionati per garantire un utilizzo agevole da parte di persone e sistemi.

Ciclo di vita

Il processo che sta alla base del programma di cybersecurity intelligence è tipicamente costituito da quattro fasi principali ed è di natura ciclica. Ciascuna fase deve incorporare un processo di revisione e verifica per garantire che il materiale richiesto sia processato e inoltrato correttamente, nonché che il processo sia costantemente focalizzato sulle effettive esigenze dei destinatari utilizzatori dei prodotti di intelligence. Le quattro fasi principali del ciclo di vita della cybersecurity intelligence sono:

1. **Planning and Direction**, nella quale vengono coordinate le attività di intelligence affinché siano il più possibile aderenti alle necessità dei destinatari. Questa fase deve prevedere una forte interazione tra questi ultimi e gli analisti e specialisti di cybersecurity intelligence, e deve delineare con esattezza i requisiti di intelligence (*Intelligence Requirements*, IR, o *Priority Intelligence Requirements*, PIR) per stabilire quali dati e informazioni sono richiesti, come devono essere raccolti, analizzati, rappresentati e consegnati, sulla base di criteri dichiarati in un *Intelligence Collection Plan* (ICP).

2. **Collection**, che comporta la raccolta di dati e informazioni da una vasta gamma di fonti che incontrano maggiormente i requisiti di intelligence definiti. Il processo di comprensione e individuazione delle fonti, che possono fornire le informazioni desiderate, pertinenti, affidabili e utilizzabili tempestivamente, è molto complicato e richiede un'accurata pianificazione, oltre a indicazioni utili a separare i segnali realmente significativi dal rumore di fondo.

3. **Processing and Analysis**, in cui dati grezzi e informazioni vengono collegati, correlati con altre fonti e accuratamente trasformati in intelligence, sfruttando competenze umane e soluzioni di automazione per rispondere ai requisiti di intelligence. In questa fase, gli analisti applicano diverse tecniche di analisi quantitativa e qualitativa per stabilire l'importanza e le implicazioni delle informazioni elaborate, integrarle con altri dati e informazioni al fine di identificare schemi o tendenze, quindi interpretare il significato di ogni nuova conoscenza derivante. Al tempo stesso devono valutare l'effettiva affida-

bilità delle fonti e del materiale raccolto. Infine, i prodotti di intelligence devono risultare il più possibile predittivi e agevolmente fruibili dai rispettivi destinatari.

4. **Dissemination and Feedback**, fase nella quale i prodotti di intelligence vengono trasmessi in maniera tempestiva e nel formato più appropriato per i destinatari, con una frequenza allineata all'orizzonte temporale cui sono relativi i contenuti: report operativi richiederanno una frequenza elevata, mentre report strategici saranno prodotti con frequenza molto minore. Questa fase non si esaurisce con la consegna dei risultati, bensì prosegue con la richiesta e l'analisi dei feedback sulla qualità, l'esaustività e l'aderenza dei prodotti di intelligence ai requisiti definiti, al fine di migliorare di conseguenza il processo di cybersecurity intelligence per le operazioni successive.

Le quattro fasi del ciclo di vita della cybersecurity intelligence

Principi fondamentali

Per essere realmente efficaci e allineati alle esigenze aziendali, il programma e i processi di cybersecurity intelligence devono aderire a principi fondamentali[19] ben definiti, ovvero devono garantire:

- **Centralità**: controllo il più possibile centralizzato per garantire un'efficiente allocazione di risorse, strumenti e investimenti, oltre a fornire un unico punto di contatto per le altre funzioni;
- **Adattabilità**: l'intelligence deve essere adattabile ai destinatari e prevedere linee di riporto chiaramente definite;
- **Obiettività**: è importante che gli analisti rimangano il più possibile imparziali durante la raccolta e l'analisi delle informazioni, nonché durante la formulazione di ipotesi, previsioni e raccomandazioni, garantendo indipendenza da qualsiasi influsso di tipo politico o ideologico (ad esempio il classico "*questo non lo possiamo dire*");
- **Sistematicità**: fonti, dati e informazioni devono essere sfruttati con precise metodologie e in modo coerente e coordinato;
- **Diffusione**: l'intelligence deve essere condivisa con l'apposizione di contrassegni protettivi che indichino chiaramente il livello di riservatezza e criticità dei contenuti, e devono prevedere un preciso elenco dei destinatari, garantendo sempre la protezione delle fonti;
- **Revisione continua**: analisi, assunzioni, ipotesi, previsioni e raccomandazioni devono essere continuamente rimessi in discussione a fronte di nuovi elementi rilevanti, e devono essere raccolti e presi in considerazione i feedback dei destinatari durante l'intero ciclo di vita del processo di intelligence;
- **Accessibilità**: i prodotti di intelligence devono essere sempre disegnati, confezionati e consegnati avendo sempre in mente le esigenze di fruizione espresse dai rispettivi destinatari;
- **Tempestività**: per quanto accurato e pertinente, qualsiasi rapporto di intelligence diventa inutile e inefficace se consegnato troppo tardi, pertanto, la tempestività deve essere sempre allineata con le effettive esigenze dei destinatari. Prodotti imperfetti ma consegnati in tempo sono sempre preferibili a prodotti esaustivi ma fuori tempo massimo.

---

[19] Principi derivanti dal CROSSCAT mnemonico pubblicato da CREST nel documento "What is Cyber Threat Intelligence and how is it used?" disponibile al seguente link: https://www.crest-approved.org/wp-content/uploads/CREST-Cyber-Threat-Intelligence.pdf

I principi fondamentali della cybersecurity intelligence

Livelli di intelligence

Come avviene generalmente per l'intelligence convenzionale, anche la cybersecurity intelligence prevede diverse forme di attuazione, alcune prettamente operative, altre più tecniche e analitiche, altre ancora di livello molto elevato ed esecutivo. Realtà ben strutturate e con un elevato stadio di maturità possono prevedere i quattro classici livelli di intelligence – strategica, tattica, operativa e tecnica – che possono essere accorpati e assegnati a una o più funzioni di cybersecurity. Ogni livello ha una propria natura, un particolare formato di rappresentazione, una specifica audience e una precisa destinazione d'uso, quindi, ogni livello avrà differenti obiettivi, diversi livelli di competenza, nonché attitudini, capacità e *soft skill* molto peculiari.

L'intelligence strategica e quella tattica hanno una destinazione d'uso a lungo termine, mentre operativa e tecnica hanno un orizzonte molto più breve e legato a specifici eventi malevoli. Al tempo stesso, l'intelligence strategica e quella operativa hanno contenuti e rappresentazioni di livello più elevato, tipicamente indirizzati a funzioni esecutive o di management, mentre tattica e tecnica hanno contenuti di livello più basso, caratterizzati da elementi tecnici e indicatori di compromissione e attacco.

L'**intelligence strategica** è indirizzata alle figure esecutive, direttive e strategiche di alto livello, e ha l'obiettivo di fornire una visione approfondita sui cambiamenti significativi dello scenario di minaccia e di rischio delineato per il contesto operativo dell'azienda. Essa è dedicata a informare e aggiornare le figure apicali e il consiglio di amministrazione sui cambiamenti più rilevanti del panorama delle minacce per la continuità e la salvaguardia del business aziendale. A tale scopo, i contenuti devono essere espressi in un linguaggio che risulti pienamente comprensibile e interpretabile da manager strategici e responsabili di business, quindi libero da terminologie e dettagli tecnici, prettamente focalizzati su aspetti legati al rischio per il business e tipicamente rappresentati sotto forma di report direzionali o presentazioni in appositi briefing. Una corretta ed efficace intelligence strategica deve fornire approfondimenti quantomeno su questi aspetti:

- la profilazione delle minacce per il contesto operativo aziendale e dei principali threat actor che potrebbero prendere di mira l'azienda;
- l'attribuzione assegnata ad attacchi e incidenti cyber;
- i rischi associati a determinate azioni e decisioni;
- gli andamenti in motivazioni, tecniche, tattiche e obiettivi dei threat actor più rilevanti per il contesto aziendale;
- eventi e tendenze a livello geopolitico con potenziale impatto sul business dell'azienda, anche attraverso le sue terze parti;
- documenti strategici e politici di stati nazionali e organizzazioni non governative operanti in contesti rilevanti per l'azienda;
- notizie di media locali e nazionali, articoli di settore, pubblicazioni su aspetti di interesse e pareri di esperti in materie correlate al business aziendale;
- white paper, rapporti di ricerca, indagini o studi di settore e contenuti prodotti da aziende di cybersecurity.

È importante definire con chiarezza i requisiti in materia di cybersecurity intelligence strategica, sollecitando risposte a domande specifiche sugli obiettivi di business, sul contesto sociopolitico e di mercato, sugli interessi e sugli aspetti critici dell'azienda. I contenuti che verranno prodotti dovranno, quindi, rispecchiare questi aspetti di particolare interesse ed essere allineati con gli obiettivi aziendali in una prospettiva di lungo termine. Rispetto agli altri prodotti di intelligence, quelli di natura strategica dovranno essere disseminati e rappresentati con una frequenza più diradata, ad esempio su base mensile, trimestrale o in prossimità di appuntamenti decisionali rilevanti, nei quali si decidono iniziative che incideranno sul futuro dell'azienda (consigli di amministrazione, comitati direzionali strategici di tipo commerciale o finanziario e comitati di trasformazione digitale). Alcuni aspetti del processo di produzione dei contenuti di intelligence strategica possono essere automatizzati, ad esempio per quanto riguarda la ricerca tra un volume molto elevato di informazioni e dati, spesso in diverse lingue, che rende il lavoro iniziale di raccolta e analisi molto complesso e difficile da realizzare manualmente, anche per analisti in possesso di spiccate competenze tecniche e linguistiche. Tuttavia, questa forma di intelligence prevede una forte interazione umana, poiché richiede pensiero analitico e senso critico per esaminare, verificare e mettere in relazione nuove TTP con i controlli di sicurezza esistenti, nonché una particolare visione strategica per correlare gli eventi (non solo di sicurezza) con gli obiettivi strategici.

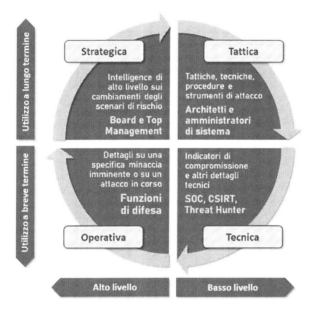

I livelli tipicamente identificati per la cybersecurity intelligence

L'**intelligence operativa** è dedicata al recupero dei dettagli operativi relativi a potenziali azioni avverse alla propria azienda: threat actor che operano nel settore o nel contesto operativo dell'azienda, minacce imminenti, cyberattacchi in corso, eventi di sicurezza rilevanti e campagne ostili. Essa ha il delicato compito di "pescare nel torbido", cioè monitorare diverse fonti di intelligence e comunità online frequentate dai threat actor, per raccogliere dettagli utili a prevenire o contenere gli impatti, oppure di rispondere con azioni di contrattacco e neutralizzazione. L'intelligence operativa fornisce approfondimenti specialistici che consentono di comprendere natura, intenzioni, modalità, vettori, vulnerabilità sfruttate, sistemi di controllo e tempistiche di specifici schemi di attacco che siano rilevanti per il business dell'azienda. Sebbene non sia semplice da conseguire, può fornire importantissimi risultati nella rilevazione di informazioni attraverso il monitoraggio di gruppi di discussione ristretti e frequentati da threat actor, cyber criminali e attivisti che discutono di potenziali obiettivi, condividono tecniche e strumenti di attacco, promuovono campagne di phishing o diffamazione, ostentano dati trafugati o dichiarano la vendita di informazioni sensibili su mercati del Dark Web. Rientra in questo ambito il presidio di numerose fonti con l'obiettivo di intercettare qualsiasi segnale di effettiva o potenziale compromissione, come la sottrazione di informazioni e credenziali, l'abuso del marchio o dell'immagine aziendale, la geolocalizzazione di operazioni sospette e molto altro. Molte aziende ricorrono alla sottoscrizione di contratti di servizio con Intelligence Service Provider che hanno il compito di monitorare elementi tecnologici (indirizzi IP, nomi di dominio, URL) o specifiche parole chiave riconducibili alla denominazione, ai ruoli apicali o ai prodotti e servizi dell'azienda, normalmente con un ampio ricorso a strumenti automatici. Questi fornitori offrono anche servizi informativi specializzati sotto forma di data feed che possono essere letti e interpretati sia dal personale aziendale che dai sistemi di sicurezza. Questo tipo di intelligence è spesso molto utile per il personale direttamente coinvolto nelle operazioni di prevenzione, rilevazione e risposta in difesa della propria azienda, ma è fondamentale anche per l'individuazione di interventi di miglioramento da apportare ai controlli e ai processi di cybersecurity, nonché per la velocizzazione e l'efficientamento delle operazioni di risposta agli incidenti.

L'**intelligence tattica** si riferisce specificamente alle tecniche, alle tattiche e alle procedure (TTP) utilizzate dagli avversari e dai threat actor in genere, allo scopo di conoscerli approfonditamente e poterne attribuire le iniziative con ragionevole certezza. Nell'ambito dell'intelligence tattica sono inquadrate le operazioni di attribuzione e profilazione dei threat actor, ad esempio attraverso il mantenimento di dossier che raccolgano tutte le informazioni utili a conoscere approfonditamente gli avversari: nazionalità presunta, organizzazione interna, raggio di azione, obiettivi tipici, motivazioni, sponsorizzazioni, capacità, punti di forza, presenza online e nel Dark Web, canali di comunicazione monitorati, strumenti adottati e tecniche di attacco, insieme a uno storico degli attacchi o degli incidenti ad essi attribuiti con i relativi IOC. Queste informazioni sono essenziali in ottica preventiva, ad esempio per disegnare misure di sicurezza in grado di ostacolare o impedire azioni da parte di questi gruppi, oppure per disegnare e attuare campagne mirate su specifiche tattiche di attacco da indirizzare al personale che può essere con maggiore probabilità destinatario di tentativi di circonvenzione e inganno. E sono altrettanto fondamentali in ottica reattiva, grazie alla possibilità che offrono di capire rapidamente quale threat actor può nascondersi dietro un attacco in corso, quali strumenti, tecniche e fasi di attacco contraddistinguono il suo operato, quindi cosa aspettarsi in seguito oltre ai segnali e agli effetti già rilevati nella fase corrente dell'attacco. Anche in quest'ambito è frequente il ricorso a fornitori di servizi e a piattaforme di automazione che supportino l'esecuzione dei processi.

L'**intelligence tecnica** è focalizzata su informazioni più tecniche sotto forma di indicatori di compromissione (IOC) e indicatori di attacco (IOA), che sono fondamentali per l'alimentazione di sistemi automatizzati di difesa per garantire la prevenzione e il contenimento degli incidenti, ma anche per attività molto più proattive come le operazioni di threat hunting e l'attivazione e attuazione di piani di rimedio per risolvere eventuali scoperture di sicurezza, vulnerabilità, difetti di processo o carenze di competenza dei dipendenti prima che una minaccia possa concretizzarsi in un incidente vero e proprio. Nell'ambito dell'intelligence tecnica possono essere generate evidenze di tipo forense e gestiti aspetti tecnici di specifici eventi, così come l'alimentazione di sistemi informatici di difesa e piattaforme di rilevazione e risposta che richiedono un aggiornamento degli indicatori in tempo reale.

Facendo un paragone con le opere letterarie e cinematografiche dedicate alle vicende di James Bond, l'intelligence operativa è quella che si occupa di infiltrazioni sotto copertura e azioni sul campo tipiche dell'agente 007 (che ha anche licenza di "uccidere"), la tattica è identificabile con il personaggio del Chief of Staff dell'MI6 Bill Tanner, che conosce approfonditamente i profili dei threat actor e comunica a Bond quali operazioni intraprendere, la tecnica coincide con il ruolo di "Q", responsabile del Settore Q nel quale vengono studiati e sviluppati gli strumenti più tecnici, mentre l'intelligence strategica è più vicina a "M" e al suo ruolo di direttrice del Secret Intelligence Service, che si rapporta con ministeri e organi esecutivi del governo per definire le strategie e rappresentarle agli altri livelli di intelligence.

Una scena di "Skyfall" (2012) con "M", Bill Tanner e James Bond (nel cerchio "Q").

Fonti

Per fare intelligence è indispensabile ottenere dati e informazioni da analizzare e correlare. A tale scopo, la funzione di cybersecurity intelligence può attingere da una vasta gamma di fonti per costruire una visione olistica del panorama delle minacce cui l'azienda è soggetta, nonché maturare una comprensione approfondita delle modalità di attacco e dei potenziali impatti. Questa ampiezza di visione è fondamentale, in particolare nel contesto attuale di numerosi threat actor, diversi tra loro per organizzazione, capacità, strumenti, *modus operandi*, motivazioni e obiettivi.

Il ciclo di intelligence è un processo attraverso il quale si analizzano e correlano dati e informazioni ottenuti da diverse fonti, mediante operazioni di individuazione, raccolta, selezione, valutazione, verifica, integrazione e interpretazione, il cui prodotto viene poi condiviso con il committente ed eventuali altre parti a vario titolo interessate. Utilizzando il maggior numero possibile di fonti, dati e informazioni, e adottando modelli e framework di analisi specifici per l'intelligence (illustrati nell'ultima sezione del libro), la possibilità di giungere a conclusioni errate può essere ridotta al minimo, mentre aumenta la qualità delle decisioni strategiche. Ne consegue, quindi, che uno dei pilastri delle attività di intelligence è proprio la raccolta di dati e informazioni, che si svolge attraverso l'uso di diverse discipline.

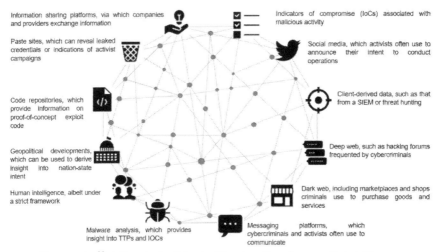

Information sharing platforms, via which companies and providers exchange information

Paste sites, which can reveal leaked credentials or indications of activist campaigns

Code repositories, which provide information on proof-of-concept exploit code

Geopolitical developments, which can be used to derive insight into nation-state intent

Human intelligence, albeit under a strict framework

Malware analysis, which provides insight into TTPs and IOCs

Indicators of compromise (IoCs) associated with malicious activity

Social media, which activists often use to announce their intent to conduct operations

Client-derived data, such as that from a SIEM or threat hunting

Deep web, such as hacking forums frequented by cybercriminals

Dark web, including marketplaces and shops criminals use to purchase goods and services

Messaging platforms, which cybercriminals and activists often use to communicate

Panoramica[20] delle principali fonti utilizzate nella cybersecurity intelligence

La **Signals Intelligence** (SIGINT) è una delle classiche discipline utilizzate soprattutto nei campi della sicurezza nazionale e dello spionaggio. Essa deriva dall'intercettazione, l'analisi e l'elaborazione di segnali elettromagnetici e trasmissioni elettroniche o informatiche provenienti da diverse piattaforme (navi, aerei, satelliti, siti terrestri, ecc.), al fine di rilevare possibili minacce o reali avversari, scoprirne capacità, intenzioni e operazioni, e intercettarne i movimenti, per poter adottare azioni correttive efficaci, garantendo proattività e prevenzione. La SIGINT comprende anche:

- la *Communications Intelligence* (COMINT), il cui obiettivo è intercettare le comunicazioni con metodi crittografici, tra dispositivi o persone, sotto forma di messaggi vocali, video o di testo (es. telescriventi, codice Morse, ecc.), tramite cavi, onde radio, fibre ottiche e altri supporti di trasmissione;
- la *Electronic Intelligence* (ELINT), il cui obiettivo è intercettare trasmissioni non di comunicazione, bensì effettuate da sistemi emittenti e di rilevazione (es. radar, radiazioni elettromagnetiche, infrarossi, microonde, ecc.) generalmente di proprietà di governi ed eserciti, per determinarne posizione, caratteristiche e peculiarità;
- la *Foreign Instrumentation Signals Intelligence* (FISINT), che è in grado di intercettare le emissioni elettromagnetiche associate al collaudo e al dispiegamento di veicoli aerospaziali, sotterranei o di superficie, e di sistemi d'arma stranieri, compresi segnali provenienti

---

[20] Fonte: CREST (https://www.crest-approved.org/)

da telemetria, sistemi di comando e collegamenti di dati video, al fine di determinarne prestazioni, funzionamento e altri parametri.

Altra disciplina classica è la *Imagery Intelligence* (IMINT), talvolta definita *Photographic Intelligence* (PHOTINT), che consiste nella raccolta e nell'analisi delle immagini, cartacee o elettroniche, derivanti da fotografia visiva, infrarossi, sensori radar, laser ed elettro-ottica, nonché da immagini satellitari o spaziali. Ampiamente utilizzata durante conflitti militari e geopolitici per ottenere immagini di armamenti e strumentazioni belliche, essa offre vantaggi significativi. Una delle prime forme di IMINT si verificò subito dopo l'invenzione della mongolfiera (1782), quando l'esercito francese impiegò per la prima volta dei palloni aerostatici nella battaglia di Fleurus del 1794 come mezzi di osservazione del campo di battaglia. L'uso proseguì poi durante la Guerra Civile americana (1861-1865) e la Prima Guerra Mondiale, finché, nel corso della Seconda Guerra Mondiale, l'aviazione militare ottenne miglioramenti tali da renderli di fatto non più necessari. La costituzione della National Geospatial-Intelligence Agency (NGA) USA nel 2003, diede origine al termine *Geospatial Intelligence (GEOINT)*, una forma di IMINT costituita da raccolta, analisi e correlazione di dati, informazioni e immagini rispetto a una posizione sul pianeta in un tempo specifico. Di conseguenza, la GEOINT è considerata come un prodotto di intelligence, invece che una disciplina vera e propria.

L'abbattimento di un pallone aerostatico durante la Prima Guerra Mondiale

La *Measurement and Signatures Intelligence* (MASINT) è ottenuta mediante l'analisi quantitativa e qualitativa dei dati recuperati da sensori tecnici che misurano suono, radiazioni e altri elementi che non possono essere analizzati mediante SIGINT o IMINT, con l'obiettivo di determinare posizione, caratteristiche e peculiarità di un'emittente o un trasmettitore. La MASINT rileva informazioni non sfruttate dai sensori, quindi generalmente considerate di natura periferica e, spesso, non protette da contromisure. Essa è indirizzata alla determinazione delle capacità di armi (in particolare le armi di distruzione di massa) e attività industriali, ed è una disciplina ancora poco conosciuta, spesso utilizzata per integrare altre tipologie di intelligence. La MASINT è composta da sotto-discipline, fra le quali si possono includere:

- *Acoustic Intelligence* (ACINT) che raccoglie ed elabora dati relativi a fenomeni acustici, ad esempio attraverso idrofoni e sonar, per rilevare la presenza o il passaggio di mezzi avversari;
- *Radar Intelligence* che utilizza una speciale tecnica radar che consente di raccogliere immagini ad alta risoluzione, al fine di identificare bersagli fissi o mobili, compresi sotterranei e sottomarini;
- *Frequency Intelligence* che opera con i dati derivanti dalle emissioni elettromagnetiche prodotte dai sistemi d'armamento;
- *Electro-optic Intelligence* che raccoglie i dati dalle emissioni di infrarossi o ultravioletti per consentire l'identificazione di diversi elementi, dalle infrastrutture ai sistemi idrogeologici;
- *Geo-physical Intelligence* che riguarda fenomeni come suoni, onde di pressione, vibrazioni e disturbi elettromagnetici trasmessi attraverso il pianeta (acqua, atmosfera e suolo);
- *Nuclear Intelligence* che monitora, a distanza o durante ispezioni in loco, le caratteristiche relative al campo nucleare, dalle esplosioni ai reattori, alle radiazioni e alle strutture.

La *Technical Intelligence* (TECHINT) ha l'obiettivo di valutare, attraverso personale con specifiche competenze, le capacità tecniche e scientifiche dell'avversario, i suoi punti di forza e debolezza, al fine di neutralizzarne i vantaggi tecnologici, pianificare operazioni di difesa preventiva con opportune contromisure, ed evitare che possa coglierci di sorpresa. In campo militare, la TECHINT riguarda armi ed equipaggiamento delle forze armate di nazioni straniere, oppure le condizioni ambientali, includendo elementi di IMINT, MASINT, SIGINT e altre forme di raccolta. Possono essere accomunate alla TECHINT discipline come la *Scientific and Technical Intelligence* (S&TI), relativa agli avanzamenti degli avversari nel campo delle tecniche ingegneristiche e scientifiche applicate e delle capacità di sviluppo e produzione, oppure la *Medical Intelligence* (MEDINT) che riguarda la raccolta di informazioni mediche, bio-scientifiche, epidemiologiche, ambientali o comunque legate alla salute umana o animale. Nell'ottica della cybersecurity intelligence, possiamo ipotizzare una disciplina definibile come *Cyber Technical Intelligence* (CYBERTECHINT) riferibile alla valutazione delle capacità tecniche e scientifiche dell'avversario rispetto alla dimensione cibernetica, ovvero sviluppo di malware, disponibilità di exploit di vulnerabilità *0-day*, botnet, server C&C, strumenti crittografici, di brute force, controllo remoto, phishing, ecc.

La **Financial Intelligence** (FININT) è indirizzata alla raccolta di dati e informazioni sugli aspetti finanziari di un'entità di specifico interesse, al fine di comprenderne natura, capacità, movimenti e prevederne le intenzioni. Uno degli aspetti principali della FININT è la rilevazione di transazioni finanziarie che possono costituire evasione fiscale, riciclaggio di denaro, dirottamento di fondi, false donazioni e altre attività criminali, spesso usate come forme di finanziamento di altre operazioni criminali o terroristiche. Questa disciplina riguarda transazioni bancarie, finanziarie, assicurative, di investimento, di partecipazione e di trading, incluse tutte le transazioni che si svolgono mediante criptovalute come Bitcoin o Ethereum.

La **Open Source Intelligence** (OSINT) è la disciplina relativa alla raccolta di dati e informazioni da una vastissima varietà di fonti liberamente disponibili (fonti aperte) o da fonti non classificate di limitato accesso. Oggi l'OSINT è uno strumento di lavoro fondamentale per molte realtà e in molti settori e ambienti professionali. Diventato popolare con l'avvento di Internet e dei media digitali, in realtà l'OSINT si svolge sfruttando una vasta gamma di fonti, che si può suddividere nelle seguenti categorie:

- **Media**: testate giornalistiche, emittenti radio e televisive, organi di informazione, agenzie stampa, riviste periodiche, ecc.
- **Internet**: social media, blog, gruppi di discussione, forum tematici e qualsiasi altro contenuto prodotto da utenti e pubblicato online.
- **Dati governativi**: rapporti ufficiali, bilanci pubblici, audizioni, elenchi telefonici, conferenze stampa, albi professionali, siti web della pubblica amministrazione, atti di eventi, ecc.
- **Fonti professionali e accademiche**: ricerche, studi e pubblicazioni mediche, scientifiche e tecnologiche, articoli accademici, riviste specializzate, dissertazioni, tesi, conferenze, simposi, ecc.
- **Dati commerciali**: marchi aziendali, immagini commerciali, basi dati di settore, dati di marketing, valutazioni finanziarie e industriali, pubblicazioni di associazioni di settore, ecc.
- **Letteratura Grigia**: testi a diffusione limitata, non pubblicati attraverso i normali canali bensì diffusi dagli stessi autori o da enti e organizzazioni, pubbliche e private, all'interno dell'ente che li produce

o entro specifici consessi, come relazioni tecniche, versioni preliminari, progetti e rapporti di ricerca, atti di congressi, convegni e semi-
nari, tesi di laurea, dispense di corsi, linee guida, metodi di analisi,
processi e procedure interne, brevetti, documenti commerciali, documenti di lavoro, opere inedite, newsletter, ecc.

La diffusione di massa dell'uso di piattaforme social e di messaggistica
istantanea (o *instant messaging*, IM) ha indotto moltissime persone a creare,
pubblicare e diffondere contenuti privati, aziendali o pubblici, ampliando
notevolmente lo schema comunicativo moderno e la disponibilità di dati e
informazioni di libero accesso. Come conseguenza, è nata la sotto-disciplina
dell'OSINT denominata *Social Media Intelligence* (SOCMINT), dedicata al
monitoraggio e all'analisi di contenuti, messaggi, dati e informazioni rilevabili da piattaforme social (Facebook, Instagram, TikTok, YouTube,
X/Twitter, LinkedIn, Twitch, ecc.) e IM (WhatsApp, Messenger, SnapChat,
Telegram, Signal, Discord, Signal, ecc.). L'entità e la varietà di dati e informazioni presenti su social e IM sono enormi e sono un complemento determinante nelle indagini di intelligence di qualsiasi settore, dalla criminalità
informatica al terrorismo, oltre, ovviamente, all'ambito aziendale.

In antitesi all'OSINT, la *Closed-Source Intelligence* (CSINT) consiste
nella raccolta di dati e informazioni attraverso la consultazione di fonti
chiuse, ovvero non accessibili al pubblico, o da aree ad accesso riservato
previa registrazione o in seguito alla concessione di apposite credenziali
d'accesso. La CSINT comprende l'uso di strumenti e software proprietari,
così come l'uso di informazioni classificate, comunicazioni intercettate e
dati prodotti da sistemi di sorveglianza. Essa include, inoltre, l'accesso a
consessi riservati come forum, aree private, documenti protetti, messaggi
diretti (DM), messaggi e-mail e transazioni bancarie, ovvero ciò che non
viene indicizzato dai motori di ricerca e che è alla base del *Deep Web* (che
corrisponde a circa il 90% del Web), e tutto ciò che risiede nel *Dark Web*,
come canali di discussione, forum underground, marketplace e siti di attività
illegali. Sebbene riguardi fonti chiuse, la CSINT è da molti considerata
come una disciplina affine e complementare all'OSINT.

Fra le varie discipline di raccolta dati e informazioni di intelligence,
l'OSINT è la più esposta all'inquinamento derivante dalle fake news, dalle
forme di contraffazione audio-video (es. *deep fake*) e dalle varie forme di
propaganda ideate da *spin doctor*, agenzie di stampa e media mainstream,
successivamente veicolate e diffuse su organi di informazione, social media
e messaggistica, arrivando addirittura a inquinare svariate fonti professionali
e accademiche. Eppure, se svolta con accuratezza e onestà intellettuale,

l'OSINT costituisce un formidabile strumento per individuare con ragionevole certezza gli elementi di propaganda e smascherare le fake news. Questo specifico aspetto è trattato in maggiore dettaglio nei capitoli che seguono.

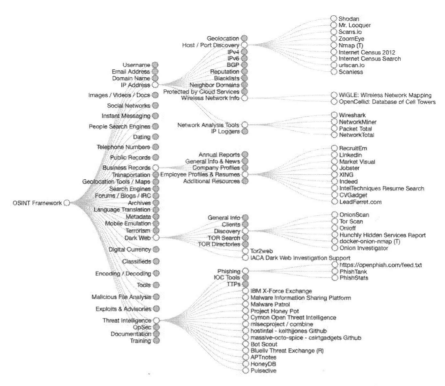

Uno schema[21] delle tipologie e delle relazioni tra fonti OSINT

Infine, la **Human Intelligence** (HUMINT) costituisce uno dei metodi più antichi di raccolta di informazioni, ovvero da fonti umane e relazioni interpersonali, tipicamente sotto forma di conversazioni, relazioni diplomatiche, relazioni professionali, rapporti di viaggio e sopralluogo, operazioni di spionaggio, ricognizione e sorveglianza sotto copertura, interviste o interrogatori. Prima della rivoluzione tecnologica della fine del XX secolo e della conseguente affermazione di Internet, la HUMINT è stata la principale modalità di raccolta di intelligence. Ancora oggi, essa svolge un ruolo chiave nella comprensione delle intenzioni degli avversari e nella conferma o nella confutazione delle informazioni raccolte da altre tipologie di fonti. Le operazioni HUMINT possono essere *ufficiali*, *confidenziali* o *sotto copertura*.

---

[21] Fonte: OSINT Framework (https://osintframework.com/)

Chi svolge operazioni sotto copertura può operare sotto la protezione di forme di *copertura ufficiale* (OC), ad esempio assumendo il ruolo di specifiche figure diplomatiche o professionali, oppure di *copertura non ufficiale* (NOC). In ambito aziendale, la HUMINT si svolge con modalità analoghe, ad esempio mediante l'avvicinamento di persone con ruoli chiave dalle quali ottenere informazioni aziendali critiche, dati personali o sensibili, manuali, schemi, credenziali d'accesso e segreti industriali. Sebbene richieda più dedizione e comporti maggiori rischi, essa si rivela tuttora come una modalità di intelligence fra le più economiche ed efficaci.

Consapevole del fatto che tutte queste tipologie di ricerca e raccolta di dati e informazioni hanno numerosi aspetti in comune, e che, pertanto, nell'attuale contesto digitalizzato e globalizzato, non è possibile adottare una distinzione netta e definitiva tra esse, nei capitoli seguenti, cercherò di illustrare quali sono le fonti maggiormente utilizzate nell'ambito della cybersecurity intelligence, fornendo utili indicazioni su come sfruttarle al meglio a beneficio della propria azienda.

Fonti tecniche

Le fonti tecniche più utilizzate nel settore della cybersecurity intelligence sono costituite principalmente da tutti gli elementi rilevabili a fronte di un attacco informatico, delle telemetrie e dei dati prodotti dai sistemi informatici e di sicurezza aziendali, dalle evidenze tecniche estratte mediante analisi del malware e dai contenuti rilevabili sui repository di codice.

Gli **indicatori di compromissione** (*indicators of compromise*, IOC), cioè dati grezzi tipicamente riferibili a sequenze hash[22] relative a malware e altre tipologie di software malevoli, dati di geolocalizzazione, indirizzi IP, nomi di dominio, protocolli e porte di comunicazione utilizzati dai threat actor, che possono essere rilevati sui sistemi di sicurezza aziendali o ottenuti da fornitori di servizi di intelligence mediante servizi di condivisione informazioni o *threat data feeds*. Essi contribuiscono enormemente alla comprensione delle tecniche e delle modalità di attacco utilizzate dagli avversari. L'applicazione tempestiva degli indicatori di compromissione alle regole e alle configurazioni degli apparati di sicurezza e delle piattaforme di monitoraggio è una pratica fondamentale che fornisce enormi benefici in termini

---

[22] Per hash si intende una sequenza di bit (detta "digest") strettamente e univocamente correlata con il dato originale cui fa riferimento, prodotta mediante una funzione algoritmica.

di prevenzione delle minacce, nonché per il contenimento degli attacchi e per la mitigazione dei relativi impatti sul business.

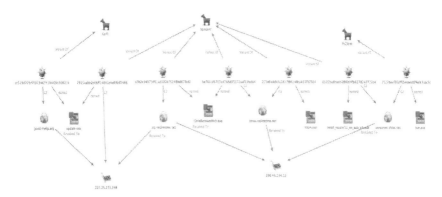

Indicatori di compromissione relativi al gruppo APT "Nitro" (Unit 42 [23])

I **dati prodotti dai sistemi** (client, server, apparati di rete e sistemi di sicurezza) cono costituiti tipicamente da registrazioni su log e altre evidenze raccolti da sistemi di *log collection* – come Splunk, LogDNA, Logstash e Kibana – o da strumenti di monitoraggio di sicurezza o SecOps aziendali, utilizzabili per la correlazione con altre fonti di dati e informazioni, oppure per condurre operazioni di analisi proattiva come il *threat hunting*. I sistemi e gli apparati di rete sono formidabili produttori di dati e informazioni su tutto ciò che avviene e si muove nella rete informatica aziendale. Adottare processi di raccolta mediante sistemi di log collection e data lake consente di utilizzare tali dati e informazioni come elementi di verifica, correlazione e integrazione di dati e informazioni raccolti da altre fonti interne o esterne, nonché per realizzare indagini storiche su eventuali incidenti o compromissioni che sono passate inosservate in passato. Indirizzare le operazioni di intelligence esclusivamente verso l'esterno dell'azienda è un errore che può produrre una visione parziale e potenzialmente fuorviante del reale contesto di minacce e incidenti, con il concreto rischio di vanificare gli sforzi profusi e aumentare i rischi anziché mitigarli.

L'**analisi di software malevolo** può consentire la rilevazione di numerose informazioni interessanti e utili, come indicatori di compromissione (IOC), tecniche, tattiche e procedure (TTP) e molto altro. Essa si può svolgere in forma statica, dinamica o ibrida.

---

[23] "New Indicators of Compromise for APT Group Nitro Uncovered", Jen Miller-Osborn, Unit 42, Palo Alto Networks, 2014 (https://unit42.paloaltonetworks.com/new-indicators-compromise-apt-group-nitro-uncovered/)

L'analisi *statica* consiste nell'esaminare il software malevolo senza eseguirlo, con l'obiettivo di confermare se sia effettivamente dannoso, quali funzionalità contiene e quali informazioni conserva e utilizza per il proprio funzionamento. Normalmente viene svolta mediante il confronto di firme di stringhe di caratteri, sequenze di byte *n-grammi*[24], chiamate di sintassi della libreria, diagramma di flusso di controllo, frequenza di distribuzione del codice. L'eseguibile viene decrittografato o disassemblato mediante tecniche di *reverse engineering* per osservarne le istruzioni interne, comprenderne la logica e prevederne le azioni. Inoltre, viene svolta una scansione antivirus, spesso mediante servizi online[25]. Questo tipo di analisi è relativamente semplice e veloce, ma potrebbe risultare inefficace contro malware sofisticati e non rilevare comportamenti in realtà determinanti.

L'analisi *dinamica* prevede l'esecuzione del malware e l'osservazione del suo comportamento effettivo in un ambiente informatico controllato (sandbox, macchina virtuale, simulatore o emulatore). Questo tipo di analisi è più efficiente, non richiede il reverse engineering del codice e consente di rilevare comportamenti naturali del malware, che potrebbero sfuggire nel corso dell'analisi statica. Tuttavia, essa richiede molto tempo e risorse, con conseguenti problemi di scalabilità. Inoltre, l'ambiente di esecuzione può differire in diversi aspetti da un ambiente reale e ciò può risultare determinante qualora il malware adotti un comportamento artificiale diverso da quello che avrebbe naturalmente su sistemi reali. Infatti, specifici comportamenti del malware vengono attivati solo in determinate condizioni che non possono essere ricreate facilmente in un ambiente virtuale. Ad esempio, l'azione malevola può avviarsi automaticamente a una specifica data e ora di sistema o in seguito a un comando ben preciso. Le operazioni svolte nel corso dell'analisi dinamica consistono nel monitoraggio delle chiamate di funzione, dell'attività sul registro di sistema, del traffico di rete generato, delle chiamate API di sistema, delle istruzioni in memoria, nonché nell'analisi dei parametri e delle posizioni di avvio automatico.

L'analisi *ibrida* è un approccio che combina i vantaggi dell'analisi statica con quelli dell'analisi dinamica, ovviando ai rispettivi limiti di efficacia. Stando alle statistiche disponibili, circa l'80% dei campioni di malware può essere ben rappresentato mediante analisi statica, mentre solo il 40% circa dei campioni può essere analizzato in forma dinamica, pertanto, diventa auspicabile un approccio olistico che combini sia analisi statica che dinamica.

---

[24] Gli *n-grammi* sono sottosequenze di *n* elementi costruiti da sequenze di caratteri che consentono il rilevamento di malware sconosciuto in base al contenuto del codice binario.

[25] Servizi come VirusTotal, SafetyDetectives, ESET Online Scanner, F-Secure Online Scanner, MetaDefender, VirScan, YOMI o HouseCall di Trend Micro.

Dal punto di vista della cybersecurity intelligence, i benefici dell'analisi del malware sono costituiti dall'estrazione degli indicatori di compromissione (domini web, indirizzi o classi IP, server C&C, hash, coordinate bancarie, ecc.) da inserire tempestivamente nei sistemi di sicurezza e dalla comprensione delle logiche interne e delle modalità di esecuzione che aiutano a definire le tecniche, tattiche e procedure (TTP) adottate dai cyber criminali. Queste informazioni consentono di adeguare i controlli e le contromisure di sicurezza, di supportare la profilazione dei threat actor e di agevolare la disseminazione verso le funzioni di cybersecurity aziendali per l'adozione di tutte le azioni di contrasto e l'allestimento di eventuali campagne di consapevolezza indirizzate al personale, nonché la condivisione di informazioni con autorità, comunità di intelligence e constituency.

L'analisi del malware è una pratica estremamente importante ai fini della cybersecurity intelligence, perché consente di conoscere al meglio i propri avversari e di ritagliare le misure di sicurezza per contrastarne con efficacia le azioni ostili. Essa abilita azioni proattive di contrattacco, come la chiusura di domini web, URL e indirizzi IP (oltre a conti correnti d'appoggio se si tratta di banche) che comportano il completo smantellamento (*takedown*) delle infrastrutture tecnologiche utilizzate dai cybercriminali. Ho personalmente osservato come le azioni di takedown consentano di abbattere per circa 3-4 settimane gli attacchi e le frodi, prima che i cyber criminali rimettano in piedi una nuova infrastruttura e modifichino il loro malware per utilizzarla. In questi casi, poiché le infrastrutture sono utilizzate dai threat actor sia a livello di settore che su scala nazionale o internazionale, i benefici del takedown sono apprezzabili da tutte le realtà potenzialmente prese di mira, con conseguente vantaggio a livello sistemico. Inoltre, sempre sulla base della mia esperienza, consiglio di considerare l'uso di soluzioni di *honeypot* per un più rapido ed efficiente recupero dei sample del malware da sottoporre poi ai procedimenti di analisi, riducendo sensibilmente i tempi di conseguimento dei relativi benefici.

Se l'azienda è soggetta ad attacchi di social engineering verso dipendenti e clienti, un'altra ottima soluzione è l'adozione di "*honeypot umani*", ovvero un team di persone in grado di interagire abilmente con cybercriminali e frodatori per carpire direttamente le tecniche, tattiche e procedure, nonché ottenere di prima mano i sample del malware. Un esempio è costituito dalla creazione di falsi profili di figure chiave aziendali (dirigenti e manager) per attirare i cyber criminali, una strategia efficace per intercettare tentativi di phishing mirato o attacchi di tipo BEC (Business E-mail Compromise). Un altro esempio è la creazione di un team di falsi clienti di servizi online, ad esempio in ambito bancario o finanziario, con i quali attirare i frodatori per osservarne modalità d'azione, strumenti e capacità. Ovviamente, queste operazioni richiedono l'allestimento di un ambiente che funga da esca e che sia completo sotto ogni aspetto, cioè che comprenda profili social personali, profili aziendali, ruoli nell'organigramma ufficiale, falsi eventi pubblici, ecc. Ho trovato interessante lo studio[26] svolto dall'Università di Padova in merito alla generazione automatizzata di *honeypot* sui social network per attrarre attività malevole di vario genere al fine di svolgere analisi di diversa natura. Altrettanto interessante la pubblicazione[27] di Megan Kaczanowski.

Comprendo perfettamente come l'analisi del malware, l'attuazione di operazioni proattive di takedown e l'adozione di soluzioni di honeypot umani richiedano competenze e investimenti fuori dalla portata di molte aziende. Le realtà che non dispongono di risorse economiche e organizzative sufficienti possono rivolgersi a fornitori di servizi di intelligence in grado di offrire competenze e capacità adeguate a svolgere efficacemente questo tipo di operazioni dall'elevatissimo valore aggiunto.

I **repository di codice** (o *code repository*) sono archivi online largamente utilizzati per ospitare e gestire il codice sorgente di software in fase di sviluppo, corredato da documentazione, note, pagine web e altri elementi a uso degli sviluppatori. Ogni repository può essere pubblico o privato, oppure può prevedere delle sezioni ad accesso pubblico e altre ristrette ai soli sviluppatori. Solitamente le aree ad accesso pubblico ospitano codice che lo sviluppatore mette a disposizione di chiunque voglia usarlo, con l'obiettivo di renderlo più conosciuto e diffuso possibile, oppure di stimolare l'innovazione grazie alla collaborazione e al supporto forniti da altri sviluppatori. Tuttavia, alcuni repository, come gli *exploit database*, sono dedicati a mettere a disposizione di threat actor e cybercriminali codice che sfrutta determinate vulnerabilità, come chiaramente descritto dal team Falcon Complete di CrowdStrike[28]. La frequentazione e il monitoraggio di questi repository consentono di essere costantemente aggiornati su quali vulnerabilità sono maggiormente indirizzate dai produttori di exploit e quali sono gli exploit più richiesti, con il vantaggio di poter prioritizzare le operazioni di vulnerability management e patch management in azienda.

---

[26] "Social Honeypot for Humas: Luring People through Self-managed Instagram Pages" di Sara Bardi, Mauro Conti, Luca Pajola e Pier Paolo Tricomi, Dipartimento di Matematica, Università di Padova, aprile 2023 (https://www.researchgate.net/publication/369740378_Social_Honeypot_for_Humans_Luring_People_through_Self-managed_Instagram_Pages)

[27] "The Case for Corporate (Human) Honeypots" di Megan Kaczanowski, 2022 (https://megankaczanowski.com/the-case-for-corporate-honeypots/)

[28] "Gitting the Malware: How threat actors use GitHub repositories to deploy malware" di Joshua Fraser, CrowdStrike, 2022 (https://www.crowdstrike.com/blog/how-threat-actors-use-github-repositories-to-deploy-malware/)

Un altro fattore di rischio è dovuto all'eventualità che uno sviluppatore dell'azienda o di una terza parte fornitrice posizioni codice applicativo, documenti architetturali o note di sviluppo all'interno di aree del repository ad accesso pubblico, a causa di ignoranza, negligenza, sbadataggine o con intenzioni dolose. Questi errori offrono ai threat actor una ghiotta occasione di scoprire come funzionano i prodotti software della nostra azienda, modificarne le logiche direttamente nel repository, oppure acquisire preziosissime informazioni sull'architettura applicativa o sulla topologia di rete. Rilevare tempestivamente questi eventi è fondamentale per mettersi al riparo da possibili conseguenze, conoscere quali informazioni o documenti possano essere finiti nelle mani di potenziali malintenzionati, scoprire eventuali casi di insider threat, individuare sviluppatori non adeguatamente preparati da sottoporre a campagne di *security awareness* e a corsi di formazione sullo sviluppo sicuro del software, nonché avviare procedimenti di richiamo formale o richiesta di penali verso terze parti che forniscono servizi di sviluppo applicativo alla nostra azienda.

Fonti aperte e chiuse

Abbiamo già visto quanto la raccolta di dati e informazioni mediante OSINT, SOCMINT e CSINT costituisca uno strumento fondamentale per moltissime realtà che vogliono fare intelligence a più livelli. In questo capitolo vedremo quali sono le fonti maggiormente utilizzate in ambito aziendale e professionale per recuperare informazioni utili all'intelligence. Senza dubbio, la principale fonte di informazione è costituita dai grandi mezzi di comunicazione di massa, i cosiddetti **mainstream media**, cioè televisioni, radio e testate giornalistiche a copertura nazionale. Essi riportano notizie e dichiarazioni d'intenti di organismi governativi in merito a strategie di sviluppo, accordi internazionali e rivalità con altre nazioni che potrebbero avere un effetto sulle strategie della nostra azienda e addirittura rappresentare una minaccia, sollecitando determinati threat actor a intraprendere operazioni pericolose o distruttive per il business aziendale.

Il principale aspetto del ricorso ai mainstream media è che essi sono in grado di influenzare grandi masse di persone, spesso riflettendo correnti di pensiero prevalenti e rispondendo a logiche dogmatiche che impongono una determinata rappresentazione della realtà, talvolta scadendo in forme di propaganda, censura e disinformazione. Mai come in questi ultimi anni si è assistito alla decisa contrapposizione tra la visione imposta dai mainstream media e quella proposta dai cosiddetti media alternativi, che ha portato all'uso, anzi all'abuso, del termine *"fake news*[29]*"*. Ormai è chiarissimo come i mass media si arroghino il diritto di decidere se e in che modo rappresentare notizie ed eventi, fornendo una precisa interpretazione che non deve lasciare spazio alcuno al senso critico degli spettatori, né a voci alternative dissonanti. Omettere un'informazione, rappresentarla parzialmente nascondendo particolari determinanti, oppure fornirne un'interpretazione arbitraria, può indurre nel pubblico una percezione molto distante dalla realtà.

Un altro fenomeno che ha contraddistinto spesso l'informazione di massa è la *disinformazione*, cioè la creazione di contenuti intenzionalmente falsi che possono causare un danno a uno specifico soggetto (una persona, un gruppo, una causa sociale, uno stato, ecc.). La disinformazione può essere costituita da informazioni false di per sé (cosiddette *misinformation*), prodotte per incompetenza, negligenza o scarsa comprensione di fatti e argomenti, oppure da informazioni sia veritiere che falsificate appositamente (cosiddette *malinformation*) pubblicate con la volontà di danneggiare deliberatamente un soggetto o di generare smarrimento nel pubblico. Quasi sempre la disinformazione volontaria è accompagnata da evidenti elementi di *propaganda*, che oggi vedono spesso tutti i mainstream media compatti nel rappresentare la medesima prospettiva. Eventi recenti del panorama globale, come la pandemia da COVID-19 e i conflitti in Ucraina e Medio Oriente, attraverso un'opera unanime e spregiudicata di propaganda e disinformazione, hanno amplificato, fino ad esasperarla, la divisione sociale in termini di pensiero ideologico. Molto spesso la disinformazione trae origine da post e articoli pubblicati sui social media e successivamente ripresi dagli organi di informazione senza preventiva verifica dei contenuti, privilegiando la rapidità di pubblicazione rispetto all'accuratezza dei contenuti e alla loro aderenza con la realtà. I giornalisti di quest'epoca storica sono sempre più conformisti e inclini a riproporre contenuti altrui (organi governativi, spin doctor o soggetti privati di varia natura) contraddistinti da manipolazioni politiche, ideologiche e di pensiero con l'obiettivo di salvaguardare un preesistente *status quo* o di promuovere il consenso verso un determinato cambiamento che si vuole imporre. La carenza di giornalisti d'inchiesta è causa della progressiva e inarrestabile disaffezione del pubblico nei confronti di telegiornali, testate giornalistiche e programmi di approfondimento.

Dal punto di vista dell'intelligence, questo rappresenta un grave rischio: **fake news, disinformazione e propaganda sono acerrimi nemici dell'intelligence** e possono spingere a trarre conclusioni profondamente errate e

---

[29] A mio avviso, la migliore definizione di "fake news" è "tutto ciò che viene pubblicato o veicolato da un organo di informazione e che viene smentito da fatti reali e comprovati". L'ampia casistica disponibile online dimostra che nessun organo di informazione è immune al fenomeno delle fake news, nemmeno i media mainstream e gli organi governativi statali.

molto distanti dalla realtà, condannando l'azienda a prendere decisioni poco e male informate che possono comportare impatti sul business. Un bravo analista di intelligence, soprattutto se opera nel campo dell'intelligence strategica, deve essere abile nel leggere tra le pieghe nascoste dell'informazione, svolgendo quell'opera di verifica delle notizie che non viene più garantita dai media, partendo dall'assunto che neanche i mainstream media sono immuni da disinformazione e fake news. Oggi più che mai è indispensabile analizzare le informazioni mettendo accuratamente da parte conformismo e pensiero indotto, uscendo dai *frame* costruiti ad arte dalle fonti di informazione mainstream, collegando gli eventi tra loro e correlando dati e informazioni senza preconcetti, focalizzandosi sul reale contesto operativo della propria azienda. Una buona prassi è sfruttare eventuali fonti dirette interne distribuite geograficamente nel mondo (sedi, filiali, fabbriche, partner, fornitori, clienti, ecc.) per verificare ciò che si è raccolto dalle fonti di informazione, al fine di ottenere la massima aderenza alla realtà, non alla rappresentazione imposta arbitrariamente per motivazioni che potrebbero non corrispondere con gli interessi e le strategie aziendali.

Nel febbraio 2022 la RAI ha mandato in onda un filmato tratto dal videogioco "War Thunder" spacciandolo per un attacco missilistico russo su Kiev.

Da metà gennaio 2022, ovvero dall'inizio dell'infinita serie di attacchi cyber verso organi governativi e paragovernativi di Ucraina, Russia e altri paesi simpatizzanti per l'una o l'altra parte, e ancora di più con l'intensificarsi delle tensioni tra i due paesi a metà febbraio e poi con l'attacco militare delle forze russe all'Ucraina del 24 febbraio, mi è apparsa subito evidente la difficoltà di rilevare informazioni affidabili e verificate sugli eventi in corso. Difficoltà confermata dallo scoppio del conflitto in Medio Oriente. La causa principale è la forte componente di propaganda, spesso condita da fake news e disinformazione, da parte di mainstream media e organismi governativi europei, statunitensi, russi e di altri stati vicini agli uni o agli altri. In questi scenari, la scelta vincente è stata quella di verificare le informazioni con senso critico, incrociando le differenti visioni offerte e cercando di filtrare il più possibile il rumore di fondo. Un valore aggiunto è stato rappresentato dall'uso di informazioni raccolte direttamente dai territori interessati, sfruttando la presenza fisica di personale in sedi e filiali locali, cioè persone che stavano vivendo in prima persona gli eventi e che potevano confermare o smentire le versioni rappresentate da governi e mainstream media.

I **social media** sono a tutti gli effetti delle fonti di dati e informazioni, spesso di libero accesso, che offrono una voce a chi non ha capacità né mezzi di comunicazione di massa e non appartiene al mondo dei mainstream media. Fatto salvo quanto già scritto in merito a fake news e disinformazione, i social media sono largamente utilizzati da una varietà di soggetti, fra i quali tanti professionisti, esperti, organizzazioni di ricerca e altri organismi che possono fornire dati e informazioni molto utili per conoscere determinati eventi non adeguatamente coperti dagli organi ufficiali di informazione o per verificare e correlare le informazioni già in nostro possesso. Fra gli utenti dei social media ci sono indubbiamente threat actor, cyber criminali e attivisti che possono far trapelare i loro intenti di attaccare o danneggiare specifici obiettivi, possono utilizzare account contraffatti con elementi caratteristici della nostra azienda (logo, colori, prodotti, ecc.) per attirare potenziali vittime in inganni e frodi, possono pubblicare dati e informazioni provenienti da fughe di dati aziendali, oppure possono rendere note minacce e modalità di sfruttamento di vulnerabilità e scoperture di sicurezza.

In quanto pensate, disegnate e sviluppate per promuovere e favorire la pubblicazione e la massima diffusione di contenuti, le piattaforme social sono incredibilmente prodighe di dati e informazioni sui propri utenti, criminali e attivisti compresi. Il monitoraggio continuativo dei canali social e l'attuazione di ricerche approfondite negli account di potenziali avversari consentono di ottenere numerose informazioni di intelligence e, molto spesso, di anticipare le intenzioni malevole dei threat actor. L'adozione di appositi strumenti di automazione nel settore della *web intelligence* consente di rendere incredibilmente efficienti monitoraggi e ricerche, grazie alla raccolta, all'analisi e alla correlazione di dati e informazioni da più piattaforme social contemporaneamente. Soluzioni come Babel Street, Digital Stakeout, Skopenow, Cobwebs, Media Sonar, Dataminr, Snaptrends o Voyager Labs, ognuna con proprie peculiarità e i suoi punti di forza, possono raccogliere dati dai social in tempo reale con estrema efficienza, generando approfondimenti molto utili e rappresentazioni geolocalizzate dei risultati, producendo grandi benefici in termini di protezione da brand abuse, analisi di threat actor e cyber criminali, operazioni antifrode, analisi del sentimento e supporto decisionale in situazioni di attacco e di emergenza in genere.

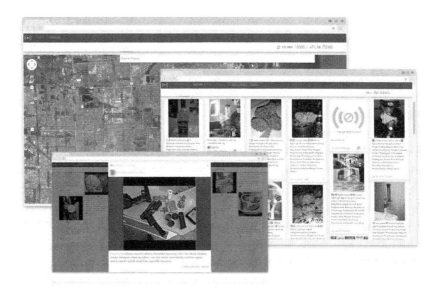

Gli strumenti di web e social intelligence sono molto efficaci nell'aggregare contenuti in maniera significativa offrendo funzionalità di analisi e reporting molto avanzate.

Nella mia esperienza come responsabile della cyber threat intelligence di un grande gruppo bancario, ho potuto apprezzare l'enorme valore aggiunto che soluzioni di questo tipo sono in grado di fornire, sia in operazioni di ricerca su specifici soggetti, sia in termini di *cyber situational awareness*[30], cioè la percezione consapevole di elementi ed eventi ambientali rispetto al tempo e allo spazio riguardanti vulnerabilità, minacce, rischi e relativi potenziali impatti sul business dell'azienda.

---

[30] Per *cyber situational awareness* si intende la comprensione dell'ambiente digitale e informatico della propria azienda e delle minacce e vulnerabilità cui esso è soggetto, con l'obiettivo di anticiparne potenziali conseguenze. Essa consente alle aziende di costruire una visione olistica e in tempo reale delle minacce cyber, comprendere il proprio profilo di sicurezza e rispondere adeguatamente a un qualsiasi evento di sicurezza. I principali benefici della cyber situational awareness sono rappresentati dal rafforzamento delle misure di difesa, da una migliore protezione degli asset aziendali e dalla mitigazione delle debolezze tipiche del fattore umano, il cosiddetto "insider risk".

Una delle minacce in rapidissima crescita che da qualche anno affligge il mondo dei social media è costituita dai **deep fake**, ovvero i tanti contenuti multimediali prodotti con tecniche di *face-swap* (sostituzione del volto) e *voice-swap* (sostituzione della voce) per far dire a determinati personaggi (es. esponenti politici e star dell'intrattenimento) cose che in realtà non avrebbero mai detto. Nel mondo del cinema l'uso di tecniche grafiche per sostituire il volto e la voce degli attori risale molto più indietro nel tempo: è celebre il caso di Paul Walker, morto nel 2013 e incluso digitalmente nel film "Fast and Furious 7". I primi prodotti privati di deep fake sono apparsi qualche anno fa su Reddit sotto forma di spezzoni di film nei quali volti di attori erano sovrapposti agli attori originali, ma poi la tecnica si è diffusa nel settore della pornografia, con moltissimi video nei quali il volto dei pornoattori viene sostituito con quello delle celebrità più seguite.

Strumenti come FakeApp, DeepFaceLab e Lyrebird consentono a chiunque di produrre deep fake di qualità, tanto che oggi si parla molto dei rischi derivanti dalla possibile manipolazione dell'informazione e le relative conseguenze anche di natura politica. L'utilizzo dell'intelligenza artificiale, in particolare di nuove classi di algoritmi di apprendimento automatico dette *reti antagoniste generative* (*Generative Adversarial Networks, GAN*), ha migliorato notevolmente la qualità dei deep fake in termini di realismo e fedeltà al soggetto originale, grazie al controllo di tutte le parti del volto, non più solo labbra e occhi ma anche le espressioni facciali. Inoltre, tecniche moderne di interazione consentono di generare deep fake in diretta, con cloni che riproducono in tempo reale le espressioni facciali di un attore ma con volto e voce del soggetto imitato. Ad esempio, oggi un deep fake può essere usato per interpretare una conferenza stampa in diretta video. Tutto ciò ha reso sempre più difficile distinguere contenuti artefatti da quelli reali.

Un esempio di deep fake che applica il volto degli attori di Harry Potter a una sitcom.

Le tecniche di deep fake rappresentano un rischio per la sicurezza, la democrazia e la pace qualora vengano combinate con operazioni malevole, ad esempio attacchi cyber, propaganda o campagne di demolizione della fiducia in governi e organizzazioni. Il cybercrime può utilizzare tecniche di deep fake in attacchi di phishing o di furto d'identità, oppure per aggirare sistemi di riconoscimento facciale. Il face swap è già largamente utilizzato per creare contenuti di pornografia non consensuale, tanto che si stima che il 90% dei deep fake esistenti sia di natura pornografica. Anche la propaganda online rappresenta un problema significativo, poiché la tecnologia di deep fake attuale consente di ottenere contenuti contraffatti di qualità in maniera molto più rapida ed economica rispetto al passato, con il rischio di inondare i social di volumi di disinformazione e falsità talmente elevati da provocare disorientamento e divisione nel grande pubblico. Questo può avvenire a fronte di conflitti geopolitici, ma anche per la diffusione di ideologie che possono generare ondate di attivismo e sabotaggio verso specifici obiettivi, oppure ancora per fomentare crisi internazionali, produrre effetti economici e finanziari, o alterare l'andamento di elezioni politiche.

Un esempio di profilo con avatar generato mediante intelligenza artificiale.

Un analista di cybersecurity intelligence deve essere in grado di riconoscere un deep fake per non cadere vittima di manipolazioni che potrebbero modificare anche sostanzialmente le sue ipotesi e deduzioni. Uno dei metodi è imparare a rilevare strani riflessi e distorsioni, movimenti anomali e innaturali, comportamenti inusuali, piccole imperfezioni grafiche e il parlato che non fluisce in maniera naturale. Esistono anche strumenti di rilevazione basati su intelligenza artificiale (es. Microsoft Video Authenticator) che consentono di individuare contenuti contraffatti non troppo sofisticati, sistemi di autenticazione delle immagini (es. Adobe) e piattaforme (es. Operation Minerva e Sensity) che possono supportare l'opera dell'analista, ma c'è da aspettarsi che il compito diventi sempre più arduo nel prossimo futuro.

Il fascino degli strumenti di **messaggistica istantanea**, che li ha resi indispensabili per la massa e ha cambiato profondamente le abitudini della società, non ha risparmiato i criminali alla ricerca di soluzioni facili da usare e largamente disponibili, magari con funzioni di geolocalizzazione e il supporto di diverse lingue. Così, moltissimi gruppi e canali Telegram e Discord vengono regolarmente utilizzati dai threat actor per svolgere attività illegali come la vendita di exploit e piattaforme di attacco, servizi di hacking e dati rubati, peraltro sfruttando appieno le tante funzionalità di volta in volta offerte dalle piattaforme. I gruppi consentono a tutti i membri di leggere, pubblicare e commentare, mentre nei canali solo gli amministratori possono pubblicare e gli altri membri hanno accesso solo alla visualizzazione dei contenuti. I cyber criminali usano prevalentemente i canali per finalità di propaganda (in caso di hacktivism), per rendere pubblici gli obiettivi, per reclutare nuovi adepti o per offrire servizi e prodotti, in una modalità simile a come vengono gestite tante attività sommerse nel Dark Web.

L'offerta di exploit, credenziali di accesso, dati di carte di pagamento sottratte, strumenti software e servizi ritagliati per qualsiasi esigenza attraverso questi canali ne fa un'ottima fonte di dati e informazioni per l'intelligence operativa. L'identificazione dei canali di messaggistica istantanea più pertinenti con le minacce e i threat actor collegati al business della propria azienda è oggi un requisito fondamentale per le funzioni di intelligence, con l'obiettivo di intercettare informazioni rilevanti, profilare gli avversari sfruttando al massimo le informazioni che inconsapevolmente e inevitabilmente condividono, rilevare intenzioni ostili verso la propria azienda e individuare le misure di sicurezza più idonee a prevenire eventuali attacchi.

La mia azienda aveva interessi commerciali e presenza geografica sia in Ucraina che in Russia, pertanto, allo scoppio del conflitto tra i due paesi, abbiamo intensificato il monitoraggio dei canali Telegram utilizzati dai gruppi di hacktivisti entrati in azione contro entità governative ed enti privati delle due nazioni. Questo monitoraggio ci ha consentito più volte di rilevare intenzioni ostili verso la nostra azienda e le sue emanazioni nei due paesi, nonché verso terze parti rilevanti per il nostro business e la nostra sicurezza. Sulla base delle evidenze raccolte è stato possibile anticipare l'attuazione di contromisure preventive e allertare in anticipo i team di threat prevention e incident response, oltre ai fornitori di servizi di protezione anti-DDoS, con il risultato di non aver subìto impatti rilevanti a fronte dei tentativi di attacco. Inoltre, durante il monitoraggio abbiamo casualmente rilevato evidenze di dipendenti di grandi compagnie multinazionali che vendevano a questi gruppi credenziali di accesso remoto per accedere alla rete interna. Abbiamo quindi potuto segnalare queste evidenze alle funzioni di cybersecurity delle aziende coinvolte, affinché avviassero opportune indagini interne.

I **servizi di condivisione informazioni** sono costituiti da piattaforme online cosiddette di *threat data feeds* che forniscono elementi aggiuntivi di contesto, IOC e approfondimenti sull'attività dei threat actor, e sono tipicamente offerti da organismi specializzati a livello nazionale o di settore. Di seguito alcuni dei più prolifici e affidabili servizi per il contesto italiano e internazionale.

- Il **CSIRT Italia**[31], organo istituito presso l'Agenzia per la Cybersicurezza Nazionale (ACN), i cui compiti consistono nel monitoraggio degli incidenti a livello nazionale, l'emissione di segnalazioni e allarmi in merito a rischi e incidenti, la divulgazione di informazioni, l'intervento in caso di incidente, l'analisi dinamica di rischi e incidenti, la sensibilizzazione situazionale e la partecipazione alla rete dei CSIRT, stabilendo relazioni di cooperazione con il settore privato;
- Il **CERT Finanziario Italiano**[32] (CERTFin), organizzazione cooperativa pubblico-privata finalizzata a innalzare la capacità di gestione del rischio informatico degli operatori finanziari e la cyber resilience del sistema finanziario italiano attraverso il supporto operativo e strategico alle attività di prevenzione, preparazione e risposta agli attacchi informatici e agli incidenti di sicurezza, in linea con la strategia nazionale;
- Il **Forum of Incident Response and Security Teams**[33] (FIRST), una delle principali organizzazioni mondiali in materia di risposta agli incidenti, sia di tipo reattivo che proattivo, che riunisce diverse funzioni di incident response e cyber threat intelligence di organizzazioni governative, commerciali ed educative per promuovere la condivisione di informazioni tra i membri e la comunità di cybersecurity in generale;
- Il **Financial Services Information Sharing and Analysis Center**[34] (FS-ISAC), comunità internazionale di condivisione di cybersecurity intelligence focalizzata esclusivamente sui servizi finanziari che sfrutta la propria piattaforma di intelligence e una rete distribuita[35] e affidabile per anticipare, mitigare e rispondere alle minacce informatiche;

[31] CSIRT Italia (https://www.csirt.gov.it/) i cui compiti sono definiti dal Decreto Legislativo 18 maggio 2018, n. 65 e dall'articolo 4 del Decreto del Presidente del Consiglio dei Ministri 8 agosto 2019.
[32] CERT Finanziario Italiano, CERTFin (https://www.certfin.it/)
[33] FIRST, Forum of Incident Response and Security Teams (https://www.first.org/)
[34] Financial Services Information Sharing and Analysis Center (https://www.fsisac.com/)
[35] Il FS-ISAC ha promosso, in collaborazione con la Monetary Authority di Singapore (MAS), la creazione dell'Asian Pacific (APAC) Regional Intelligence and Analysis Centre a Singapore, con l'obiettivo di incoraggiare la condizione e l'analisi di informazioni di cybersecurity intelligence nel settore finanziario della regione.

- Il **Cyber Security Information Sharing Partnership**[36] (CISP), servizio digitale del National Cyber Security Centre (NCSC) congiunto fra settore industriale e governo del Regno Unito per la condivisione di informazioni sulle minacce informatiche con organizzazioni britanniche e aziende di tutto il mondo che hanno una presenza nel Regno Unito;
- L'**Open Threat Exchange**[37] (OTX), piattaforma di AT&T Alien Labs che fornisce libero accesso a informazioni di cybersecurity intelligence tattica a una comunità globale di professionisti e ricercatori che supera i 100mila partecipanti in circa 140 paesi del mondo e che contribuisce alla produzione di oltre 19 milioni di indicatori di minaccia al giorno.
- L'**Automated Indicator Sharing**[38] (AIS), piattaforma messa a disposizione dalla Cybersecurity and Infrastructure Security Agency (CISA), organismo del governo degli Stati Uniti, che consente lo scambio in tempo reale di indicatori di minaccia e misure difensive (interpretabili da sistemi automatizzati) per supportare i partecipanti[39] alla comunità AIS a ridurre l'accadimento di cyber attacchi.

La scelta dei servizi di condivisione informazioni deve essere legata al proprio contesto e deve privilegiare i servizi che producono dati e informazioni attinenti alla natura del business della propria azienda. La scelta di ricorrere a quanti più servizi di informazione possibile può comportare un pericoloso aumento del volume di dati da analizzare, spesso duplicati, ridondanti o fuori contesto, con il rischio di aumentare il rumore di fondo e, di conseguenza, lo sforzo di analisi richiesto agli specialisti di intelligence, diminuendo la capacità di rilevare con efficacia e tempestività dati e informazioni realmente rilevanti per la nostra azienda. Una corretta ed esaustiva valutazione dei servizi di intelligence richiede la considerazione di determinati aspetti, come la provenienza e la rilevanza delle sorgenti di dati per la propria azienda o il settore in cui essa opera, l'assenza di duplicazioni, l'allineamento della periodicità di raccolta delle informazioni con le effettive esigenze di intelligence tecnica, tattica, operativa o strategica della nostra azienda, nonché il tasso di correlazione dei feed prodotti con quanto rilevato e osservato sui sistemi di sicurezza aziendali.

---

[36] Cyber Security Information Sharing Partnership (CISP) National Cyber Security Centre (NCSC) del Regno Unito (https://www.ncsc.gov.uk/section/keep-up-to-date/cisp)

[37] AT&T Alien Labs Open Threat Exchange (OTX) (https://otx.alienvault.com/)

[38] Automated Indicator Sharing (AIS), Cybersecurity & Infrastructure Security Agency (CISA) (https://www.cisa.gov/ais)

[39] La comunità AIS include organizzazioni del settore privato, dipartimenti e agenzie federali, governi di stati e località territoriali, information sharing and analysis center (ISAC), information sharing and analysis organizations (ISAO) e partner e aziende internazionali.

Esistono molte risorse web ad accesso controllato che costituiscono il cosiddetto **Deep Web** e possono essere infiltrate e monitorate per rilevare evidenze di compromissione o intenzioni ostili verso la propria azienda, ad esempio i vari forum di sviluppo software e hacking frequentati da cyber-criminali. Queste risorse possono fornire informazioni di grande valore su strumenti e servizi offerti o richiesti dai threat actor, utili ad avviare successivi approfondimenti. Ad esempio, è possibile identificare quali vulnerabilità ed exploit vengono maggiormente discussi dagli utenti, in modo tale da prioritizzare le operazioni di vulnerability e patch management. Anche il monitoraggio di marketplace e negozi ospitati in reti anonimizzate come TOR e I2P, che costituiscono di fatto il cosiddetto Dark Web, è fondamentale per acquisire evidenze di compromissioni e intenzioni ostili. Nei market place del Dark Web è possibile acquistare informazioni, account, documenti o strumenti di attacco informatico, ad esempio:

- Carte di credito sottratte o clonate, anche con indicazione del limite di utilizzo, corredate di PIN, CVV ed eventuale account Walmart;
- Servizi di pagamento compromessi (es. PayPal, Cashapp, Perfect-Money, Western Union, Stripe o TransferGo);
- Account di criptovalute compromessi (es. Binance, XCoins, Kraken, Coinfield, BlockChain, Crypto.com, ecc.);
- Account social compromessi (es. Facebook, Instagram, Twitter, Linkedin, Twitch, Pinterest, Spotify, ecc.);
- Servizi online compromessi, come servizi di streaming (Netflix, HBO, Disney+, Orange, Now, ecc.) o siti di scommesse;
- Documenti contraffatti: documenti d'identità, passaporti, patenti di guida, ecc.
- Liste di indirizzi e-mail (cosiddetti *e-mail database dump*) che possono contenere centinaia di migliaia o milioni di indirizzi utili per scatenare campagne di mass spam o di phishing;
- Archivi di documenti aziendali sottratti, con indicazione di volume, caratteristiche, tipologie di dati, ecc.
- Malware, specifico per zona geografica e con indicazione del prezzo per un determinato numero di installazioni;
- Strumenti di attacco DDoS, come IoT e siti non protetti o botnet.

Specifici negozi offrono la possibilità di acquistare credenziali d'accesso, documenti riservati, proprietà intellettuale, vulnerabilità 0-day e modalità di accesso alla rete di diverse compagnie. Un assiduo monitoraggio di questi luoghi virtuali nascosti consente di avere una panoramica molto interessante e utile su ciò che si muove nel "lato oscuro" e se coinvolge a qualsiasi titolo la propria azienda. Se rilevo che un utente chiede di acquistare un accesso remoto alla mia rete aziendale posso desumere che sia in preparazione un'operazione di attacco e, quindi, definire quali contromisure adottare per prevenirne gli effetti. Se scopro che sono in vendita credenziali d'accesso o vulnerabilità della mia azienda, posso avviare urgentemente delle indagini per rilevare compromissioni dei sistemi o casi di insider threat che coinvolgono persone interne alla mia organizzazione (dipendenti, ex dipendenti, consulenti, fornitori, appaltatori o partner).

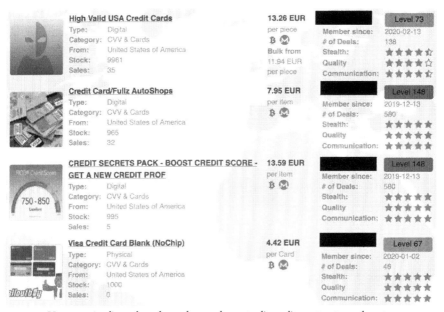

Un esempio di market place che vende carte di credito sottratte o clonate.

Infiltrare ambienti del Deep Web e del Dark Web è un procedimento complesso, molto delicato e particolarmente oneroso in termini di competenza e tempo da dedicarvi. I principali ostacoli sono rappresentati dalla necessità di autenticarsi o di usare strumenti dedicati per accedere ai contenuti o per ottenere un invito a far parte di una community, l'uso di lingue non molto conosciute e difficilmente interpretabili (es. russo, cinese, coreano, indonesiano, arabo, indiano, ecc.), il ricorso a dialetti o terminologie specialistiche, la possibile confusione generata da elevati volumi di conversazioni che potrebbe rendere molto arduo l'ottenimento di intelligence utilizzabile o l'utilizzo di tattiche di offuscamento come l'uso di nomi in codice. Questi sono i principali motivi per cui molte aziende ricorrono a servizi di intelligence esterni in grado di garantire un monitoraggio competente, assiduo, spesso sotto copertura e, in ogni caso, esente da rischi per l'azienda.

Infine, i cosiddetti *pastebin* sono applicazioni e piattaforme web che consentono agli utenti di inviare e pubblicare porzioni di testo, spesso costituite da codice sorgente, sequenze di informazioni, basi dati in formato testo. Questi strumenti vengono spesso utilizzati da cybercriminali per raccogliere dati provenienti da moduli di autenticazione veicolati tramite phishing, mettere a disposizione codice malevolo, pubblicare dati provenienti da *data breach* e *social media scraping*[40] (come dati personali, indirizzi e-mail e credenziali d'accesso), o possono essere sfruttati da gruppi di hacktivisti per pubblicare informazioni in merito a campagne malevole imminenti.

I dati sanitari dei pazienti della Athens Orthopedic Clinic pubblicati su Pastebin dal threat actor TheDarkOverlord nell'agosto del 2016.

Il monitoraggio di queste risorse è fondamentale per rilevare tempestivamente la pubblicazione di informazioni di proprietà dell'azienda o di terze parti rilevanti, ad esempio per venire a conoscenza di data breach o di compromissioni delle misure di sicurezza. Il monitoraggio avviene mediante l'utilizzo di parole chiave legate al contesto della propria azienda, in particolare dei suoi marchi (logo, denominazione, colori sociale), dei prodotti e dei servizi che offre, o delle soluzioni software che utilizza. Il presidio e il

---

[40] Il *social media scraping* è un processo di estrazione automatizzata di dati pubblicamente disponibili su piattaforme di social media come Facebook, Twitter, Instagram e, soprattutto, LinkedIn. Questi dati, una volta aggregati, possono essere sfruttati per analisi statistiche, sociologiche e di marketing o per finalità malevole a opera di cybercriminali, come l'acquisizione di una maggiore conoscenza dell'organizzazione interna di società target.

monitoraggio dei code repository e dei pastebin richiedono anch'essi competenze e impegno di risorse fuori dalla portata di molte aziende, pertanto, è buona prassi ricorrere a fornitori di servizi di intelligence in grado di garantire questi servizi con professionalità, tempestività ed efficacia.

Fonti umane

Ho lasciato volutamente per ultima questa tipologia di fonti, poiché ritengo che sia una delle più importanti ed efficaci, in particolare nel campo della cybersecurity intelligence. Venire a conoscenza con tempestività di qualsiasi evento possa avere un impatto sul contesto e sul business della propria azienda è certamente l'aspetto cruciale dell'intelligence e non sempre il ricorso a fornitori di servizi e strumenti automatici riesce a garantire la rapidità e l'efficacia richieste. Molte informazioni rilevanti non transitano per i classici canali di comunicazione o le consuete fonti di intelligence, bensì attraverso la conoscenza e l'esperienza umana. La Human Intelligence è indubbiamente un fattore dominante dell'intelligence, sia nell'ambito governativo, sia nell'ambito privato, che consente di superare i limiti dei sistemi di raccolta automatizzati e degli algoritmi delle piattaforme di intelligence. La raccolta di informazioni da fonti umane è considerata dalle agenzie di intelligence il settore più sensibile e segreto del loro lavoro, ed è spesso risultata determinante, ad esempio, nella scoperta di complotti terroristici e nel corso dei grandi conflitti mondiali.

Nella sua accezione generale, ci si riferisce alla raccolta di notizie tramite informatori umani occulti presenti in un ambiente o un'organizzazione da penetrare, mediante ricorso a un ciclo di reclutamento che prevede specifiche fasi, che ho descritto nel capitolo dedicato ai framework di attribuzione. In estrema sintesi, si parte dall'individuazione dell'obiettivo da avvicinare, tipicamente una persona con accesso a informazioni confidenziali o segreti di particolare interesse, per poi sondare tutte le notizie disponibili sul soggetto con l'obiettivo di scovare vulnerabilità sfruttabili per indurlo a stabilire un rapporto di collaborazione informativa. Il passo successivo è lo sviluppo di una relazione interpersonale per studiarne più approfonditamente personalità, bisogni profondi e relativi rischi, per poi passare al reclutamento vero e proprio in qualità di fonte occulta, con una gestione della fonte mirata a verificarne qualità, attendibilità e affidabilità. La relazione può comportare anche forme di manipolazione psicologica o addirittura di ricatto vero e proprio, che fanno sorgere problemi di natura etica e morale, oltre al rischio di comprometterne qualità ed efficacia della fonte stessa.

Trasportata nell'ambito aziendale, la Human Intelligence si traduce nella creazione di una rete di relazioni interpersonali con figure chiave che operano in realtà di interesse per il contesto della nostra azienda, ovvero soggetti che gestiscono processi critici o informazioni confidenziali, che possono venire a conoscenza in anticipo di minacce, rischi o attacchi informatici, o che possono ricoprire ruoli esecutivi e decisionali di alto livello. La mia esperienza sul campo conferma pienamente che l'allestimento di una rete di rapporti e collaborazioni il più possibile estesa, eterogenea e geograficamente distribuita è una scelta irrinunciabile per poter beneficiare di un servizio di cybersecurity intelligence veramente tempestivo ed efficace. Ovviamente, sempre nel rispetto di principi etici, leggi vigenti e tutela della privacy.

La rete delle fonti

Una volta assunta la responsabilità sulla funzione aziendale di cyber threat intelligence, la più importante iniziativa da me promossa è stata l'ideazione e l'avviamento di un programma di espansione della rete di collaborazioni e relazioni il più possibile geograficamente distribuite, eterogenee e complementari fra loro. In pochi mesi, la rete è stata estesa alle decine di sedi e filiali del gruppo distribuite in tutto il pianeta, coprendo geopoliticamente diversi paesi europei (Russia compresa), Nord Africa, Nord e Sud America, Asia, Medioriente e Oceania. Con appositi incontri di sensibilizzazione, abbiamo suscitato nel personale di queste entità una crescente sensibilità verso la raccolta di informazioni e l'osservazione di eventi che potessero essere in qualsiasi modo rilevanti per la sicurezza e la salvaguardia del business aziendale. Al tempo stesso, la rete di intelligence è stata estesa anche a decine di terze parti (fornitori e partner) selezionate fra quelle di maggiore dimensione e distribuzione geografica, grandi società di consulenza, grandi compagnie tecnologiche, grossi fornitori di servizi informatici e finanziari, produttori di soluzioni di sicurezza, grandi società fornitrici di telecomunicazioni e aziende specializzate nella sicurezza fisica. A ognuna di queste società è stato proposto un rapporto di mutua collaborazione, sotto forma di scambio di informazioni reciprocamente rilevanti e di contatti con persone chiave, per poter agire con la massima tempestività ed efficacia in caso di eventi e minacce. Inoltre, i fornitori di servizi di intelligence sono stati ampliati per assicurare la copertura delle principali zone geografiche di interesse, ovvero Europa, Russia, Stati Uniti e Medioriente, mentre specifiche collaborazioni sono state intraprese con autorità nazionali e internazionali, forze di polizia, comunità di cybersecurity, threat intelligence e incident response, nonché con ambienti universitari e istituti di ricerca.

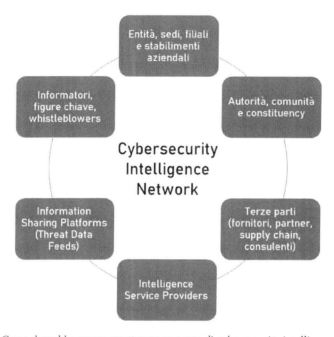

Come dovrebbe essere strutturata una rete di cybersecurity intelligence

Questo programma di espansione, grazie anche al positivo accoglimento in azienda e ai numerosi e proficui rapporti interpersonali generatisi con diverse figure chiave del panorama della cybersecurity intelligence, ci ha consentito di allestire una rete particolarmente efficiente, in grado di intercettare con eccezionale tempestività minacce rilevanti per il contesto aziendale e di innescare l'efficace adozione di contromisure e azioni di mitigazione e contenimento, fino a renderla un punto di riferimento per il settore finanziario e le autorità nazionali.

Attribuzione e profilazione

In base alla mia esperienza diretta, ogni qual volta l'azienda viene colpita da un tentativo di attacco o da un incidente di sicurezza, le sollecitazioni che il management indirizza agli analisti SecOps, agli operatori del SOC o agli incident responder riguardano quasi sempre queste domande:

Cos'è successo?

Quando è successo?

Come è successo?

Qual è l'impatto?

In situazioni di emergenza non è affatto facile trovare tutte le risposte, con lo stato di urgenza generato dalla contingenza, la complessità di ottenere tutte le evidenze necessarie, la pressione psicologica esercitata da più parti, l'ansia indotta dalla linea gerarchica, lo stress psicofisico generato da ore e ore di *war room* per condurre le indagini e determinare le azioni di risposta e rimedio, talvolta addirittura panico e smarrimento.

Prima o poi gli elementi per rispondere in maniera soddisfacente a queste domande vengono raccolti, le azioni di contenimento e risposta si esauriscono e la conduzione delle azioni di rimedio viene assegnata a una funzione che le porterà avanti con modalità di tipo progettuale. Una volta ripristinato il corretto funzionamento dei servizi di business interrotti, l'azienda rientra in una situazione di normalità, la tensione cala, il senso di urgenza evapora e si viene catturati nuovamente dalla quotidianità, archiviando l'evento tra i tanti altri. Quelle domande, spesso, restano le uniche a trovare risposta.

Eppure, la gestione di incidenti e attacchi non dovrebbe esaurirsi con la conclusione dello stato di emergenza. Ci sono diverse altre domande che la cybersecurity dovrebbe porsi, che sono indubbiamente di estremo interesse anche per il management e per i *decision maker* delle funzioni di business, le cui risposte potrebbero fornire elementi decisivi nella formulazione degli scenari di rischio e delle strategie commerciali e di sicurezza.

Chi è stato?

Con quale obiettivo?

Con quale motivazione?

Con quali modalità, tempi e strumenti?

Perché proprio la nostra azienda?

Cosa dovremmo attenderci in futuro?

Spesso non si ha il tempo né la *forma mentis* per porsi queste domande e, quando vengono poste, trovare la risposta è difficile e complicato, ma è in questa eventualità che le potenzialità della cybersecurity intelligence possono essere sfruttate e valorizzate al meglio. Uno degli aspetti più intriganti e stimolanti di questa disciplina, infatti, è rappresentato dall'**attribuzione**.

Attribuire gli attacchi

L'attribuzione è l'arte di rispondere alle classiche domande da "Delitto e castigo" (Fëdor Dostoevskij, 1866): *Chi è stato? Qual è il movente? Come ci è riuscito? Perché proprio quella vittima? Potrebbe rifarlo in futuro?*

Le vite umane e la sicurezza di una nazione, così come la sopravvivenza di un'intera azienda, possono dipendere dal successo nell'attribuire un evento a un preciso autore. Se lo svolgimento di un procedimento di attribuzione è alla base della credibilità, dell'autorità, della libertà e della sicurezza di una nazione, lo stesso vale per un'azienda. Abbattimenti di aerei civili, attentati terroristici, uso di armi chimiche e incidenti diplomatici che sono all'origine di conflitti mondiali richiedono tutti una chiara e inconfutabile attribuzione per determinarne le giuste conseguenze politiche e militari. Basti pensare all'affondamento della corazzata USS Maine al largo di Cuba nel 1898, l'attentato di Sarajevo del 1914, l'incidente del Golfo del Tonchino nel 1964 o il più recente e famoso attacco al World Trade Center dell'11 settembre 2001: le poste in gioco erano altissime, eppure l'attribuzione di questi eventi non è sempre stata così accurata come avrebbe dovuto, tanto che molte delle attribuzioni geopolitiche sono controverse ancora oggi. Se questo tipo di eventi è un'eventualità fortunatamente abbastanza remota, tentativi di attacco, violazioni delle reti e incidenti di sicurezza si verificano numerosi ogni giorno in aziende di ogni settore e dimensione.

Una foto della corazzata USS Maine affondata il 15 febbraio 1898 da una misteriosa esplosione all'interno della baia de L'Avana (Cuba). Nonostante le evidenze fornite dalla Spagna in merito alla sua estraneità, l'affondamento costituì comunque il pretesto per lo scoppio della guerra ispano-statunitense[41].

Nel 2018, Lord Tariq Ahmad di Wimbledon, Foreign Office Minister of State del Regno Unito, rilasciò pubblicamente la seguente dichiarazione[42]:

"Il governo del Regno Unito ritiene che il governo russo, in particolare l'esercito russo, sia responsabile dell'attacco cyber distruttivo NotPetya. Esortiamo la Russia a dimostrarsi il membro responsabile della comunità internazionale che afferma di essere, invece di sabotarla di nascosto".

NotPetya, virus che cifrava i dati dei sistemi infettati, è considerato ancora oggi uno dei più devastanti attacchi cyber il cui costo per le aziende è stimato in almeno 1,2 miliardi di dollari. Per formulare l'attribuzione, il governo del Regno Unito collaborò con i governi di Stati Uniti e Australia.

---

[41] USS Maine (ACR-1), Wikipedia (https://it.wikipedia.org/wiki/USS_Maine_(ACR-1))

[42] "Foreign Office Minister condemns Russia for NotPetya attacks", Gov.UK, 2018 (https://www.gov.uk/government/news/foreign-office-minister-condemns-russia-for-notpetya-attacks)

L'attribuzione consiste nel ritenere che un particolare evento sia stato causato da uno specifico soggetto. È un processo che deve essere svolto in maniera incrementale, con una sequenza di azioni in ordine cronologico, come avviene, ad esempio, nel campo delle forze dell'ordine: l'identificazione del colpevole può partire dalla denuncia di un crimine all'operatore del servizio telefonico di emergenza, per poi dare luogo all'investigazione, la messa in sicurezza della scena del crimine, l'esecuzione degli interrogatori a testimoni e soggetti coinvolti, la raccolta di tutte le evidenze scientifiche, tecniche e ambientali, fino alla presentazione in tribunale dove si tenterà di accertare il responsabile del crimine commesso. In cybersecurity avviene più o meno lo stesso, si parte dalla rilevazione di un tentativo di attacco o di un incidente per poi isolare i sistemi colpiti, investigare le cause, raccogliere le evidenze e formulare delle ipotesi da sottoporre a verifica, anche con l'obiettivo di raccogliere prove di natura forense.

L'esperienza tratta dalle altre discipline che richiedono un'attribuzione si può mutuare anche nel campo della cybersecurity e può essere condensata in **tre concetti molto importanti**:

- L'attribuzione è un processo quasi sempre troppo impegnativo e complesso per essere gestito da una sola persona, per quanto quest'ultima possa essere competente ed esperta;
- L'attribuzione richiede molto probabilmente una divisione dei compiti tra specialisti di diversi settori e discipline;
- L'attribuzione deve procedere in maniera incrementale su diversi livelli e con opportune sequenze, anche ricorrendo all'uso di appositi modelli e framework di attribuzione[43].

Nel contesto delle violazioni informatiche e degli attacchi cyber, l'attribuzione della responsabilità è ancora considerata come uno dei problemi più difficili da affrontare e risolvere. Inoltre, il successo dell'attribuzione dipende fortemente dal numero e dalla qualità delle evidenze forensi disponibili e delle fonti di informazione utilizzate. L'architettura, la topologia e la geografia di Internet non aiutano, anzi ostacolano l'attribuzione a causa dei tanti meccanismi di offuscamento, occultamento, dirottamento e falsificazione che la grande rete consente di sfruttare e che consentono agli attaccanti (criminali, spie, sabotatori, ricattatori, ecc.) di coprire le proprie tracce e restare del tutto anonimi o indurre l'attribuzione verso altri soggetti. Tuttavia, non solo l'attribuzione è possibile, ma si sta svolgendo con successo da diversi anni, sebbene cresca costantemente di difficoltà perché gli attaccanti imparano dagli errori propri o da quelli degli altri threat actor che vengono

---

[43] I più riconosciuti framework di attribuzione sono ampiamente descritti nel capitolo "Framework di attribuzione" nella sezione "Come introdurla e organizzarla in azienda"

resi pubblici da aziende e ricercatori, quindi cercano di migliorare i propri processi e usare tecniche sempre più sofisticate. Se, da un lato, Internet ha sottratto potere ai governi per trasferirlo ad attori non governativi, entità private e gruppi criminali, livellando di fatto le forze in gioco, dall'altro, in materia di attribuzione sono proprio i governi a disporre delle maggiori risorse necessarie a condurre indagini e attribuire operazioni anche particolarmente sofisticate con livelli elevati di probabilità e affidabilità.

Un'altra chiave di lettura ci indica che Internet fornisce ancora un vantaggio strutturale agli attaccanti rispetto alle vittime, poiché obbliga chi si difende ad avere successo tutto il tempo, mentre all'attaccante basta avere successo una volta sola. Invece, in materia di attribuzione la situazione si inverte, perché basta che un attaccante commetta anche un solo errore per consentire alla vittima di scovare la chiave per scoprire e attribuire l'operazione. Anche se è largamente basata su evidenze tecniche, l'attribuzione non è un processo esclusivamente tecnico, poiché necessita dell'apporto di fonti di informazione di HUMINT, SIGINT e numerose altre. L'analisi degli aspetti geopolitici è molto importante: spesso un attacco è motivato dal fatto che l'azienda colpita appartiene alla catena di produzione, distribuzione, business o sicurezza di un'altra azienda sulla quale insistono interessi economici, finanziari, competitivi, ideologici, politici o militari.

Si può affermare che l'attribuzione in cybersecurity consiste nell'attuazione di un'analisi strutturata su tre livelli[44]:

- Il **livello tecnico** (il *"come"*), che si svolge utilizzando diversi strumenti di investigazione per individuare le tecniche utilizzate nel corso dell'attacco, l'obiettivo, il tipo di intrusione, l'organizzazione interna dell'organizzazione attaccante, l'infrastruttura tecnologica ed eventuali errori commessi durante l'esecuzione. Spesso questo è il livello dal quale prende avvio il processo di attribuzione.
- Il **livello operativo** (il *"cosa"*), focalizzato primariamente su ciò che è realmente accaduto durante l'evento. Spesso questo livello si fonde con quello strategico, poiché si sovrappongono su diversi aspetti.
- Il **livello strategico** (*"chi"* e *"perché"*), maggiormente focalizzato sugli aspetti motivazionali e di contesto, nonché sulla raccolta di elementi chiave da fonti di intelligence non tecniche, soprattutto fonti che indicano le priorità di altre nazioni sul piano commerciale, finanziario, economico, militare o geopolitico. Altro aspetto importante è l'individuazione di collegamenti tra specifici individui o gruppi con

---

[44] "Attribution in Cyberspace: Beyond the «Whodunnit»" di Anushka Kaushik, Globsec (https://www.globsec.org/sites/default/files/2018-05/GLOBSEC-cyber-attribution.pdf)

governi nazionali. Inoltre, il contesto geopolitico può fornire utilissime indicazioni sulla possibilità di futuri ulteriori attacchi.

L'importanza dell'attribuzione è legata alla capacità di difendersi rispetto al tipo di attaccanti, alle modalità di attacco e alle motivazioni che li animano. Fra gli obiettivi più frequenti dell'attribuzione si possono citare:

- La difesa della rete e dei dati aziendali, attraverso la determinazione dei dettagli dell'attacco e la loro comunicazione alle figure preposte alle attività di prevenzione, rilevazione e risposta;
- L'avviamento di procedimenti giudiziari per assicurare i responsabili (possibilmente i mandanti più che gli esecutori) alla giustizia;
- Azioni diplomatiche, che si possono tradurre in pressioni politiche, sanzioni economiche o minacce militari ai governi colpevoli;
- Il miglioramento della reputazione di società specializzate in cybersecurity, per finalità di marketing e riconoscimento sul mercato.

Per avere successo, il processo di attribuzione richiede una varietà di competenze su più livelli: gestione accurata, tempo, leadership, coordinamento, resistenza allo stress, comunicazione prudente e riconoscimento di limiti e sfide. Ciascuno dei livelli di attribuzione rappresenta una sfida analitica, si basa su specifici dati e particolari competenze, e indirizza un aspetto ben preciso del processo complessivo. L'analista di ciascun livello deve essere informato e allineato con e dagli altri. Come vedremo nella sezione dedicata ai framework di attribuzione, sebbene il processo abbia un inizio e una fine, esso prevede la formulazione di ipotesi che devono essere confrontate con nuove evidenze che, a loro volta, possono generare nuove ipotesi. Di solito il processo viene innescato dalla rilevazione degli indicatori di attacco e compromissione, che suscitano specifiche questioni tecniche. Man mano che le evidenze vengono raccolte sorgono nuove domande che innescano la ricerca di ulteriori evidenze specifiche. Il processo può prevedere diversi livelli di granularità e viene spesso condotto da analisti di cyber threat intelligence o da società specializzate in cybersecurity, ovviamente con la collaborazione attiva del team di sicurezza dell'azienda colpita.

Un tipico livello di attribuzione viene svolto dagli analisti di intelligence ed è indirizzato a determinare se un attacco è di tipo *state-sponsored* oppure se è motivato da finalità criminali. Un livello più avanzato consiste nell'identificazione di specifiche organizzazioni o di singoli individui, eventualità che risulta alquanto difficile, perciò rara[45].

---

[45] Uno dei pochi casi che ricordo è quello degli ufficiali dell'Esercito Popolare Cinese di Liberazione condannati da un tribunale statunitense per spionaggio informatico per violazione della rete e sottrazione di segreti commerciali in qualità di membri del gruppo APT1.

È molto difficile che un singolo attacco fornisca elementi sufficienti per svolgere un'analisi esaustiva, spesso serve una correlazione con gli elementi desunti da altri attacchi avvenuti in passato. Un'ulteriore complicazione è dovuta al fatto che le attribuzioni svolte da parte delle varie società specializzate in cyber threat intelligence assegnano quasi sempre nomi totalmente differenti allo stesso gruppo di threat actor, con il risultato di complicare notevolmente l'attribuzione e il riconoscimento. Questo dimostra quanto le tecniche attualmente in uso non siano ancora ottimali. Inoltre, spesso sono i gruppi stessi a modificare organizzazione, tecniche e strumenti per rendere più difficile l'individuazione e l'attribuzione delle loro operazioni.

Circa 12 anni fa, infatti, i gruppi APT conosciuti erano principalmente cinesi e nessuno aveva ancora rilevato APT russi. Solo quando venne rilasciato il primo report su un APT russo[46] divenne più facile per gli analisti svelare ulteriori elementi. Quando si rilevano evidenze e tecniche che consentono di tracciare gruppi APT russi, cinesi o iraniani diventa più facile l'attribuzione, perché raramente questi gruppi si riorganizzano, cambiano tecniche o si dotano di nuovi strumenti. I gruppi occidentali, invece, sono molto più difficili da rilevare e ancor più da attribuire. Ad esempio, i gruppi *Remsec* (alias *Project Sauron*) e *Regin* (alias *Prax* o *QWERTY*), coinvolti in operazioni di spionaggio geopolitico e sottrazione di documenti governativi con la supervisione di NSA e GCHQ[47], non sono stati attribuiti mediante la raccolta di evidenze tecniche, bensì grazie alla serie di documenti denominata "Vault 7[48]" nei quali erano descritte le attività e capacità della CIA in

---

"APT1: Exposing One of China's Cyber Espionage Units" di Mandiant (https://www.mandiant.com/resources/reports/apt1-exposing-one-chinas-cyber-espionage-units)

[46] Se non ricordo male, fu APT29, alias Cozy Bear, Nobelium, The Dukes o UNC2452, un gruppo APT altamente sofisticato cui sono stati attribuiti legami con il Foreign Intelligence Service (SVR) della Russia, operativo almeno dal 2008, che prende di mira le reti governative di stati europei, membri della NATO, istituti di ricerca e think tank con l'obiettivo di sottrarre informazioni geopolitiche. (https://it.wikipedia.org/wiki/Cozy_Bear)

[47] Il Government Communications Headquarters è l'agenzia governativa del Regno Unito che si occupa della sicurezza, dello spionaggio e del controspionaggio nell'ambito delle comunicazioni, attività nota come Signal Intelligence (SIGINT). (https://it.wikipedia.org/wiki/Government_Communications_Headquarters)

[48] Vault 7 è una serie di documenti che WikiLeaks, organo di informazione fondato nel 2006 da Julian Assange, rese pubblici il 7 marzo 2017. I documenti contenevano i dettagli sulla capacità della CIA nel comprometterre automobili, smart TV, web browser, i sistemi operativi Microsoft, Linux e MacOS e il sistema operativo della maggior parte degli smartphone. (https://en.wikipedia.org/wiki/Vault_7)

materia di sorveglianza elettronica e cyber warfare. In generale, i gruppi occidentali, soprattutto quelli in perimetro "*Five Eyes*[49]", di solito si riorganizzano e si attrezzano diversamente dopo la rilevazione e la pubblicazione delle loro operazioni. Esattamente come hanno fatto Remsec e Regin.

Qualsiasi processo di attribuzione ha una percentuale di incertezza, salvo i casi in cui gli autori stessi abbiano reso pubbliche precise e indiscutibili rivendicazioni. Inoltre, molto raramente l'attribuzione è da considerarsi definitiva, poiché spesso è basata esclusivamente su indizi e assunzioni, i cui gradi di certezza sono solitamente: "*sospetto ragionevole*", "*causa probabile*", "*evidenza sostanziale*", "*evidenza preponderante*", "*evidenza chiara e convincente*", e "*oltre ogni ragionevole dubbio*". Quest'ultimo è il mio preferito, perché è quello che più spesso viene arbitrariamente abusato in geopolitica, soprattutto a opera dei governi responsabili di operazioni riprovevoli per attribuire pubblicamente la colpa ad altri soggetti e manipolare l'opinione pubblica. A tal proposito, va chiarito che anche se a un'ipotesi venisse attribuito il massimo livello di certezza, non potrebbe mai assumere lo stesso valore della certezza assoluta[50].

BURDENS OF PROOF

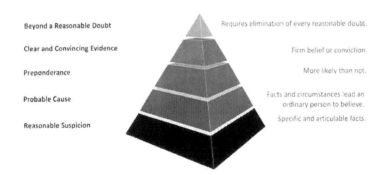

Il tradizionale modello dei livelli di evidenza (credits: Varghese Summersett[51])

---

[49] La "Five Eyes" è un'alleanza internazionale di intelligence che comprende i governi di Australia, Canada, Nuova Zelanda, Regno Unito e Stati Uniti d'America, come membri del Multilateral UK-USA Agreement, un trattato di cooperazione in Signal Intelligence. (https://it.wikipedia.org/wiki/Five_Eyes)

[50] "Russia, Corea del Nord e non solo. L'attribuzione dei cyber attacchi oltre ogni ragionevole dubbio", Cristina Posa, Ambasciata e Consolati degli Stati Uniti d'America in Italia. (https://it.usembassy.gov/it/russia-corea-del-nord-posa/)

[51] "Burden of Proof Chart: What is Proof Beyond a Reasonable Doubt?" di Benson Varghese, Varghese Summersett. (https://versustexas.com/blog/beyond-reasonable-doubt/)

Lo scenario globale di minaccia cyber ha raggiunto un tale livello di complessità da rendere necessarie competenze molto ampie e trasversali per condurre un processo di attribuzione. Poiché i gruppi di threat actor si sono dotati di diverse figure specialistiche dedicate a specifici ambiti, le operazioni di investigazione e analisi nell'ambito del processo di attribuzione richiedono competenze di diverso genere, non solo tecniche. Questo testo contiene un intero capitolo dedicato ai framework di attribuzione dei quali vengono illustrate in dettaglio le caratteristiche peculiari, tuttavia, in genere, le fasi più comuni del processo di attribuzione sono le seguenti:

1. Raccolta e collezione delle evidenze oggettive prodotte nel corso dell'attacco o dell'incidente cyber (IoA e IoC), nonché di dati e informazioni dalle fonti di cyber threat intelligence, signal intelligence, social intelligence, ecc., con analisi preliminare degli artefatti e identificazione di ulteriori sorgenti di dati da poter correlare.

2. Raggruppamento di evidenze, dati e informazioni in specifici set: famiglie di malware, classi di indirizzi IP, domini, server C2, logiche del malware estratte dall'analisi statica e dinamica, ecc.

3. Determinazione se trattasi di semplice attività criminale a scopo di lucro o di operazione "*state-sponsored*" a scopo di spionaggio o sabotaggio, attraverso l'analisi di dimensione dell'attacco, TTP adottate, tipologia e natura dei dati coinvolti, motivazioni, ecc.

4. Attribuzione a nazioni, regioni o specifici soggetti (soprattutto in caso di operazioni state-sponsored) attraverso l'analisi e la correlazione delle TTP con informazioni geopolitiche e scenari storici, al fine di determinare quale specifico governo possa essere il mandante dell'intera operazione e quali ripercussioni si possano configurare.

5. Attribuzione a organizzazioni o persone specifiche in base alle relazioni, ai comportamenti riconoscibili, eventuali errori commessi, retrospettive, deduzioni, human intelligence, elementi geopolitici, correlazione di tracce e firme rilevate dalle tecnologie utilizzate con quelle usate in altri attacchi pregressi, ecc. Questa è indubbiamente la fase più difficile e complessa dell'attribuzione.

6. Formulazione di ipotesi e relative probabilità che siano consistenti e basate su evidenze chiare e verificate, assegnazione del livello di confidenza a ciascuna ipotesi, selezione dell'ipotesi più plausibile e presentazione e comunicazione dei risultati all'audience più idonea.

Queste fasi delineano un inizio e una fine del processo, tuttavia, esso può essere riavviato e rivisto in diverse parti, se non addirittura in toto, a fronte dell'acquisizione di nuove evidenze e informazioni che possano modificare le ipotesi formulate e le relative conclusioni. A tale scopo, nella fase finale di formulazione delle ipotesi è buona prassi determinare dei punti di controllo, determinanti per le ipotesi formulate, da sottoporre a verifica più avanti nel tempo per convalidare o confutare le ipotesi, ovvero per formularne di nuove.

Nella maggior parte dei casi, l'avviamento del processo di attribuzione, gli investimenti dedicati e gli obiettivi prefissati dipendono fortemente dall'entità del danno. Nel contesto di minaccia cyber moderno, in cui i tentativi di attacco e gli incidenti informatici si susseguono numerosi e c'è una comprovata penuria di competenze tecniche e capacità investigative, è l'entità del danno, sia esso potenziale o effettivo, a determinare quante risorse e quanto tempo potranno essere dedicati al processo di attribuzione. Se il danno è irrilevante o nullo, è molto probabile che si decida di svolgere un'investigazione ridotta o addirittura di ignorare del tutto l'evento. Di conseguenza, una carente o deviata percezione del danno può minare alla base il processo di attribuzione, un'eventualità da scongiurare.

I fattori che determinano il successo e la qualità di un'attribuzione sono:

* La disponibilità di indicatori ed evidenze[52]: *timestamp*, specifiche stringhe nel codice, percorsi di debug, metadati, tipologie di exploit utilizzati (in particolare gli "*0-day*"), toolkit usati, codice e logiche interne del malware, tipo di backdoor, protocolli di comunicazione, tecnologie dell'infrastruttura, ecc.
* La disponibilità di risorse, competenze e capacità all'interno del gruppo che conduce l'attribuzione;
* La disponibilità di tempo per completare l'investigazione, l'analisi, nonché la formulazione e la verifica delle ipotesi;
* Il livello dell'avversario, poiché maggiore è la sua abilità, maggiore sarà la sofisticazione dell'operazione, quindi, maggiori saranno la difficoltà di esecuzione e il tempo richiesto per portare a termine il processo di attribuzione.

Il rapporto finale di attribuzione, cosiddetto *Attribution Statement*, per risultare fruibile deve assolutamente contenere i seguenti elementi:

* L'oggetto dell'attribuzione, cioè l'evento che ha provocato l'avvio del processo di indagine e attribuzione;
* Quali evidenze sono state raccolte e quali dati e informazioni sono stati utilizzati nell'analisi (con indicazione delle relative fonti);
* Varietà, molteplicità e classificazione delle evidenze emerse;
* Livello di attribuzione: nazione, organizzazione, gruppo o singolo;

---

[52] "The power of threat attribution", "The art of threat attribution", Kaspersky https://media.kaspersky.com/en/business-security/enterprise/threat-attribution-engine-whitepaper.pdf

- Livello di dettaglio di investigazione, analisi e conclusioni;
- Premesse, assunzioni e deduzioni;
- Ipotesi più probabile, con relative evidenze consistenti classificate per livello ed evidenze inconsistenti;
- Ipotesi alternative, con evidenze consistenti e inconsistenti;
- Livello di confidenza dell'attribuzione, espresso per gradi (es. basso, medio, alto, elevato);
- L'audience del rapporto, cioè i destinatari selezionati.

Il rapporto deve essere scritto adottando un linguaggio tecnico esclusivamente nella rappresentazione di dettaglio delle evidenze tecniche raccolte e all'interno degli eventuali allegati tecnici, mentre le restanti parti devono essere illustrate con un linguaggio discorsivo e non tecnico, che risulti comprensibile a figure avulse da temi informatici e cyber, tipicamente manager, decision-maker, executive e chief officer dell'azienda. In particolare, la formulazione delle ipotesi e delle relative assunzioni e deduzioni deve prevedere sempre termini non assoluti come *"probabilmente impossibile"*, *"improbabile"*, *"probabile"* o *"quasi certo"*. Come già detto, non c'è spazio per la certezza assoluta se non in rarissimi casi.

Profilare le minacce

Nel capitolo precedente abbiamo visto come l'attribuzione sia fondamentale per individuare i responsabili o i mandanti di un attacco informatico alla nostra azienda, per conoscerne le motivazioni e poi fare tutta una serie di ragionamenti deduttivi. È importantissimo comprendere perché il *threat actor* ha preso di mira proprio la nostra azienda e non altre dello stesso settore, della stessa dimensione o della medesima area geografica. Lo ha fatto perché detiene segreti industriali determinanti a livello geopolitico? Perché appartiene alla catena di fornitura o di produzione di un'altra azienda presa di mira a sua volta? Perché la reputazione associata al marchio contrasta con specifiche ideologie, con sentimenti ecologici o principi etici? Perché le misure di sicurezza in atto erano inferiori a quelle di altre aziende? Perché il rapporto costo-beneficio dell'attacco era più favorevole rispetto ad altri?

Mentre l'attribuzione è un processo che si svolge solo dopo un attacco, è sempre meglio (e meno costoso) investire in iniziative che contribuiscano a prevenire un attacco, o quantomeno a prepararsi al meglio. Purtroppo, non è semplice prepararsi se non si conoscono le minacce cui è potenzialmente soggetta la nostra azienda. I threat actor e le loro TTP cambiano continuamente, si evolvono man mano che emergono nuove vulnerabilità e nuovi exploit, si adattano alle misure difensive, sfruttano tecniche di social engineering sempre più sofisticate ed efficaci, complicando moltissimo l'opera delle funzioni di cybersecurity. Per prepararci al meglio, dobbiamo sostanzialmente attuare due operazioni: determinare il profilo di minaccia della nostra azienda e approfondire la conoscenza dei potenziali avversari.

Il profilo di minaccia, o **Cyber Threat Profile**, richiede un processo strutturato[53] di determinazione degli obiettivi di sicurezza, dei servizi vitali di business, dei propri asset critici, della distribuzione geografica degli interessi strategici e commerciali, dello storico degli eventi cyber e della *posture* di sicurezza. Questi elementi devono essere mantenuti regolarmente aggiornati man mano che l'azienda affronta o subisce cambiamenti significativi, e richiedono una comprensione olistica che derivi dalla combinazione dei punti di vista interno ed esterno.

Il punto di vista interno deve focalizzarsi sulla proprietà intellettuale, i segreti industriali, le informazioni personali e sensibili di dipendenti, clienti e fornitori, l'infrastruttura tecnologica, l'immagine aziendale, la reputazione del marchio, gli aspetti legali, ecc. Dall'esterno, invece, il punto di vista deve indirizzarsi su fenomeni come il cyber espionage, il cybercrime, le ideologie che possono spingere all'hacktivismo, i concorrenti e tutte quelle minacce emergenti che si affacciano continuamente nel panorama globale e possono modificare lo scenario di minaccia e rischio per l'azienda.

Per determinare il profilo di minaccia della nostra azienda si procede normalmente su tre livelli che si possono identificare in tre domande:

1. **Su quali minacce devo focalizzarmi prioritariamente?** In questo livello si svolge l'analisi di quali minacce o threat actor hanno preso di mira l'azienda in passato e quali più probabilmente potrebbero farlo in futuro. L'obiettivo è quello di rappresentare alle figure decisionali strategiche della cybersecurity quali sono le motivazioni e gli intenti principali di chi prende di mira l'azienda, e formulare ipotesi sul perché l'azienda possa essere un obiettivo e quali sono gli elementi che attirano maggiormente l'attenzione degli attaccanti. L'esito di queste attività consiste nella produzione di un report di minaccia (cd. *Threat Report*) che illustri, in dettaglio, quali minacce cyber sono effettivamente rilevanti per il contesto operativo dell'azienda, dal punto di vista della continuità del business, delle infrastrutture chiave, del settore e della distribuzione geografica.

---

[53] "Cyber Threar Profile – Make security decisions based on the threats that matter most", Mandiant (https://www.mandiant.com/sites/default/files/2022-01/ds-cyber-threat-profile-000411-01.pdf)

2. **Come mi devo preparare operativamente?** In questo livello si procede con la correlazione tra le minacce esterne e gli obiettivi interni a maggior valore[54], i cosiddetti "asset critici", cioè tipicamente gli elementi che sono fondamentali per l'operatività aziendale e ne mantengono in vita il business. Questa correlazione consente di identificare con confidenza nettamente maggiore quali siano le misure di difesa da attuare con la massima priorità per indirizzare le minacce più critiche per la sopravvivenza del business aziendale. Sempre in questo livello, si procede alla definizione e alla rappresentazione di diversi scenari di minaccia che possono comportare un elevato impatto sul contesto operativo e sul business aziendale, da sottoporre alle figure chiave delle funzioni operative aziendali. L'esito di queste attività si concretizza in un registro o, meglio, una mappatura delle minacce identificate, comprensiva delle modalità di sfruttamento di vulnerabilità note e dei malware associati, rispetto agli asset critici.

3. **Quale attività di minaccia abbiamo osservato nel nostro contesto operativo?** In questo livello si analizzano le telemetrie di sicurezza interne per predisporre una rappresentazione oggettiva dei tentativi di attacco presenti e passati, a supporto della prioritizzazione delle minacce e della migliore allocazione delle risorse. Questo livello deve coinvolgere le figure più tattiche e ha l'obiettivo di determinare l'efficacia delle misure difensive in essere e di fornire la massima chiarezza sul contesto di rischio per l'azienda. L'esito di queste attività si concretizza nella raccomandazione e nella prioritizzazione delle contromisure di sicurezza rispetto al contesto di rischio e alle minacce rilevanti, con il supporto di evidenze tecniche oggettive.

A guidare l'intero processo di determinazione del Cyber Threat Profile deve essere l'obiettivo di determinare quali siano le intenzioni e le capacità dei threat actor di organizzare e condurre attacchi contro la nostra azienda, perché dietro qualsiasi minaccia esterna c'è sempre un threat actor[55].

In materia di profilazione delle minacce, gli attacchi si possono generalmente classificare in base a tipologia e obiettivo:

- **Espionage**, generalmente indirizzato a minare la *confidenzialità* di dati e informazioni (es. cyber warfare o spionaggio industriale);
- **Destructive**, volto principalmente a intaccare *l'integrità* dei dati o dei sistemi per provocare malfunzionamenti (es. sabotaggio o frode);

---

[54] "Creating a Threat Profile for Your Organization" di Stephen Irwin, Global Information Assurance Certification Paper, SANS Institute (Settembre 2014) (https://www.giac.org/paper/gcih/1772/creating-threat-profile-organization/110995)

[55] "Quantifying Threat Actors with Threat Box", Andy Piazza for Medium.com (https://klrgrz.medium.com/quantifying-threat-actors-with-threat-box-e6b641109b11)

- **Disruptive**, indirizzato a interrompere la *disponibilità* dei dati o dei sistemi per arrestare l'erogazione dei servizi di business (es. attacchi DDoS o wiper);
- **Cyber-crime**, i cui attacchi mirano al *profitto finanziario* nel brevissimo termine (es. attacchi ransomware).

In materia di motivazioni che possono spingere un threat actor a condurre un attacco contro la nostra azienda, si dovranno considerare le seguenti:

- **Obiettivo specifico**: il threat actor prende di mira la mia azienda in quanto è l'unica (o una delle poche) a detenere un elemento di particolare interesse strategico, competitivo, politico, militare, economico o finanziario. Tutti gli elementi di particolare interesse devono assumere un ruolo centrale nel processo di cyber threat profiling.
- **Motivazione ideologica**: il threat actor può prendere di mira la mia azienda a causa della sua (possibile o concreta) associazione con una specifica ideologia (es. conflitto in corso, salutismo, partecipazione a iniziative anti-libertarie, sfruttamento umano, ecc.). Il processo di cyber threat profiling deve prevedere una fase di analisi di tipo geopolitico, strategico, competitivo e fenomenologico che identifichi quali aspetti possano costituire, in determinati momenti o a fronte di specifici eventi, una forte motivazione ad attaccare l'azienda.
- **Motivazioni di settore**: il threat actor può prendere di mira la mia azienda a causa dell'appartenenza a uno specifico settore di business (es. banche, assicurazioni, energia, trasporti, farmaceutica, armamenti, ONG, ecc.). La motivazione legata al settore può fondersi con quella ideologica sopra citata, poiché quest'ultima può riguardare un intero settore. Inoltre, specifici settori possono essere interessati da avvenimenti geopolitici e militari, come può avvenire, ad esempio, in scenari da "*saldi per incendio*[56]" nei quali vengono attaccati, in rapida sequenza, i settori nazionali di trasporti, energia, sanità, telecomunicazioni e finanza per mettere in ginocchio un'intera nazione.
- **Motivazioni regionali**: le motivazioni del threat actor possono riguardare un'intera area geografica interessata da specifiche operazioni di tipo geografico, geopolitico, politico, etnico o militare.
- **Obiettivo occasionale**: il threat actor può attaccare la mia azienda per il semplice motivo di aver riscontrato un'opportunità favorevole, anche in maniera casuale.

---

[56] A mero titolo esemplificativo si veda il film "Die Hard – Vivere o Morire" (titolo originale "Live Free or Die Hard", Len Wiseman, 2007) rispetto al quale scrissi un articolo oltre dieci anni fa: https://www.ettoreguarnaccia.com/archives/1166

Queste motivazioni possono essere modificate o attenuate da aspetti che intaccano la reale intenzione del threat actor verso l'effettiva organizzazione e conduzione dell'attacco contro la nostra azienda, ad esempio da vincoli legati a relazioni diplomatiche, ostilità pregresse, dipendenze di tipo economico o finanziario, legami di sicurezza e qualsiasi altra affinità che possa far desistere o esitare l'attaccante. Questi elementi devono essere considerati nel corso della determinazione delle possibili motivazioni di attacco.

Alcune delle tipologie più comuni di threat actor con le relative motivazioni. (Fonte: SentinelOne[57])

Una volta identificati i threat actor e le relative forme di minaccia, è importante determinare il livello di capacità che ciascun attaccante può avere di organizzare e portare a termine l'attacco. Per fare questo, ci si focalizza sulla raccolta di tutte le evidenze disponibili che dimostrino le capacità di un threat actor di realizzare uno specifico tipo di attacco, quindi, si procede con la classificazione secondo una scala di questo tipo:

- **Capacità significativa**, supportata da chiare evidenze, confermate da più fonti di informazioni affidabili, che il threat actor abbia condotto uno specifico tipo di attività;
- **Capacità credibile**, a fronte di un certo numero di evidenze giudicate credibili e confermate da alcune fonti abbastanza affidabili;

---

[57] "What is a Threat Actor? Types & Examples of Cyber Threat Actors", SentinelOne (https://www.sentinelone.com/cybersecurity-101/threat-actor/)

- **Capacità limitata**, se supportata da alcune evidenze fornite a un numero limitato di risorse, non tutte affidabili;
- **Capacità potenziale**, se è disponibile un numero molto limitato di evidenze sulla possibilità che l'attacco sia realizzabile;
- **Capacità inesistente**, se non è possibile rilevare alcuna evidenza di capacità operativa e la possibilità che l'attacco avvenga non viene ritenuta realistica, né è in qualche modo confermata.

I livelli di capacità individuati possono essere integrati con l'indicazione della capacità di adottare abilità e strumenti avanzati e innovativi, ad esempio strumenti personalizzati e malware scritto appositamente per specifiche tipologie di attacco, oppure strumenti molto costosi o di limitata disponibilità usati in campagne multiple, oppure ancora l'uso di strumenti generalmente disponibili online e ottenibili con limitato sforzo economico.

Nella determinazione del Cyber Threat Profile aziendale, la funzione di cybersecurity intelligence deve assumere un ruolo primario, che funga da guida durante tutto il processo. La produzione del report[58] di Cyber Threat Profile è l'ultimo passo. I *decision maker* strategici e di business devono poter fruire di informazioni di intelligence aggiornate e contestualizzate per individuare le migliori scelte per la salvaguardia del business aziendale. Allo stesso tempo, le figure chiave tattiche e operative devono disporre di indicazioni chiare sulle minacce più attive e sulle modalità di attacco per poter individuare e predisporre le migliori contromisure. Questo processo è probabilmente il primo passo di trasformazione dell'azienda in una realtà le cui azioni sono guidate dalla cybersecurity intelligence. Ma, per dare un senso compiuto all'attività di determinazione del profilo di minaccia cyber, il passo successivo è quello di profilare e monitorare nel tempo i threat actor individuati come minacce principali per il business aziendale.

La profilazione degli attaccanti, o **Threat Actor Profiling**, viene solitamente intrapresa in due occasioni: come attività di revisione post-incidente dopo la rilevazione di un attacco all'azienda, alla sua supply chain o a una sua terza parte, oppure, nelle realtà più mature, come azione successiva al processo di determinazione del Cyber Threat Profile. La profilazione degli attaccanti è un'attività svolta da pochissime realtà aziendali in forma interna e autonoma, infatti, essa è prerogativa quasi esclusiva di società fornitrici di servizi professionali di cyber threat intelligence. Tuttavia, ciò non significa

---

[58] Una rappresentazione dettagliata di come costruire un report di cyber threat profile è illustrata nel testo "Enterprise Threat Model Technical Report: Cyber Threat Model for a Notional Financial Services Sector Institution", Homeland Security Systems Engineering & Development Institute (HSSEDI), MITRE, 2018 (https://www.mitre.org/sites/default/files/2021-11/pr-18-1613-ngci-enterprise-threat-model-technical-report.pdf)

che un'azienda, potenziando e valorizzando ulteriormente la propria funzione di cybersecurity intelligence, non possa profilare i threat actor con maggiore probabilità di attacco per conoscerli a fondo e potersi preparare al meglio nel riconoscerne le TTP e attuare, su più livelli, le migliori misure preventive per minarne le motivazioni e ostacolarne le capacità.

Ormai è chiaro che la lotta quotidiana contro i cyber attacchi è impari, soprattutto perché gli attaccanti hanno un enorme vantaggio competitivo. Possono osservare in tutta calma l'operatività delle aziende-obiettivo, raccogliere informazioni, delinearne i processi, individuare gli elementi cruciali e scovarne debolezze e vulnerabilità da sfruttare. I più organizzati arrivano a conosce le proprie vittime alla perfezione, talvolta meglio di quanto esse stesse abbiano cognizione di sé. Si muovono nell'ombra, adottando tutti i possibili accorgimenti per restare anonimi, rendendo evidenti solo le fasi finali dell'attacco. Il problema è che le aziende meno attrezzate non hanno idea di chi le prenda di mira e sferri attacchi cyber nei loro confronti, perciò, non possono predisporsi al meglio per prevenire gli attacchi stessi, ridurne la probabilità di accadimento e mitigarne i possibili impatti.

La profilazione dei threat actor che con maggiore probabilità possono prendere di mira la nostra azienda ha proprio l'obiettivo di conoscere meglio i nostri potenziali attaccanti e, di conseguenza, di ridurre il loro innegabile vantaggio. È indispensabile comprendere il loro modo di pensare e agire: quali obiettivi o ideologie li motivano, come pensano e agiscono, a quale cultura e area geografica appartengono, quale governo o organizzazione li finanzia, quali tattiche, tecniche e procedure adottano, se e come si riorganizzano e riarmano quando sono oggetto di pubblica attribuzione, quali alleanze e collaborazioni intrattengono con altri threat actor, quali eventi possono innescare le loro azioni. Per raccogliere le informazioni è possibile ricorrere alle fonti specializzate di cybersecurity, ai feed di cyber threat intelligence e ai servizi di profilazione mantenuti dai servizi di intelligence, che spesso offrono anche una base dati storica degli attacchi pregressi con una completa illustrazione delle TTP adottate. Un aiuto può venire anche dall'uso dei framework analitici più riconosciuti, come la Cyber Kill Chain, il Diamond Model o il MITRE ATT&CK, che sono descritti nell'ultima sezione di questo testo[59].

---

[59] Una rassegna molto ampia dei framework e delle metodologie di cyber threat modeling è riportata nel testo "Cyber Threat Modeling: Survey, Assessment, and Representative Framework", Homeland Security Systems Engineering & Development Institute (HSSEDI), MITRE, 2018 (https://www.mitre.org/sites/default/files/2021-11/prs-18-1174-ngci-cyber-threat-modeling.pdf)

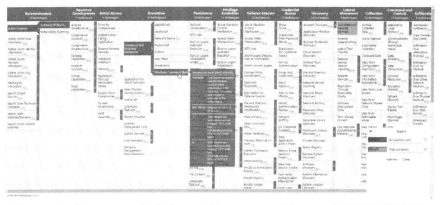

Un esempio di mappatura degli elementi di un attacco sul framework MITRE ATT&CK

La conoscenza approfondita e continuata nel tempo dei propri avversari abilita una serie di vantaggi per la cybersecurity aziendale, aumentando notevolmente la capacità di prevenire i tentativi di attacco, gestire al meglio eventuali incidenti e ripristinare il business nel più breve tempo possibile contenendo al minimo gli impatti. Fra i vantaggi più evidenti voglio citare:

- **Strategie di cybersecurity più efficaci**, determinate attraverso processi decisionali strutturati, supportate da analisi approfondite e verificate, e appositamente ritagliate sulle caratteristiche, le motivazioni e le TTP dei potenziali attaccanti, con il risultato di rendere le misure di difesa nettamente più adeguate e tempestive.

- **Tempi di rilevazione molto più rapidi**, poiché l'approfondita conoscenza dei potenziali attaccanti mi consente di sapere esattamente cosa aspettarmi in caso di attacco e, quindi, di adottare misure proattive di difesa e di riconoscere i segnali di un tentativo di attacco già nelle fasi preliminari, con il risultato di ridurre rischi e impatti.

- **Sensibile aumento di consapevolezza**, attraverso l'allestimento di campagne di *security awareness* disegnate e ritagliate appositamente sulle azioni dei propri potenziali avversari, con le quali rendere consapevole il personale dei rischi specifici e addestrarlo a specifici comportamenti preventivi e a riconoscere i prodromi di un attacco in maniera molto più rapida ed efficace.

- **Maggiore cooperazione**, poiché la determinazione di profili di minaccia e la conseguente profilazione dei threat actor incoraggiano la condivisione e lo scambio di informazioni di intelligence con la comunità di cybersecurity, favorendo una difesa collaborativa da avversari comuni a livello di nazione, area geografica o settore.

L'importanza della combinazione dei due processi di modellazione delle minacce e di profilazione dei threat actor è descritta nella pubblicazione "*Cyber Attribution 2.0: Capture the False Flag*[60]" di due ricercatori dell'Austrian Institute of Technology (AIT). Il modello proposto, denominato "*Cyber Attribution Model*" (CAM), è diviso in due parti strettamente interagenti: *Cyber Attack Investigation* e *Cyber Threat Actor Profiling*. Partendo da due presupposti, cioè la mancanza di un approccio affidabile che affronti adeguatamente le sfide interdisciplinari della cyber attribution e la mancanza di concetti volti a gestire possibili operazioni false flag sul lato tecnico (es. manipolazione di evidenze digitali) o sociopolitico (es. diffusione di fake news), il modello ha l'obiettivo di produrre un'attribuzione il più affidabile possibile. Il modello CAM è indirizzato principalmente agli attacchi informatici particolarmente organizzati e sofisticati, ad esempio le campagne APT e il cyber-espionage.

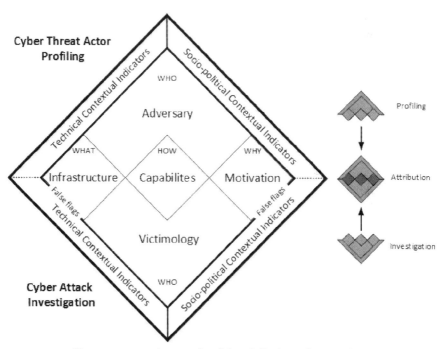

Una rappresentazione grafica del modello di attribuzione CAM

---

[60] "Cyber Attribution 2.0: Capture the False Flag" di Timea Pahi e Florian Skopik, AIT Austrian Institute of Technology, 2019 (https://www.skopik.at/ait/2019_eccws.pdf)

La ripetizione nel tempo dei due processi è essenziale per mantenere le informazioni aggiornate rispetto ai cambiamenti dello scenario globale e del contesto operativo dell'azienda, e di evoluzione delle minacce e dei potenziali avversari. In particolare:

- Il **Cyber Threat Model** va aggiornato almeno *annualmente*, a meno di importanti cambiamenti di scenario a fronte di nuovi fenomeni o trend con elevato impatto potenziale, o di eventi particolarmente dirompenti che possano ravvivare le motivazioni o innalzare sensibilmente le capacità dei potenziali avversari. A tale scopo, il ruolo della cybersecurity intelligence è determinante nel monitorare e rilevare tempestivamente qualsiasi cambiamento che richieda la riattivazione del processo di aggiornamento del Cyber Threat Model.

- Il **Threat Actor Profiling** è un processo che, una volta intrapreso, deve essere svolto *in maniera continuativa*, aggiornando i profili dei potenziali avversari ogni qual volta si entri in possesso di informazioni utili su nuovi attacchi perpetrati, nuovi strumenti adottati, nuove TTP, nuove capacità, cambiamenti nelle motivazioni, spin-off di gruppi, oppure *quando il Cyber Threat Model viene aggiornato* con nuovi potenziali avversari nel panorama delle minacce applicabili al contesto operativo dell'azienda.

La corretta e tempestiva attuazione dei processi di modellazione delle minacce e profilazione dei potenziali avversi apporta notevoli vantaggi alla salvaguardia del business aziendale, attraverso:

- Una **migliore strategia di gestione del rischio**, grazie allo sviluppo di piani di gestione dei rischi a lungo termine con un'accurata identificazione e prioritizzazione dei potenziali rischi;

- Una **netta mitigazione dei rischi cyber**, in particolare attraverso un'allocazione delle risorse di cybersecurity estremamente efficiente e focalizzata sui più probabili avversari e vettori d'attacco, con una sensibile riduzione degli sprechi di tempo e investimenti;

- Una **maggiore salvaguardia del business**, grazie allo sviluppo di sistemi di identificazione e rilevazione più efficienti, nonché di piani di risposta agli incidenti personalizzati su specifici avversari, riducendo il numero degli incidenti e i tempi di gestione e ripristino, con enormi benefici anche in termini di protezione dell'immagine e della reputazione dell'azienda;

- Un **maggiore vantaggio competitivo**, sia nei confronti dei possibili attaccanti (grazie alla maggiore conoscenza delle loro motivazioni e capacità) sia rispetto ai propri concorrenti di settore o mercato, grazie alla maggiore capacità di prevenire, gestire e sopportare gli attacchi;

- Un **maggiore rispetto dei requisiti regolamentari**, grazie alla possibilità di dimostrare alle autorità di controllo e vigilanza un'elevata propensione verso la comprensione delle potenziali minacce per i sistemi informativi e i dati personali e sensibili, quindi verso l'adozione di misure di cybersecurity molto più specifiche ed efficaci.

In conclusione, l'attribuzione degli attacchi e la profilazione di minacce e attaccanti, per quanto non siano certo processi semplici da attuare, di certo costituiscono la sublimazione dell'intelligence applicata alla cybersecurity. Se la cybersecurity intelligence rappresenta un enorme valore aggiunto per i processi aziendali e la salvaguardia del business, attribuzione e profilazione contribuiscono a rendere ancora più elevato il valore apportato.

La determinazione del contesto di minaccia e l'approfondita conoscenza dei propri potenziali avversari facilitano la rappresentazione degli scenari di minaccia e di rischio a tutti i livelli, agevolandone la comprensione e abilitando decisioni informate e consapevoli sulle strategie di difesa e gli obiettivi di investimento. Grazie alla ricchezza di contenuti e dettagli garantita dai processi di attribuzione e profilazione, questa rappresentazione può avvenire in forma di *storytelling*, l'arte di comunicare concetti instaurando una relazione emozionale con l'audience. In particolare, verso ruoli esecutivi, comitati direzionali e consigli di amministrazione, figure e organi spesso lontani dai temi della cybersecurity, quindi difficili da convincere.

A volte le strategie falliscono, non perché non siano valide ed efficaci, ma perché non si riesce a comunicarle in maniera comprensibile ed esaustiva a chi deve decidere di sponsorizzarle e finanziarle. L'efficacia persuasiva del racconto è sensibilmente maggiore quando si traduce in una vera e propria esperienza emozionale, che immerge sensorialmente l'audience nella situazione rappresentata e le fa vivere l'esperienza in maniera estremamente realistica, per farla giungere autonomamente alle conclusioni volute. Per conseguire tale efficacia, è indispensabile costruire una situazione realistica e un racconto che risponda alle classiche domande *"Chi?"*, *"Cosa?"*, *"Quando?"*, *"Dove?"*, *"Come?"* e *"Perché?"*. Attribuzione e profilazione sono le uniche operazioni in grado di fornire una risposta plausibile e circostanziata a queste domande. Le realtà che investiranno nello sviluppo della capacità di attribuire gli attacchi e conoscere a fondo i propri avversari sapranno certamente distinguersi nel settore della cybersecurity intelligence e potranno trarre il massimo beneficio da questa affascinante disciplina.

Il valore aggiunto per i processi critici aziendali

Obiettivi e ostacoli

La cybersecurity intelligence, se correttamente attuata e integrata nei processi aziendali, garantendo accuratezza, tempestività ed efficacia, può rappresentare un enorme valore aggiunto per le attività di cybersecurity e, più in generale, per la salvaguardia del business. Individuare in anticipo la comparsa di nuove minacce potenzialmente applicabili al contesto della nostra azienda, analizzarne le modalità di azione e i possibili impatti sul business, e informare tempestivamente e in maniera efficace tutti gli stakeholder interessati, sono aspetti cruciali per ridurre l'incertezza degli scenari futuri, attraverso rappresentazioni predittive degli scenari futuri, e per promuovere un'elevata consapevolezza interna, che abilita decisioni informate e scelte appropriate basate sul rischio effettivo.

"Non puoi proteggere
qualcosa che non conosci
da ciò che non conosci"

L'intelligence aumenta l'efficacia della cybersecurity aziendale, perché fornisce conoscenza e promuove consapevolezza: se non conosci a fondo il contesto della tua azienda, gli obiettivi strategici di business, l'ecosistema in cui essa opera, le minacce che incombono e si muovono nel suo contesto e i conseguenti rischi, molto probabilmente sei destinato a fallire nel tuo compito di proteggerla. È solo questione di tempo. La cybersecurity intelligence raccoglie e analizza informazioni in merito alle potenziali minacce interne ed esterne, producendo contenuti che rafforzano la conoscenza interna sul proprio contesto operativo, sugli aspetti più critici e sui valori e i beni da salvaguardare, innalzando sensibilmente il livello di comprensione su come funzionano i processi interni e quali sono gli obiettivi strategici definiti dal management aziendale. Inoltre, rappresentando i rischi derivanti da ciascuna minaccia, innalza anche il livello di consapevolezza dei più elevati organi decisionali in merito alle possibili ripercussioni di determinate strategie, abilitando scelte consapevoli e supportando l'individuazione di opportunità da cui trarre vantaggi inattesi. Questi benefici vengono garantiti a tutti i livelli, dai ruoli più operativi e tecnici, fino a quelli manageriali ed esecutivi, agevolando un atteggiamento proattivo e, soprattutto, coeso e collaborativo. L'azione benefica e abilitante della cybersecurity intelligence si applica a tutte le cinque funzioni[61] del NIST Cybersecurity Framework, adottate da molte funzioni di cybersecurity come livello più elevato di astrazione dei vari aspetti e compiti:

- **Identificazione**: la cybersecurity intelligence aiuta le aziende a prevedere la comparsa e l'evoluzione delle minacce prima che si concretizzino, a comprenderne in anticipo i rischi e a pianificare di conseguenza quali azioni siano necessarie per evitarle;
- **Prevenzione**: essa supporta tutte le attività preventive e protettive di applicazione di contromisure, sia sui sistemi di sicurezza, ad esempio mediante censimento degli IOC identificati nei sistemi di sicurezza, sia in termini di scelte strategiche e misure organizzative;
- **Rilevazione**: le informazioni di intelligence supportano la rilevazione sia di minacce applicabili al contesto aziendale prima che abbiano effetto sul business, sia di minacce già presenti nella rete o nei sistemi ma non ancora conosciute;
- **Risposta**: informazioni di intelligence tempestive e contestualizzate sono fondamentali durante il contenimento e la gestione di un incidente, ad esempio la descrizione delle tecniche, tattiche e procedure utilizzate dal threat actor in azione, guidando così le scelte su quali misure adottare e consentendo di sapere in anticipo cosa attendersi;
- **Ripristino**: tutte le operazioni di ripristino e di rimedio, identificate nel corso delle fasi di rilevazione e risposta, possono essere efficacemente prioritizzate e ottimizzate grazie alla conoscenza del rischio effettivo promossa dalla cybersecurity intelligence.

---

[61] The Five Functions of the NIST Cybersecurity Network (https://www.nist.gov/cyber-framework/online-learning/five-functions)

Se ogni dipendente è perfettamente al corrente degli obiettivi strategici, delle minacce e dei rischi, sarà più facile che tutti si sentano parte importante della missione aziendale e sarà quindi più probabile che ognuno faccia il proprio sforzo nella medesima direzione, per portare la barca a destinazione superando ostacoli ed evitando incidenti di percorso.

Amo i film motivazionali poiché, anche se spesso non sono capolavori, rappresentano ottime occasioni per individuare spunti interessanti su logiche e dinamiche di gruppi anche eterogenei di individui con una missione da compiere. Di recente ho guardato "*Swing – Cuore da campioni*", ambientato nel mondo del canottaggio e basato sulla storia vera del regista Vojin Gjaja. La trama: una squadra di canottaggio, pur composta da ottimi elementi, non riesce a ottenere risultati ed è penalizzata da contrasti interni. Il coach Murphy, veterano dell'esercito, viene incaricato di valorizzare il potenziale della squadra, ma già dalle sue prime interazioni col gruppo appare chiaro come nessuno degli atleti abbia la minima idea di quali siano i reali obiettivi dei propri sforzi. Questa assenza di consapevolezza del gruppo si ripercuote inevitabilmente sul rendimento in acqua, con ognuno degli atleti che rema per conto proprio senza coordinarsi con i compagni.

Una scena del film "Swing – Cuore da campioni"

L'aspetto sul quale l'allenatore decide di lavorare è rendere chiaro a tutti loro **quali sono gli obiettivi della squadra** (vincere il campionato nazionale e battere gli acerrimi rivali di Harvard) e **quali ostacoli potrebbero impedirne il conseguimento**. Inaspettatamente, il gruppo inizia a remare in maniera sempre più coordinata e si unisce anche a livello emotivo e relazionale, interamente teso verso gli obiettivi, che sono finalmente chiari a tutti. I benefici di questa nuova consapevolezza permangono anche in seguito alla prematura scomparsa del leader e all'abbandono del loro atleta più forte, tanto che la squadra riesce comunque a conquistare il campionato nazionale sconfiggendo Harvard. Questo film mi è parsa un'ottima metafora sull'importanza di essere consapevoli della propria forza, delineare e conoscere chiaramente i propri obiettivi, ed essere coordinati e collaborare tutti per conseguirli, evitando minacce e superando eventuali incidenti di percorso. In tal senso, la cybersecurity intelligence è sicuramente un elemento abilitante per promuovere tutto questo nel contesto aziendale. Nei successivi capitoli di questa sezione analizzo diverse modalità con cui la cybersecurity intelligence supporta efficacemente i compiti delle varie funzioni della cybersecurity, abilitando e potenziando i processi più critici.

Security operations

Le responsabilità dei team di security operations (SecOps) consistono nel monitorare sistemi e reti per prevenire potenziali minacce, rilevare attività sospette e contenere minacce attive e incidenti in corso, sfruttando la tecnologia già disponibile. Se viene rilevato un evento sospetto, il team SecOps ne svolge l'investigazione e collabora con le altre funzioni per classificare la severità dell'evento, determinarne l'impatto e mitigarne gli effetti.

Le fasi normalmente svolte a fronte della rilevazione sono:

- **Triage**, tipicamente svolto da operatori e analisti, per determinare la rilevanza e l'urgenza della minaccia o dell'evento rilevato, se l'allarme è giustificato e se deve essere scalato ad altre funzioni;
- **Risposta**, a opera dei membri dell'incident response team, per determinare la natura e l'obiettivo dell'incidente, identificare i sistemi vulnerabili e i servizi di business colpiti, nonché definire quali azioni intraprendere per contenere l'incidente e mitigarne gli effetti coinvolgendo anche altre funzioni specialistiche;
- **Investigazione**, a cura dei *threat hunter*, per determinare le cause originarie, le debolezze nei sistemi di difesa, le eventuali occorrenze pregresse che non sono state rilevate e le azioni raccomandate per prevenire future occorrenze.

In questi anni molte aziende hanno implementato soluzioni di rilevazione delle minacce di diverse tipologie, anche molto innovative, ognuna delle quali produce i propri allarmi a fronte di anomalie e comportamenti sospetti. La combinazione di tutte queste tecnologie ha spesso il risultato di produrre un insieme confusionario e soverchiante di allarmi di sicurezza, che può risultare complesso e oneroso da rivedere, prioritizzare e investigare con tempestività ed efficacia. Di conseguenza, a causa dello stress da allarmi (o *alert fatigue*), gli operatori possono essere indotti a ignorare allarmi significativi e a indagare falsi positivi, con il rischio di commettere errori determinanti. A ciò si aggiunge il fatto che i Security Operations Center (SOC) sono spesso sotto-staffati, quindi, inadeguati a reggere volumi così elevati di allarmi, soprattutto in situazioni di particolare emergenza o con più eventi concomitanti che dirottano le risorse, frammentano la capacità di attenzione e diminuiscono sensibilmente la concentrazione di operatori e analisti.

Lo conferma un recente report statistico di Gartner[62] dal quale risulta che il 57% delle aziende denuncia una carenza di personale competente, il 43% un numero eccessivo di strumenti tecnologici non integrati e il 36% una carenza in termini di processi di gestione degli eventi. Un altrettanto recente report di Trend Micro[63] rivela che il 70% delle aziende denuncia ricadute emotive sugli operatori SOC, con alti livelli di stress a causa del sovraccarico di allarmi (oltre al 27% del tempo perso ad analizzare falsi positivi), il 51% ritiene che il proprio SOC sia sopraffatto dall'alto volume di segnalazioni e il 55% ammette di non essere confidente nelle proprie capacità di individuare adeguate priorità di risposta. Per gli operatori e analisi del SOC, tentare di interpretare un allarme senza avere a disposizione informazioni di contesto né visibilità sulle minacce applicabili a tale contesto, è un po' come dover conoscere il contenuto di un libro dalla copertina o intuire una vicenda di cronaca dopo averne letto solo il titolo. Le segnalazioni prodotte da piattaforme come SIEM e EDR sono numerose e difficili da interpretare così come sono, soprattutto quando ci si appoggia a servizi esternalizzati e soluzioni di Managed Security Services[64] che potrebbero non avere una conoscenza sufficientemente approfondita del contesto aziendale.

---

[62] "Create an SOC Target Operating Model to Drive Success" by John Collins, Gartner, 9 luglio 2021 (https://swimlane.com/resources/gartner-soc-target-operating-model-g)

[63] "70% of SOC Teams Emotionally Overwhelmed by Security Alert Volume", Trend Micro, 25 maggio 2021 (https://newsroom.trendmicro.com/2021-05-25-70-Of-SOC-Teams-Emotionally-Overwhelmed-By-Security-Alert-Volume)

[64] I servizi di sicurezza gestita (Managed Security Services, MSS) consistono nel monitoraggio remoto e nella gestione di processi di sicurezza forniti tramite servizi condivisi da SOC remoti, tipicamente rilevamento e blocco di minacce, prevenzione intrusioni, gestione incidenti e analisi proattiva di sistemi, reti e tecnologie di sicurezza.

Rilevazione efficace

Grazie alle preziose informazioni fornite dall'intelligence tattica e da quella operativa, gli addetti del SOC e i threat hunter possono disporre della conoscenza sui threat actor più attivi nel settore, le minacce più imminenti, le tecniche, tattiche e procedure adottate, i malware coinvolti e le vulnerabilità sfruttate. Questa conoscenza è indispensabile per concepire e attuare regole più efficaci sulle piattaforme di sicurezza, per la rilevazione in tempo reale, per la ricerca di tracce di compromissione e per svolgere indagini storiche. Questa superiore e più proattiva capacità di rilevazione consente di migliorare notevolmente la capacità di intercettare tentativi di attacco prima che si concretizzino in violazioni o impatti sulla continuità del business. Ad esempio, guidando le operazioni di vulnerability assessment, penetration testing, red teaming e threat hunting, mediante la rappresentazione di scenari realistici basati sul contesto operativo dell'azienda, quindi, fornendo obiettivi molto più idonei a indirizzare le attività di rilevazione di vulnerabilità e scoperture di sicurezza verso minacce e rischi attinenti e plausibili. In questo modo è possibile concentrare gli sforzi di rilevazione su attività che danno un valore aggiunto concreto, apprezzabile e misurabile, sia come incremento del livello di sicurezza, sia in termini di riduzione dei rischi e dei costi derivanti dagli impatti di eventi avversi.

Arricchimento degli allarmi

La cybersecurity intelligence può supportare le operazioni di triage, risposta e indagine, attraverso l'arricchimento degli allarmi con informazioni esterne e di contesto necessarie per prendere decisioni basate sul rischio. Un esempio consiste nell'integrazione di informazioni su occorrenze pregresse riferibili allo stesso malware o al medesimo indirizzo IP sospetto, con il numero di rilevazioni, l'associazione a determinate tipologie di attacco, l'attribuzione a uno specifico threat actor, la descrizione del comportamento del malware utilizzato e gli utilizzi dell'indirizzo IP interessato. Questo tipo di arricchimento consente a SOC e CSIRT di identificare con tempestività le minacce più significative, prendere decisioni rapide e informate, e attuare interventi risolutivi efficaci. Inoltre, esso aiuta servizi esternalizzati, MSS e funzioni SecOps, tipicamente contraddistinti da personale molto junior e senza una conoscenza diretta dell'azienda, a compiere correlazioni e creare collegamenti che avrebbero richiesto competenza ed esperienza notevolmente superiori, agevolandone la formazione sul campo.

Solo ciò che è rilevante

Un altro importante apporto della cybersecurity intelligence consiste nel fornire il contesto necessario a svolgere rapidamente e con la massima efficacia le operazioni di triage, supportando i processi decisionali per escludere dalle indagini tutto ciò che è molto probabilmente innocuo o non rilevante per il contesto aziendale e tutto ciò che può essere efficacemente contrastato dalle difese e dai controlli che sono già in essere. Un'efficiente definizione delle priorità, che consideri ciò che ha effettiva rilevanza per la sicurezza e la salvaguardia del business aziendale, scartando tutto il resto, consentirebbe di risparmiare sforzi inutili e di indirizzare le azioni di risposta e di indagine alla gestione di eventi che possono realmente causare impatti. Un aspetto non trascurabile riguarda i falsi positivi, per i quali si possono identificare due categorie: gli allarmi che sono rilevanti per l'azienda ma non sono accurati né di aiuto, e gli allarmi che sono accurati e interessanti ma non sono rilevanti per il contesto aziendale. Entrambe le tipologie comportano un potenziale enorme spreco di tempo per le operazioni di analisi e risposta, ecco perché è importante concentrarsi solo su ciò che è sufficientemente accurato ed effettivamente rilevante per l'azienda.

Meno reattività, più prevenzione

Gli incident responder si attivano quando vengono identificati attacchi reali, ma il loro compito non è privo di complicazioni e ostacoli. I volumi di incidenti cyber sono aumentati sensibilmente negli ultimi anni e le minacce sono diventate più complesse e onerose da analizzare, in un contesto globale in costante evoluzione e contraddistinto dall'esplosione di motivazioni che animano diverse tipologie di threat actor. La gestione delle vulnerabilità è diventata molto più sfidante a causa dell'aumentato volume di soluzioni software sul mercato e, quindi, del bacino di utenti nel mondo. È aumentata anche la frequenza di scoperta e, quindi, la disponibilità di vulnerabilità di tipo *0-day* e di strumenti di hacking pronti all'uso messi in vendita o offerti gratuitamente su forum specializzati, in comunità di sviluppatori e hacker, o sul mercato nero del Dark Web. Di conseguenza, le operazioni di contenimento degli attacchi e di eradicazione delle vulnerabilità sono sempre più complicate e sfidanti.

Secondo un recente rapporto di cybersecurity resilience di Accenture[65], il volume medio degli attacchi cyber per azienda è aumentato del 31% tra il 2020 e il 2021, con una vera e propria esplosione di attacchi ransomware alla supply chain. Quasi tutte le aziende (97%) hanno rilevato un aumento delle minacce cyber dopo l'avvio del conflitto in Ucraina[66]. Un recente report di Verizon[67] evidenzia come i principali vettori d'attacco siano costituiti dalla sottrazione di credenziali d'accesso, dal phishing e dallo sfruttamento di vulnerabilità, che conducono ad attacchi di tipo ransomware nel 25% dei casi, mentre due terzi (62%) delle intrusioni avvengono per mezzo della supply chain. In molti altri casi[68] l'incidente è originato dall'interno, a causa di errate configurazioni e di errori tecnici o comportamentali. Tutto ciò costringe le funzioni di risposta a operare sotto un'enorme e costante pressione in termini di tempo e responsabilità, con la conseguenza di sperimentare spesso grandi difficoltà a gestire efficacemente più eventi concomitanti e di diversa natura.

A differenza dei primi livelli operativi che svolgono tipicamente le fasi di triage, il team di incident response non è una funzione di basso livello, poiché richiede elevate competenze. Queste comprendono analisi statica e dinamica del malware, reverse engineering e digital forensics, oltre a una profonda conoscenza dell'azienda nel suo complesso e una particolare competenza sul settore in cui essa opera. Sono fondamentali anche *soft skills* come l'abilità di svolgere operazioni complesse sotto particolare pressione, la capacità di intrattenere relazioni proficue con diverse funzioni aziendali e competenze di comunicazione efficace sia verso funzioni tecniche che nei confronti di manager, executive e altri stakeholder non tecnici, per rappresentare l'evolversi delle situazioni in termini di impatti sul business. Queste competenze non sono affatto facili da trovare sul mercato del lavoro né da sviluppare in azienda, come conferma un recentissimo report[69] di Fortinet: l'80% delle aziende nel mondo ha subìto una o più violazioni di sicurezza

---

[65] "State of Cybersecurity Resilience 2021 – How aligning security and the business creates cyber resilience", Accenture, 2021 (https://www.accenture.com/_acnmedia/PDF-165/Accenture-State-Of-Cybersecurity-2021.pdf)

[66] "State of Cybersecurity Resilience 2023 – How cybersecurity boosts enterprise reinvention to drive business resilience", Accenture, 2023 (https://www.accenture.com/content/dam/accenture/final/accenture-com/document/Accenture-State-Cybersecurity.pdf)

[67] "2022 Data Breach Investigations Report", Verizon, Maggio 2022 (https://www.verizon.com/business/resources/reports/dbir/)

[68] "SANS 2021 Top New Attacks and Threat Report" by John Pescatore, SANS, Agosto 2021 (https://www.hlncc.com/SANS-Top-New-Attacks-Threat-Report-2021.pdf)

[69] "2022 Cybersecurity Skills Gap", Fortinet, 2022 (https://www.fortinet.com/content/dam/fortinet/assets/reports/report-2022-skills-gap-survey.pdf)

attribuibili a carenze di competenze e consapevolezza in materia di cyber-security, mentre la top ten dei ruoli più ricercati e più difficili da coprire include proprio gli analisti SOC e gli specialisti di incident response. Secondo un recente report[70] del SANS Institute, ai primi posti delle principali sfide, in termini di pieno utilizzo della capacità del SOC, troviamo la carenza di contesto rispetto a ciò che viene rilevato, la mancanza di personale con le necessarie competenze e la limitata visibilità su tutta l'azienda.

La proliferazione di strumenti e piattaforme di sicurezza spesso deriva da azioni concitate di reazione e rimedio, come conseguenza di incidenti passati, realizzate senza un preciso disegno strategico. Così come avviene per il triage, questa proliferazione rappresenta una complicazione anche per le operazioni di risposta agli incidenti, poiché genera la necessità di aggregare dati e informazioni da una varietà di tecnologie di sicurezza e piattaforme informative. Questo superlavoro è ostacolato dalla carenza di personale competente e dagli elevati volumi di segnalazioni e allarmi, con la conseguenza di aumentare notevolmente i tempi di rilevazione e contenimento degli incidenti. Questo aspetto è confermato da un recentissimo report[71] di IBM Security, che evidenzia un tempo medio di 277 giorni tra la prima rilevazione di una violazione e il suo contenimento. I cybercriminali non hanno vincoli di questo genere, dispongono già di tutte le competenze e gli strumenti tecnologici necessari, perciò, il tempo che trascorre tra la violazione e l'effettiva compromissione viene misurato in minuti, non in giorni. In moltissimi casi, i dati sottratti vengono messi in vendita nel Dark Web molto tempo prima che i rispettivi proprietari si accorgano dell'accaduto.

Una volta generato, ogni allarme deve essere verificato, classificato, gestito e indirizzato con azioni di rimedio nel più breve tempo possibile, per minimizzare i conseguenti rischi e ripristinare tutti i servizi di business. Questo processo ha una fortissima componente di reattività, poiché tutte le azioni di contenimento, gestione e rimedio hanno luogo solo dopo che un allarme viene segnalato, e spesso questo è inevitabile. Ma è possibile limitare i tempi di risposta attraverso la riduzione della componente reattiva, a favore di un aumento della proattività e della prevenzione, che può essere conseguito grazie al valore aggiunto fornito dalla cybersecurity intelligence. Innanzitutto, attraverso la fornitura di una rappresentazione comprensiva e aggiornata del panorama delle minacce, nonché di un'informazione accurata in merito alle tecniche, tattiche e procedure (TTP) dei threat actor più attivi nel settore e sui trend relativi agli attacchi specifici per la regione geografica

---

[70] "SANS 2023 SOC Survey", Chris Crowley, Barbara Filkins, John Pescatore, SANS Institute, giugno 2023 (https://sansorg.egnyte.com/dl/GvUhbsW4WP)

[71] "Cost of a Data Breach Report 2022", IBM Security Italia, luglio 2022 (https://www.ibm.com/reports/data-breach)

di interesse o per il settore in cui opera l'azienda. Questo abilita la definizione e l'ottimizzazione di solidi, efficaci e rapidi processi di risposta alle minacce e agli incidenti più conosciuti, ma consente soprattutto di indirizzare le minacce più imminenti e attinenti al contesto dell'azienda prima che possano concretizzarsi in incidenti veri e propri. In materia di data breach, la cybersecurity intelligence può rilevare in tempo reale o con un ridottissimo scarto di tempo l'esposizione online dei dati aziendali o la loro messa in vendita nei mercati più o meno nascosti su Deep Web e Dark Web, fornendo un importantissimo vantaggio in termini di tempestività di azione.

Intelligence su misura

Per risultare efficace e garantire il valore aggiunto promesso ai processi di incident response, la cybersecurity intelligence deve avere caratteristiche ben precise e assolvere a specifiche esigenze. Essa deve essere:

- **comprensiva**, cioè prodotta attraverso la raccolta di dati e informazioni da una varietà più vasta possibile di fonti aperte, fonti chiuse e servizi di feed tecnici, purché siano rilevanti;
- **rilevante**, cioè considerare solo ciò che è applicabile al contesto dell'azienda, delle sue tecnologie e dei suoi interessi strategici di business, escludendo tutto ciò che non è sufficientemente accurato, non è utile oppure non è rilevante per l'azienda;
- **contestualizzata** e fornire le chiavi per individuare con certezza quali allarmi siano realmente importanti e debbano essere gestiti con maggiore priorità rispetto al resto, ad esempio tramite la correlazione dell'allarme con altri attacchi recenti, la conferma dell'associazione dell'evento con threat actor riconosciuti come attivi nel settore in cui opera l'azienda, oppure la connessione temporale dell'evento con altri eventi occorsi poco prima o poco dopo e potenzialmente collegati;
- **integrata**, ricorrendo a una soluzione tecnologica interoperante con il maggior numero di strumenti e piattaforme di sicurezza per determinare in tempo reale se la segnalazione d'allarme debba essere contrassegnata come falso positivo, assegnarle un punteggio in base a rilevanza e priorità, e arricchirla con informazioni di contesto che siano rilevanti, utili e fruibili da operatori e analisti;
- **automatizzata** il più possibile per evitare agli analisti SecOps e agli specialisti di incident response di condurre ricerche manuali esaustive con notevole sforzo e tempi più lunghi, nonché di dover gestire manualmente volumi eccessivi di segnalazioni;

- **percepita come affidabile** dai destinatari, altrimenti essi preferiranno comunque svolgere in altro modo, anche manualmente, le proprie ricerche per verificare dati e informazioni fornite.

Nella mia esperienza ho notato in diverse occasioni un'irresistibile propensione ad approfondire minacce e incidenti scarsamente attinenti al contesto in cui opera l'azienda, quasi in preda alla smania di essere aggiornati su tutto ciò che accade. Probabilmente è una tendenza tipica di chi si occupa di cybersecurity con passione e curiosità, poiché si acquisisce competenza in materia anche attraverso la conoscenza di eventi e fenomeni del panorama mondiale. Tuttavia, quando si è chiamati a identificare minacce o rilevare e gestire incidenti di sicurezza, è fondamentale focalizzarsi soprattutto su ciò che è realmente rilevante per il contesto aziendale, dando minore priorità a tutto il resto. Questo approccio deve riguardare i threat feed sottoscritti, i social, le newsletter, le piattaforme di intelligence e qualsiasi altra fonte di informazione adottata. Deve soprattutto essere parte integrante del mindset di operatori, analisi e incident responder, ma anche di manager e ruoli esecutivi. Innescare analisi e approfondimenti su eventi eclatanti a livello mediatico può apparire un approccio proattivo ed encomiabile, tuttavia, se questi sono di fatto irrilevanti per il contesto aziendale, il rischio è di distogliere tempo e risorse ad attività realmente prioritarie di prevenzione di minacce e gestione di incidenti direttamente legati alla nostra azienda.

Più consapevoli, più protetti

La costante crescita del volume e della natura dinamica delle minacce costringe i security operations center e i team di incident response a gestire ogni giorno sempre più segnalazioni, allarmi e incidenti. Le intelligence operativa, tattica e tecnica supportano una migliore correlazione degli eventi con informazioni esterne, prelevate da una varietà di fonti e correlate tra loro per alimentare la consapevolezza di analisti di sicurezza, incident responder e threat hunter sullo scenario di minaccia che sono chiamati ad affrontare e sulle modalità di azione dei threat actor più attivi nel settore. Questa consapevolezza si traduce in una maggiore competenza ed efficacia nella definizione delle regole di correlazione, in una maggiore rapidità di esaurimento delle fasi di triage, in una maggiore reattività e preparazione nelle fasi di risposta e contenimento, nonché in una superiore capacità di far fronte alla carenza di risorse interne grazie all'ottimizzazione degli sforzi e a una più efficiente gestione delle diverse piattaforme di monitoraggio.

Vulnerability Management

Come la cybersecurity intelligence, il vulnerability management è una delle attività proattive della cybersecurity, anche se non è di certo inclusa fra le più emozionanti, sia perché è storicamente complessa e onerosa, sia perché viene spesso erroneamente interpretata come l'inesorabile compito di risolvere tutte le vulnerabilità rilevate. In conseguenza del notevole aumento di nuovo software reso disponibile e del maggior volume di minacce esistenti, negli ultimi anni siamo passati dalle circa 5mila vulnerabilità scoperte nel 2013 alle oltre 25mila pubblicate nel 2022, mentre le proiezioni del 2023 prevedono il superamento di quota 28mila. In totale, le vulnerabilità conosciute superano quota 170mila. Tuttavia, come conferma Gartner[72], solo una parte delle vulnerabilità scoperte vengono effettivamente sfruttate e solo una minima percentuale degli attacchi e delle minacce è basato su vulnerabilità di recente scoperta. Sempre secondo Gartner, al verificarsi di un incidente, le funzioni di cybersecurity sono già a conoscenza del 99% delle vulnerabilità in esso sfruttate. Analogamente, sebbene ricevano una smisurata attenzione mediatica, la grande maggioranza di vulnerabilità zero-day è in realtà costituita da variazioni nelle modalità di sfruttamento di altre

---

72 "Focus on the Biggest Security Threats, Not the Most Publicized", Gartner, 2017 (https://www.gartner.com/smarterwithgartner/focus-on-the-biggest-security-threats-not-the-most-publicized)

vulnerabilità preesistenti. Anche se per la maggior parte delle vulnerabilità di nuova scoperta sono richiesti giorni, se non settimane, per lo sviluppo e il rilascio di modalità e strumenti di sfruttamento (*exploit*), una percentuale di esse (10-15%) viene sfruttata nell'arco di pochi giorni o di poche ore, come accaduto ad esempio nel novembre 2021 per la vulnerabilità Log4Shell. Sebbene il numero di vulnerabilità scoperte cresca di anno in anno, diverse ricerche dimostrano che la maggior parte delle minacce sfruttano la stessa, ristretta porzione di vulnerabilità. I threat actor, inoltre, sono sempre più rapidi e impiegano circa 15 giorni in media tra quando una vulnerabilità viene annunciata pubblicamente e quando viene reso disponibile una modalità di sfruttamento. Secondo un recentissimo report[73] di Edgescan, il tempo medio di soluzione delle vulnerabilità (il cosiddetto *Mean Time to Remediate, MTTR*) varia dai circa 50 giorni per le vulnerabilità di livello più basso ai circa 60 giorni per quelle critiche o ad alto rischio. Secondo un recente report[74] di Cybersecurity Insiders, solo il 30% delle aziende considera efficace il proprio programma di vulnerability management a causa di limiti di budget e carenza di competenze e il 76% ha rilevato un aumento delle vulnerabilità nell'ultimo anno, mentre fra gli elementi considerati più critici troviamo la necessità di un approccio con prioritizzazione basata sul rischio e l'integrazione di informazioni di intelligence. Questi dati ci forniscono informazioni cruciali su come vengono gestiti realmente i processi di vulnerability management, ovvero:

- il tempo di rimedio delle vulnerabilità è sensibilmente superiore a quello di rilascio di un exploit in seguito alla scoperta;
- non c'è una particolare differenza nel tempo medio di soluzione delle vulnerabilità in base alla criticità;
- tutto ciò è indice del fatto che non viene adottata alcun particolare criterio di prioritizzazione.

Le evidenze indicano come l'approccio generalmente adottato non sia adeguato a contrastare efficacemente le minacce. Se non si riesce ad applicare patch o risolvere una nuova vulnerabilità entro due settimane, è bene prevedere un piano per limitare gli eventuali danni. Inoltre, è bene considerare che, se una vulnerabilità non viene sfruttata entro un tempo che va da un minimo di due settimane a un massimo di tre mesi dalla scoperta[75], è

---

[73] "2022 Vulnerability Statistics Report", Edgescan Smart Vulnerability Management (https://www.edgescan.com/2022-vulnerability-statistics-report-lp/)

[74] "Vulnerability Management Report 2022", Cybersecurity Insiders, settembre 2022 (https://www.cybersecurity-insiders.com/wp-content/uploads/2022/10/2022-Vulnerability-Management-Report-HelpSystems-Final-1a568dec.pdf)

[75] "How Security Intelligence Enables Risk-Prioritized Vulnerability Management", Recorded Future, 2020 (https://www.recordedfuture.com/vulnerability-management-prioritization)

statisticamente improbabile che venga sfruttata in futuro, pertanto, la sua priorità andrà ridotta di conseguenza.

Limiti dei sistemi di classificazione

I sistemi di classificazione della severità delle vulnerabilità, come i ben conosciuti *Common Vulnerabilities and Exposures*[76] *(CVE)* e *Common Vulnerability Scoring System*[77] *(CVSS)*, si sono rivelati inefficaci e, in molti casi, ingannevoli, essenzialmente perché riportano un punteggio di severità basato su fattori[78] come la sfruttabilità, i possibili impatti, le azioni e i tempi di rimedio prevedibili, e alcuni fattori di contesto. Questi fattori sono però generici, non possono tenere conto del contesto specifico di ciascuna azienda e non considerano se i threat actor stanno effettivamente sfruttando le vulnerabilità nel settore o nelle zone geografiche in cui opera l'azienda.

Non importa ciò che fanno gli avversari, i produttori o l'azienda interessata, il punteggio CVSS non cambia.
(Balbix, "CVSS Base Score Explained")

Altre fonti molto utili, come il *National Vulnerability Database*[79] *(NVD)* del NIST, raccolgono informazioni sull'effettiva sfruttabilità delle vulnerabilità scoperte, con l'obiettivo di supportare la comprensione del rischio conseguente, ma soffrono anch'esse di alcuni limiti significativi: sono focalizzate sulla sfruttabilità tecnica (basata sul punteggio CVSS) e non sul reale sfruttamento attivo da parte dei threat actor, e non vengono aggiornate con frequenza e rapidità per supportare la tempestività e l'efficacia di individuazione e gestione di nuove minacce che si diffondono molto velocemente. Infatti, moltissime vulnerabilità (circa il 75% secondo Recorded Future[80]) appaiono su molteplici risorse online circa una settimana prima che vengano pubblicate nel NIST NVD.

---

[76] Common Vulnerabilities and Exposures, CVE, The MITRE Corporation, sponsored by the U.S. Department of Homeland Security (DHS) and Cybersecurity and Infrastructure Security Agency (CISA) (https://cveform.mitre.org/)
[77] Il Common Vulnerability Scoring System (CVSS) è un framework aperto gestito dal Forum of Incident Response and Security Teams (FIRST) (https://www.first.org/cvss/)
[78] CVSS Base Score Explained (https://www.balbix.com/insights/base-cvss-scores/)
[79] NIST National Vulnerability Database (NVD) (https://nvd.nist.gov/)
[80] "The Security Intelligence Handbook – How to Disrupt Adversaries and Reduce Risk With Security Intelligence", Third Edition, Recorded Future, 2020 (https://go.recorded-future.com/hubfs/ebooks/security-intelligence-handbook-third-edition.pdf)

Le funzioni di cybersecurity di moltissime aziende commettono l'errore di basare le proprie assunzioni esclusivamente su CVE, CVSS, NVD e, ovviamente, i risultati degli scanner di vulnerabilità. Tuttavia, le evidenze ci conducono a conclusioni differenti e molto importanti.

La prima evidenza è che l'obiettivo del processo di vulnerability management non deve essere quello di risolvere tutte le vulnerabilità, e nemmeno tutte le minacce zero-day, bensì quello di identificare e gestire le vulnerabilità che verranno più probabilmente sfruttate per attaccare la nostra azienda. La chiave del successo, quindi, è **adottare un approccio basato sul rischio** per dare priorità a ciò che rappresenta un rischio reale per la nostra azienda e ha maggiore probabilità di essere sfruttato per generare attacchi o causare incidenti di sicurezza.

La seconda evidenza è che la **tempestività** di indirizzo e soluzione delle vulnerabilità prioritarie è cruciale. Quindi, è fondamentale evitare di perdere tempo e risorse nella gestione di vulnerabilità non attinenti al contesto o non prioritarie, così come di basare i propri processi su KPI statici che non tengano conto della dinamicità del compito. È importante, invece, allineare il più possibile i tempi di gestione e soluzione a quelli di diffusione e sfruttamento attivo delle vulnerabilità riguardanti il contesto aziendale.

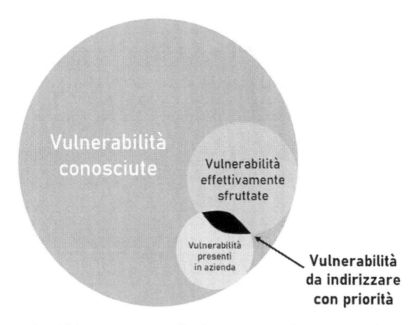

Le vulnerabilità prioritarie sono quelle già presenti in azienda e attivamente sfruttate

Determinazione del rischio reale

Il metodo più efficace per valutare il rischio effettivo di una vulnerabilità per la nostra azienda è quello di combinare i risultati delle operazioni di vulnerability scanning con la cybersecurity intelligence (alimentata da una varietà di fonti), nonché la comprensione del perché i threat actor stiano sfruttando determinate vulnerabilità e ignorando le altre. L'analisi dello stadio in cui si trova una vulnerabilità rispetto al suo ciclo di vita ci fornisce un utilissimo indicatore del rischio effettivo da essa rappresentato in un dato momento. Il rischio, infatti, cresce in maniera pressoché esponenziale dal momento della scoperta, passando per gli stadi di pubblicazione, censimento nei vulnerability database, pubblicazione del *proof of concept (PoC)*, disponibilità delle firme per gli strumenti di vulnerability scanning, sfruttamento attraverso l'integrazione in appositi malware e messa a disposizione di kit software di sfruttamento a pagamento o liberamente utilizzabili. Questa valutazione deve essere integrata dalla conoscenza dei threat actor coinvolti nello sfruttamento, approfondendone tecniche, tattiche e procedure (TTP), identificandone gli obiettivi e analizzando gli attacchi condotti grazie allo sfruttamento della vulnerabilità. Le fonti sono quelle già illustrate nella prima sezione di questo libro, in particolare siti specializzati, newsletter di cybersecurity, social media (soprattutto Twitter), canali di messaggistica istantanea, repository di codice (come GitHub), siti di pastebin, forum, comunità, feed tecnici e marketplace nel Dark Web.

L'evoluzione del livello di rischio di una qualsiasi vulnerabilità in base ai fattori esterni

La determinazione del rischio reale di una vulnerabilità e la definizione della tempestività di soluzione richiesta non devono restare pratiche limitate al solo processo di vulnerability management, bensì devono guidare la relazione e la comunicazione verso le funzioni IT chiamate ad applicare gli interventi correttivi. Spesso questa fase viene indirizzata da altri fattori, come il volume di vulnerabilità, la severità generica, la disponibilità di tempo dei sistemisti e dei referenti applicativi, nonché l'imposizione di KPI basati sulla percentuale di vulnerabilità risolte o di sistemi aggiornati. Per ovviare a questa visione antiquata e fuorviante, è importante garantire anche alle funzioni IT coinvolte negli interventi di rimedio una piena visibilità sui criteri basati sul rischio per la definizione delle priorità e sulla tempestività richiesta dal livello di rischio determinato, condividendo anche la necessità di agire in tempi allineati con la probabilità e l'imminenza di sfruttamento.

Uno dei classici ostacoli è rappresentato dalla forte resistenza interna, a fronte della necessità di interrompere i servizi di business, anche per brevissimi periodi, per apportare interventi correttivi sui sistemi, come patch, upgrade e modifiche di configurazione. In questi casi è fondamentale la modalità di comunicazione sia verso le strutture tecniche, sia verso i referenti di business responsabili della decisione. Se si spiega chiaramente, magari in termini espressi monetariamente, quale impatto potrebbe avere una minaccia reale e imminente sulla continuità del business, dovrebbe essere molto più facile ottenere l'autorizzazione a procedere. Un piccolo disservizio è spesso preferibile al rischio di finire sui giornali in seguito a un attacco informatico che può generare danni ingenti, infangare la reputazione pubblica dell'azienda e minarne business e strategie. Sulla base della mia esperienza, riveste grande importanza la capacità di intercettare tempestivamente e monitorare le notizie su nuove vulnerabilità e sull'evoluzione degli stadi del loro ciclo di vita. Nella maggior parte dei casi si viene a conoscenza della scoperta di una nuova vulnerabilità dal tweet di un ricercatore indipendente, dal monitoraggio di un canale Telegram frequentato da threat actor o da forum di comunità di sviluppatori software.

Uno dei consigli che mi sento di dare è iscriversi ai profili Twitter degli utenti più attivi su temi di cybersecurity, di infiltrarsi in canali Telegram o Discord nei quali si discute di vulnerabilità e modalità di attacco, e di monitorare regolarmente le discussioni su forum specializzati. Sono queste, infatti, le fonti dalle quali apprendere in anteprima della scoperta di nuove vulnerabilità, del rilascio di *proof of concept*, dell'utilizzo all'interno di malware o della disponibilità di exploit kit. Seguendo le tracce come farebbe un investigatore, oppure ricorrendo a servizi di intelligence esterni, è possibile correlare queste informazioni con report di società specializzate, recuperare e analizzare sample del malware utilizzato e collegare eventuali attacchi in corso su altre aziende dello stesso settore. Questo approccio consente di avere una chiara percezione di quali siano, in un dato momento, le priorità di intervento sui sistemi e sulla rete per prevenire e contrastare gli attacchi basati sulla medesima vulnerabilità.

Ottimizzazione di tempo e risorse

La crescente velocità con cui i threat actor sfruttano le vulnerabilità rende impellente l'esigenza di agire con misure preventive e risolutive nel più breve tempo possibile. Tuttavia, l'elevato e crescente volume di vulnerabilità scoperte ogni anno rende complesso, talvolta insostenibile, implementare una strategia efficace di prioritizzazione delle vulnerabilità più pericolose, soprattutto in aziende con limitate risorse e vincoli di business.

L'apporto garantito dalla cybersecurity intelligence consente di determinare il rischio reale delle vulnerabilità rilevate e di scoprire vulnerabilità derivanti da specifici scenari di attacco, che potrebbero non essere rilevate dai sistemi di vulnerability assessment o essere appena state rese pubbliche nel panorama globale ma non ancora indirizzate dai produttori di scanner. A tale scopo, la determinazione del Cyber Threat Profile e la conseguente profilazione dei threat actor più minacciosi, oltre all'attribuzione degli incidenti pregressi, possono fornire utilissime informazioni per determinare la priorità e la rapidità di intervento, ovviamente privilegiando le vulnerabilità che vengono tipicamente sfruttate da questi attaccanti.

La capacità di assegnare una priorità contestualizzata alle vulnerabilità diventa elemento fondamentale anche nella comunicazione verso le funzioni IT e di business, che devono prendere decisioni su eventuali interruzioni dei servizi informatici e di business per mettere al riparo l'azienda da attacchi informatici potenzialmente devastanti per la continuità operativa, il business e la reputazione del marchio aziendale.

Risk Management

Uno degli elementi fondamentali della cybersecurity è indubbiamente rappresentato dalla gestione del rischio cyber e del rischio informatico, processo che abilita gli organi decisionali a prendere decisioni informate su quali rischi evitare, trasferire, mitigare o accettare, quali investimenti destinare alla cybersecurity e quale ritorno attendersi dall'investimento. Due problemi cronici che contraddistinguono la gestione del rischio di moltissime aziende sono [1] la formalizzazione dei rischi in forma puramente qualitativa, spesso rappresentata da faccine o semafori colorati invece che da valori monetari e finanziari ben comprensibili al business, e [2] la formulazione di rischi calcolati secondo stime di probabilità, frequenza e impatti compilate in maniera non strutturata, sulla base di informazioni parziali o inaffidabili e costellate di percezioni personali e assunzioni talvolta infondate.

La formulazione qualitativa dei rischi non è sufficiente perché sia fruibile dai destinatari dell'analisi del rischio, mentre l'adozione di modelli e assunzioni inattendibili genera risultati che possono apparire accurati ai profani, ma possono in realtà rivelarsi inaccurati, se non addirittura fuorvianti. Tuttavia, l'adozione di modelli quantitativi e affidabili richiede un adeguato volume di informazioni che siano accurate, verificate, attuali e rilevanti per il contesto dell'azienda e del settore in cui essa opera, possibilmente integrate da aspetti geopolitici, commerciali e strategici.

Modelli come il framework *Factor Analysis of Information Risk*[81] *(FAIR)*, l'unico modello standard riconosciuto a livello internazionale, pensato e sviluppato per la quantificazione e la gestione del rischio cyber, informatico e operativo, consentono di misurare con accuratezza il rischio, garantendo trasparenza su assunzioni, variabili e risultati, e formulando una quantificazione in termini finanziari che agevola dirigenti, business manager e altri ruoli decisionali a comprendere il processo e a prendere confidenza con la classificazione di asset, minacce e vulnerabilità.

C'è un'enorme differenza fra dichiarare che:

"la valutazione del rischio di attacco ransomware è stata innalzata da medio (giallo) ad alto (rosso)"

e, invece, rappresentare chiaramente che

"la probabilità che si verifichi un attacco ransomware, in grado di superare le misure e i presidi di sicurezza in atto e di compromettere la disponibilità di dati vitali generando un impatto sull'erogazione e la continuità dei servizi di business, sale dal 12% al 18%. Nel caso si verificasse tale tipologia di attacco, si stima un'interruzione dei servizi di business da 24 a 72 ore, con conseguenti perdite dirette e indirette per un importo complessivo stimabile tra 1,5 e 2 milioni di euro".

Probabilità di minacce e attacchi

Un aspetto fondamentale dei framework di gestione del rischio è il procedimento di generazione di un modello di minaccia (*threat model*) che preveda la stima della probabilità che determinati attacchi possano verificarsi con successo nei confronti della nostra azienda o delle sue terze parti. Questa attività può trarre enorme beneficio dagli esiti dei processi di Cyber Threat Profile, di profilazione degli attaccanti e di attribuzione degli attacchi subiti.

Il primo passo consiste nel definire una lista di categorie di minaccia che siano applicabili al contesto aziendale (malware, attacchi di phishing, sfruttamento di kit di exploit, attacchi zero-day, violazione di applicazioni web, attacchi DoS e DDoS, ransomware, insider, compromissione della supply chain, ecc.). I passi successivi, molto più complessi e sfidanti, consistono nello stimare le probabilità che ciascuna tipologia di attacco si verifichi realmente e, in seconda battuta, che possa avere successo. Nella valutazione sarà necessario considerare quali vulnerabilità o scoperture di sicurezza presenti

---

[81] FAIR Institute (https://www.fairinstitute.org/what-is-fair)

in azienda possano essere sfruttate da ogni tipologia di attacco, quali controlli e contromisure di sicurezza sono attive e se queste siano o meno sufficienti a impedire o mitigare l'attacco. Inoltre, il procedimento non deve essere attuato mediante questionari di autovalutazione sottoposti frettolosamente a qualche analista di sicurezza che vi dedicherà non più di qualche minuto, bensì deve essere il risultato di un'opera accurata di stima basata su domande ben strutturate e informazioni affidabili e verificate. A tale scopo, uno dei metodi che risultano efficaci è il *brain storming*[82].

L'intelligence fornisce informazioni determinanti per la definizione degli elementi chiave, necessari per stimare in maniera accurata le probabilità di minacce e attacchi. Ad esempio, producendo intelligence su aspetti come:

- quali threat actor stanno sfruttando una specifica vulnerabilità, sviluppando exploit o attuando particolari tipologie di attacco;
- se questi threat actor stanno prendendo attivamente di mira il settore in cui opera la nostra azienda;
- quali sono le motivazioni che animano i threat actor;
- qual è la frequenza con cui uno specifico attacco è stato osservato di recente in aziende dello stesso settore o delle stesse dimensioni;
- se l'andamento di specifici attacchi è in salita o in discesa;
- se le vulnerabilità attivamente sfruttate dai threat actor sono presenti o meno in azienda o presso le sue terze parti;
- quali impatti tecnici, operativi, finanziari e di immagine pubblica hanno causato specifici attacchi in aziende come la nostra.

Secondo una recentissima pubblicazione[83] di TrendMicro, la definizione della priorità dei rischi deve beneficiare dell'intelligence per favorire una più estesa comprensione dello scenario di rischio e per abilitare decisioni informate sull'allocazione delle risorse e degli investimenti in sicurezza.

L'arricchimento di informazioni di contesto, abilitato dalla cybersecurity intelligence, aumenta notevolmente la conoscenza e la consapevolezza degli analisti del rischio e degli specialisti coinvolti nel processo di gestione del rischio, in materia di minacce, attacchi, threat actor, motivazioni, obiettivi, frequenze e impatti. Questo consente di produrre un modello di minaccia molto più accurato e aderente alla realtà del contesto aziendale, rendendo notevolmente più accurati e affidabili i risultati dell'analisi del rischio e, di conseguenza, abilitando decisioni informate e consapevoli sulla gestione dei singoli rischi individuati.

---

[82] "Identify risks successfully with brainstorming", MicroTOOL, 2019 (https://www.microtool.de/en/project-management/identify-risks-successfully-with-brainstorming/)

[83] "A Cybersecurity Risk Assessment Guide for Leaders", Jon Clay, TrendMicro, ottobre 2023 (https://www.trendmicro.com/en_us/ciso/23/b/cybersecurity-risk-assessment.html)

Stima degli impatti finanziari

Un altro aspetto fondamentale della gestione del rischio consiste nella determinazione del probabile impatto, in termini di costi, di ciascuna tipologia di attacco nel caso venga portato a termine con successo. Molte delle informazioni richieste provengono dall'interno dell'azienda, ad esempio dall'analisi dei dati relativi ai costi tecnici, operativi e di ripristino delle singole componenti informatiche, il costo straordinario del personale, le spese per servizi professionali e di consulenza necessari per la gestione dell'incidente, i costi per i reclami, i minori ricavi a causa dei mancati ordini dei clienti, le conseguenze per mancate forniture di specifici prodotti o servizi dalle terze parti, le sanzioni amministrative per mancato rispetto di norme di legge o regolamentari, quelle previste per la violazione di disposizioni di vigilanza, eventuali penali per mancato rispetto di accordi contrattuali, danni reputazionali e perdita di vantaggio competitivo sul mercato.

La cybersecurity intelligence è in grado di fornire utilissime evidenze che possono supportare nella raccolta delle informazioni destinate al calcolo dei costi e possono fungere da termine di confronto per verificare l'affidabilità delle stime. Informazioni come la tipologia e l'ammontare dei costi sostenuti da altre aziende dello stesso settore o della stessa dimensione a fronte di attacchi analoghi, il tempo complessivo di indisponibilità di sistemi e servizi a causa dell'attacco, le operazioni intraprese per il ripristino complessivo delle funzionalità e dei servizi, le ripercussioni subìte in seguito ad attacchi su terze parti e quelle provocate a terze parti per attacchi subìti in azienda, oppure l'impatto reputazionale causato dai media.

Scelte informate e consapevoli

La cybersecurity intelligence è assolutamente in grado di fornire valore aggiunto in diversi aspetti della gestione del rischio e di supportare efficacemente gli organi decisionali ed esecutivi nella comprensione del panorama delle minacce per il business aziendale, in particolare la natura delle minacce stesse e l'impatto che potrebbero generare. Questa comprensione abilita decisioni consapevoli e informate su quali misure siano più idonee per la gestione dei rischi. Il salto di qualità consiste nella produzione di report di rischio che forniscano precise garanzie su affidabilità e pertinenza delle informazioni utilizzate, con dettagli comprensibili su vulnerabilità, esposizioni, threat actor interessati al contesto aziendale, tattiche, tecniche e procedure (TTP) adottate, scenari realistici di attacco, possibili impatti tecnici, operativi, finanziari, legali, di immagine e di mercato, e analisi storiche per identificare possibili nuove minacce emergenti nel panorama globale.

L'integrazione degli elementi principali del Cyber Threat Profile, della profilazione degli attaccanti maggiormente minacciosi per il business aziendale e delle attribuzioni determinate per i precedenti attacchi, renderà molto più completo, esaustivo e contestualizzato il processo di gestione del rischio.

L'arricchimento di informazioni di intelligence rilevanti e comprensibili consente la rappresentazione efficace di scenari molto realistici ed esaustivi di rischio, che vengono facilmente interpretati dai ruoli esecutivi, con due innegabili vantaggi:

- la maggiore comprensione e l'indubbio interesse suscitati nei ruoli chiave dell'azienda hanno il risultato di avvicinare la cybersecurity ai più alti livelli decisionali dell'azienda, supportandone la comprensione, riducendo lo storico divario comunicativo e mitigando la difficoltà cognitiva che ancora affligge numerosissime aziende;
- le decisioni sulle misure di gestione dei rischi e sulla destinazione degli investimenti di sicurezza, da parte dei ruoli esecutivi e degli esponenti di business, avvengono in maniera più agevole, condivisa, consapevole e confidente.

Sicurezza delle Terze Parti

Come già accennato più volte nei precedenti capitoli, in molte aziende la catena delle forniture (*supply chain*) e le terze parti (consulenti, partner, produttori, fornitori di servizi, ecc.) sono fortemente integrate nei processi aziendali e sono determinanti per la continuità del business e la qualità dei servizi e prodotti offerti. La proliferazione di collegamenti di rete extranet e di accessi remoti tra aziende e terze parti, per finalità di scambio di dati, informazioni e servizi informatici, che si è verificata negli ultimi anni, rende un attacco a una terza parte coinvolta nel contesto operativo una minaccia diretta e imminente per la sicurezza e il business dell'azienda.

Secondo un recentissimo report[84] di Ponemon Institute e RiskRecon, il 59% delle aziende intervistate ha subìto una violazione dei dati causata da una delle loro terze parti, il 54% negli ultimi 12 mesi. Ma il problema è più esteso, perché per il 38% delle aziende la violazione è stata causata da una terza parte di una propria terza parte, a dimostrazione del fatto che i controlli di sicurezza sulle terze parti sono carenti anche nei confronti delle rispettive terze parti. Inoltre, solo il 21% delle aziende è confidente che in questi casi una terza parte colpita notificherà la violazione subìta attraverso una propria

---

[84] "The 2022 Data Risk in the Third-Party Ecosystem Study", Ponemon Institute, 2022 (https://www.riskrecon.com/ponemon-report-data-risk-in-the-third-party-ecosystem-study)

terza parte. Secondo un recente report[85] di Mandiant, la compromissione della supply chain è stato il secondo fattore maggiormente prevalente di infezione nel 2021, dopo lo sfruttamento di vulnerabilità, con il 17% delle intrusioni. Un recente report[86] dell'ENISA evidenzia come, nel 66% dei casi, gli attaccanti si focalizzino sul codice software della terza parte, spesso utilizzando malware, mentre nel 62% degli attacchi venga sfruttata l'eccessiva fiducia riposta nella terza parte. Tutte le evidenze confermano che molte aziende sono pericolosamente esposte a rischi significativi derivanti dalla relazione con le loro terze parti e che l'andamento degli attacchi veicolati tramite terze parti è in crescita e continuerà a crescere, complicando notevolmente la gestione del rischio cyber e del rischio informatico.

Metodi inaffidabili

La gestione del rischio e i controlli di sicurezza relativi alle terze parti sono ancora largamente basati su metodi arcaici e documenti prettamente statici, come questionari di autovalutazione, audit finanziari, report mensili su nuove vulnerabilità scoperte nei sistemi e nelle applicazioni usate dalla terza parte, oppure report occasionali sullo stato della conformità ai controlli di sicurezza o agli standard di sicurezza più diffusamente adottati. Questo si riflette anche nei contratti di servizio e negli accordi di collaborazione, che spesso sono carenti in termini di requisiti di sicurezza e processi di controllo. Questi documenti diventano obsoleti molto rapidamente e non sono strutturati per supportare efficacemente decisioni informate su come gestire i rischi delle terze parti, poiché mancano di tempestività, attualità e contestualizzazione con la nostra realtà aziendale.

Normalmente la sicurezza delle terze parti viene misurata mediante un'analisi del tipo di relazione tra l'azienda e ciascuna terza parte, e se e in che modo questa esponga a specifiche minacce. Quindi, viene definito un framework di valutazione della *security posture* in termini di controlli e processi di sicurezza, spesso basato su autodichiarazioni più che su verifiche ed evidenze dirette. Alcune aziende adottano servizi di *security rating* come BitSight, OneTrust o SecurityScorecard, che forniscono però una visione parziale, poco dinamica e non sempre affidabile della sicurezza delle terze

---

[85] "M-Trends 2022 Insights into Today's Top Cyber Security Trends and Attacks", Mandiant, 13th edition (https://www.mandiant.com/m-trends)

[86] "Threat Landscape for Supply Chain Attacks", ENISA report, Luglio 2021 (https://www.enisa.europa.eu/publications/threat-landscape-for-supply-chain-attacks)

parti, poiché utilizzano esclusivamente informazioni pubblicamente disponibili. Altre realizzano assessment sulle terze parti per verificare la conformità a standard di sicurezza ISO, NIST, FISMA, SOC 2 o HIPAA, oppure audit di tipo finanziario. Queste pratiche sono essenziali per valutare la sicurezza e il rischio delle terze parti, ma non sono sufficienti. I documenti prodotti sono statici e non possono riflettere un contesto in costante cambiamento, contraddistinto dalla continua apparizione di nuovi threat actor e nuove minacce emergenti. Le analisi svolte sono spesso improntate su aspetti di compliance e producono evidenze e raccomandazioni non sempre adeguatamente fruibili dai destinatari. Tutti questi fattori non agevolano di certo dirigenti e figure decisionali nell'individuare il reale rischio rappresentato dalle relazioni con ciascuna terza parte, per poter prendere decisioni informate e fare scelte efficaci. Per valutare accuratamente e in tempo reale il rischio di una terza parte è indispensabile avere a disposizione informazioni di contesto tempestive e aggiornate, in una forma che le renda agevolmente comprensibili e fruibili.

Informazioni aggiornate e tempestive

Secondo un recentissimo documento[87] pubblicato dall'ENISA, è fondamentale identificare e determinare il rischio delle terze parti come elemento integrante dell'approccio alla gestione del rischio, includendo informazioni provenienti da fonti di cybersecurity intelligence e da incidenti conosciuti. La cybersecurity intelligence ha proprio il compito di fornire informazioni aggiornate e tempestive sul contesto di una specifica terza parte, in particolare quelle relative ad aspetti non contemplati nei classici assessment e non denunciati dalla stessa e dalle sue rispettive terze parti, con una visibilità anche storica di tutti gli eventi passati che rappresentano indicatori di rischio. Tuttavia, il ricorso a metodi troppo vaghi o a fonti imprecisate rende i risultati troppo difficili da accettare, anche se sono accurati. Prima di tutto è bene determinare con chiarezza gli obiettivi, attraverso l'individuazione delle terze parti più critiche, l'analisi dell'attuale processo di valutazione del rischio delle terze parti, la determinazione di chi può trarre vantaggio dalle informazioni di intelligence in azienda, la valutazione di quanto incide il panorama globale delle minacce sulle mie terze parti e la chiara attribuzione delle reciproche responsabilità legali e contrattuali. Inoltre, la rilevazione di

---

[87] "Good Practices for Supply Chain Cybersecurity", ENISA, giugno 2023 (https://www.enisa.europa.eu/publications/good-practices-for-supply-chain-cybersecurity/@@download/fullReport)

incidenti che colpiscono una terza parte non è sufficiente per produrre un aumento del relativo livello di rischio, poiché tutte le aziende possono essere prese di mira da attacchi di varia tipologia e con motivazioni diverse, e non è detto che questi siano dovuti a reali carenze delle loro misure di sicurezza. Uno degli aspetti più importanti è come l'azienda gestisce gli incidenti e se, successivamente, attua misure correttive e preventive per ridurre rischi futuri. Una buona prassi è incontrare i partner di business ogni volta che viene rilevato un incidente di sicurezza o un particolare aumento del rischio associato, per rivedere i processi di sicurezza e valutare il loro approccio alla cybersecurity, approfondendo la possibilità che questi eventi possano aver generato impatti sulla nostra azienda.

Indirizzare parte delle operazioni di cybersecurity intelligence verso il presidio di aspetti riguardanti le terze parti rappresenta un eccezionale integrazione alla valutazione del livello di sicurezza e del rischio delle terze parti, contribuendo anche a rendere più coerenti, affidabili e aggiornati in tempo reale eventuali indicatori di rischio adottati. L'analisi approfondita degli eventi e delle fonti di intelligence può fornire utilissime indicazioni che concorrono a formare e mantenere aggiornato nel tempo un profilo di rischio accurato e attendibile di ciascuna terza parte, con la possibilità conseguente di individuare quali terze parti richiedono interventi di sicurezza per abbassare il livello di rischio o modifiche degli accordi contrattuali per indurre migliori pratiche di sicurezza o tutelarsi in caso di possibili impatti derivanti da attacchi e violazioni. Un altro vantaggio importante è quello di poter alimentare andamenti storici degli indicatori di rischio basati su informazioni verificate, correlate tra loro e costantemente aggiornate.

Fonti specifiche di intelligence

Raccogliere, normalizzare e correlare dati e informazioni da numerose e differenti fonti richiede molto tempo e un enorme sforzo di analisi. Per questo è spesso opportuno adottare una piattaforma dedicata, sulla quale centralizzare e correlare il tutto in tempi molto ristretti, con la possibilità di creare uno storico degli eventi e un punteggio per ciascuna terza parte, a partire dalle più critiche e rilevanti per il business della nostra azienda. Di seguito riporto alcune delle principali fonti di informazione più utili per alimentare il nostro sistema di intelligence sulla sicurezza e il rischio delle terze parti. Un buon punto di partenza sono le fonti pubbliche di cyber threat intelligence che forniscono notizie, andamenti e aggiornamenti sulle violazioni nel settore aziendale in generale.

Fra le fonti pubbliche troviamo:

- siti web specializzati sugli impatti dei data breach;
- siti web istituzionali delle nostre terze parti, sui quali queste possono condividere comunicati stampa che riportano rischi e incidenti;
- siti web e app di recensioni, che riportano le opinioni e il sentiment di clienti e utenti su prodotti e servizi di ciascuna azienda;
- siti web e app di recensioni per dipendenti e di ricerca di lavoro, che possono esporre il comportamento dell'azienda, il clima interno, eventuali punti deboli, disservizi o incidenti;
- siti che analizzano fenomeni e trend di settore, che possono avere impatti sull'operatività delle nostre terze parti;
- post su blog e social media che possono rilevare informazioni molto utili su eventi relativi alle terze parti, fra cui gli incidenti di sicurezza;
- siti delle agenzie governative o indipendenti che sono responsabili della certificazione dei livelli di sicurezza delle aziende;
- siti di organi di informazione mainstream e alternativi che forniscono notizie sugli eventi riguardanti determinate aziende.

Un'ottima integrazione alle fonti pubbliche viene dalle fonti di informazione private, che possono rivelarsi complementari e fornire una maggiore capacità di generare intelligence sulle terze parti, ad esempio:

- agenzie di rating creditizio e finanziario, che consentono di desumere la salute finanziaria di una terza parte;
- siti di opinione finanziaria che riportano margini di profitto e rischi;
- siti dedicati alle azioni legali e alle *class action* che possono generare impatti sulle relazioni di business con le terze parti e la loro capacità di continuare a operare;
- servizi di *threat feed* che forniscono aggiornamenti continui su minacce, vulnerabilità e scoperture di sicurezza;
- siti *pastebin* e repository di codice, che possono esporre codice sorgente, credenziali d'accesso o altre informazioni critiche che possono essere sfruttate per aggirare o violare la sicurezza di terze parti;
- forum, comunità e canali di messaggistica istantanea frequentati da hacker e cybercriminali che discutono di obiettivi d'attacco e condividono informazioni sottratte illegalmente.

Gli organi regolatori e gli enti di vigilanza, sia governativi che di settore, sono anch'essi risorse critiche che possono fornire intelligence sulle terze parti, con particolare riferimento a misure esecutive, violazioni, sanzioni e cause legali riguardanti aziende collegate a vario titolo alla nostra. Ogni settore ha i propri organi ed enti che producono leggi, norme e regolamenti cui le terze parti devono attenersi e che possono comportare impatti pecuniari e misure restrittive anche pesanti in caso di violazione. Infine, molti settori dispongono di *Information Sharing and Analysis Center* (ISAC), ovvero centri di raccolta, analisi e condivisione delle informazioni su minacce informatiche a infrastrutture critiche, oppure forme di partenariato pubblico-privato (*Public-Private Partnerships, PPP*) che promuovono la cooperazione tra entità pubbliche e private, avente come obiettivo il finanziamento, la costruzione e la gestione di infrastrutture o la fornitura di servizi di interesse pubblico. La partecipazione, peraltro per alcuni settori obbligatoria, a queste forme di cooperazione consente di ottenere informazioni utilissime sul proprio settore e sulle terze parti che vi operano.

Protezione del marchio

Il marchio, altrimenti detto *brand*, rappresenta l'identità della nostra azienda sul mercato, la sua unicità e irripetibilità, e consiste nella combinazione di logo, denominazione, mission, valori aziendali dichiarati e percezione generata nei clienti, nelle terze parti e, più in generale, nell'opinione pubblica. Esso è direttamente associato all'immagine, alla reputazione, alla credibilità e alla fiducia che l'azienda si è costruita attraverso i suoi prodotti e servizi, la cultura trasmessa e la soddisfazione generata. La fiducia del pubblico verso il marchio aziendale richiede anni di investimenti e sacrifici per essere conquistata, ma basta un singolo evento negativo per distruggerla in pochi minuti e ostacolarne la futura riconquista. Per questi motivi, il marchio deve essere considerato come una risorsa preziosissima per il business di qualsiasi azienda e, come tale, deve essere protetto e salvaguardato al pari di tutti gli altri asset critici. I fenomeni della contraffazione e dell'abuso del brand aziendale sono globali e interessano tutti i settori, da quello bancario e finanziario, che è uno dei più colpiti, a quelli di moda, design, medico-sanitario e industriale. Lo spostamento progressivo della presenza del marchio aziendale verso il mondo digitale (web, social media, mobile e metaverso) comporta nuove modalità di abuso e, quindi, nuovi rischi.

Questa espansione di rischi e minacce legate a marchio, immagine e reputazione delle aziende richiede l'attuazione di specifiche strategie preventive che, attraverso la conoscenza approfondita dei threat actor e l'analisi dei possibili impatti, consentano di salvaguardare il business aziendale e il rapporto di fiducia con clienti e terze parti.

Tipologie di attacco

All'inizio del 2023[88] su diversi forum del Dark Web si è verificato un particolare aumento di discussioni su diversi dirigenti di una grande banca del Nord Europa, contestualmente a una copertura negativa sui social media e sugli organi di informazione della stessa banca. In seguito, è emerso che un gruppo APT stava cercando di causare un notevole danno alla reputazione della banca, probabilmente con l'intento di sferrare un attacco di *spear phishing* particolarmente mirato, tramite il quale lanciare un malware con il compito di raccogliere le credenziali dei VIP, per poi impersonarli in schemi di attacco di tipo *Business E-mail Compromise* (BEC) o "*Pump & Dump*".

Fra gli attacchi indirizzati al marchio aziendale possiamo annoverare:

- siti web contraffatti, attraverso l'abuso di domini web sottratti a società legittime (*cybersquatting*[89]), l'uso di domini web registrati in maniera volutamente differente ma molto simile da quelli originali legittimi (*typosquatting*[90]) e sofisticate tattiche SEO[91], e la creazione

---

[88] "Follow the Money – Cyberthreat intelligence for Banking & Financial Services", Blueliv, luglio 2023 (https://outpost24.com/de/wp-content/uploads/sites/2/2023/07/outpost24-finance-whitepaper.pdf)

[89] Il cybersquatting (conosciuto anche come Domain Grabbing o Domain Squatting) è una pratica generalmente illegale che consiste nell'acquisire nomi di dominio corrispondenti a marchi molto popolari per poi rivenderli in futuro alle società proprietarie del marchio o a soggetti detentori del nome, quindi legittimamente elegibili per il loro utilizzo. La pratica comprende anche la registrazione a scopo fraudolento di domini con piccole variazioni nel nome (typosquatting) e l'acquisizione di domini con nomi di persone famose o marchi molto popolari (namejacking o brandjacking).

[90] Il typosquatting è un tipo di attacco di social engineering che prende di mira gli utenti di Internet che digitano in modo errato un URL nel browser web anziché utilizzare un motore di ricerca, oppure che cliccano inavvertitamente su link ricevuti via e-mail. L'obiettivo è indurre gli utenti a visitare siti web dannosi con URL che si differenziano dai nomi dei siti Web legittimi per via di refusi intenzionali (es. "gogle.com" invece che "google.com"), con diverse finalità che comprendono la sottrazione di credenziali d'accesso e altre informazioni sensibili (phishing), l'infezione del dispositivo utente con malware e il danno d'immagine.

[91] SEO è l'acronimo di *Search Engine Optimization* ed è un insieme di strategie volte ad aumentare la visibilità di un sito web, migliorandone la posizione nei risultati dei motori di

di copie molto fedeli dei siti web legittimi con logo, denominazione e colori societari, per ingannare utenti, clienti o terze parti con finalità di frode, truffa o danneggiamento;

- false informazioni e contenuti malevoli sull'azienda, e i suoi prodotti o servizi, pubblicati su siti web e app di recensioni, social media, forum e altre piattaforme web;
- forme di impersonificazione di amministratori delegati, ruoli esecutivi e figure chiave dell'azienda, sempre con finalità di frode, truffa, violazione informatica o danneggiamento;
- prodotti simili a quelli aziendali (spesso di qualità inferiore) e software contraffatti (es. false app mobile) immessi in marketplace digitali e app store, oppure plagio di contenuti per finalità di frode, truffa o danneggiamento;
- attacchi di tipo DoS o DDoS[92] per arrestare o rendere inutilizzabili dagli utenti le app mobile e i servizi web offerti dall'azienda;
- attacchi di deturpazione (*defacement*[93]) di siti web o sottrazione del controllo di account sui social media per cambiarne illecitamente l'aspetto e i contenuti a scopo di danneggiamento.

Questi attacchi possono portare al compimento di frodi a danni di utenti e clienti, campagne massive di *phishing* e *spam*, fughe di informazioni personali, critiche o sensibili, compromissione di credenziali d'accesso e infezioni da malware e ransomware. Ognuna di queste conseguenze, già grave di per sé, spesso finisce su media mainstream e social media, provocando un danneggiamento diretto o indiretto della reputazione, dell'immagine pubblica e della fiducia associate al marchio dell'azienda colpita, perdite finanziarie, perdita di posizioni dominanti sul mercato e cause legali, con effetti potenzialmente devastanti sul business corrente e futuro.

---

ricerca (Google, Bing, Yahoo!, ecc.), attraverso la struttura del sito, il codice HTML, i contenuti, le parole chiave e la gestione dei collegamenti ipertestuali (*link*). Queste tecniche possono essere abilmente sfruttate dalle aziende per fini leciti di visibilità dei propri siti web, oppure da cybercriminali per indurre i motori di ricerca a proporre per primi siti web contraffatti per impersonare aziende con finalità malevole.

[92] Nel campo della cybersecurity, un attacco di tipo "*Denial of Service*" (DoS) indica un malfunzionamento causato da una singola fonte mediante l'utilizzo di tecniche che portano all'esaurimento deliberato delle risorse del sistema informatico vittima, impendendo la fornitura dei servizi online a clienti e utenti aziendali. Un attacco di tipo "*Distributed Denial of Service*" (DDoS) viene condotto da più fonti diverse contemporaneamente, rendendo più difficile e complicato contrastarne gli effetti o arrestarlo del tutto.

[93] Il *defacement* (o *defacing*) comporta la modificazione illecita dell'aspetto e dei contenuti della homepage di un sito web da parte di soggetti non autorizzati e all'insaputa del proprietario del sito stesso, con l'obiettivo di minarne l'immagine pubblica a scopo di propaganda e danneggiamento, oppure per fini di truffa o ricatto.

Principali minacce

Secondo un recente report[94] di Mimecast, l'imitazione o l'impersonificazione fraudolenta o malevola del brand sono aumentate del 170% tra il 2019 e il 2021, con un aumento[95] dei casi pari al 381% nella prima metà del 2020. Un recente report[96] di Outseer dimostra che i cyber criminali sfruttano sempre più l'abuso di marchi credibili per raccogliere credenziali di accesso e dati personali, ad esempio attraverso falsi profili social, repliche di siti web e app mobile contraffatte. Gli avversari prendono sempre più di mira il settore finanziario, in particolare le banche, con forme di inganno per indirizzare i clienti su siti web contraffatti e app mobile false, al fine di sottrarre credenziali d'accesso o dirottare somme di denaro. In aumento anche la sottrazione o l'impersonificazione di account di posta elettronica per ottenere credenziali d'accesso, lanciare campagne di spam e attacchi di phishing o indurre con l'inganno altre persone a compiere azioni indesiderate e dannose per sé o per la loro azienda. Con l'esplosione dell'e-commerce, spesso è il marchio di società di logistica e spedizioni (Poste Italiane, DHL, Bartolini, UPS e GLS) a essere sfruttato in campagne di phishing per sottrarre informazioni o infettare i dispositivi degli utenti. Molte di queste minacce al brand aziendale vengono portate da cybercriminali per motivazioni di profitto, ma possono provenire da hacktivisti, clienti insoddisfatti, società concorrenti o dipendenti infedeli e scontenti con lo scopo di danneggiare reputazione, immagine e fiducia. La diffamazione e la disinformazione sono due pratiche molto semplici, molto efficaci e poco costose da attuare per penalizzare e danneggiare una società concorrente. Sono sufficienti articoli su media locali o post sui social media (spesso adottando una combinazione di profili social nuovi e preesistenti per aggirare i controlli di moderazione) che vengono poi ripresi da media mainstream senza alcuna verifica. In questi casi, prodursi in smentite e dichiarazioni pubbliche, sui social o a mezzo stampa, per tentare di scagionare la propria azienda non solo può non contribuire efficacemente a ripristinare la fiducia e la reputazione dell'azienda, ma può addirittura dare ulteriore risalto all'accaduto e suonare terribilmente come una *excusatio non petita*, generando ulteriore impatto negativo sulla percezione di clienti e opinione pubblica.

---

[94] "The State of Brand Protection Report", Mimecast Services Limited, 2021 (https://www.mimecast.com/state-of-brand-protection/)
[95] "Brand Exploitation is a Bigger Issue than it Seems", Mimecast, 11 gennaio 2022 (https://www.mimecast.com/blog/brand-exploitation-is-a-bigger-issue-than-it-seems/)
[96] Brand abuse attacks dominate list of fraud trends: report", Jonathan Greig, ZDNet (https://www.zdnet.com/article/brand-abuse-attacks-dominate-list-of-fraud-trends-report/)

Brand intelligence

La cybersecurity intelligence fornisce un importantissimo valore in termini di identificazione, prevenzione, rilevazione, risposta e rimedio a tutti i casi di abuso del marchio, indipendentemente dai vettori di attacco adottati, in qualsiasi posto di Internet essi abbiano luogo. Un report[97] di Forrester include la brand intelligence tra le tre forme fondamentali di intelligence di cui ciascuna azienda dovrebbe dotarsi, insieme alla fonte d'intelligence primaria e alla vulnerability intelligence, poiché

> *"indipendentemente dalle sue dimensioni,*
> *ogni azienda ha un marchio e dei clienti da proteggere"*
> (B. Kime e E. Pikulik, Forrester)

Il punto di partenza della cosiddetta *brand intelligence* è l'individuazione rigorosa e accurata di tutti gli ambiti che contengono menzioni del marchio aziendale, i nomi dei prodotti e dei servizi, le sedi e le filiali, i nomi degli esponenti (presidente, amministratore delegato, direttore generale, incarichi esecutivi e figure di spicco a vario titolo), e tutte le parole chiave associate a essi, inclusi marchi di fabbrica, marchi di servizio, denominazioni delle app mobile e slogan pubblicitari che appaiono sui siti ufficiali dell'azienda, poiché spesso vengono riutilizzati su siti web contraffatti.

Definire con accuratezza cosa cercare e monitorare consente di scovare evidenze di abusi e utilizzi impropri del marchio in posti nei quali di solito le aziende non cercano mai. Alcuni esempi di ricerche di intelligence sono:

- la ricerca nei registri di domini web per scovare nomi di dominio che includono parti del nostro marchio o variazioni di essi riferibili in qualsiasi modo all'azienda o ai suoi prodotti e servizi;
- la ricerca sul web, per rilevare casi di typosquatting o cybersquatting con domini riferibili alla nostra azienda;
- monitorare social media e canali di instant messaging per rilevare post, commenti o hashtag che includono nomi, riferimenti o parole chiave relativi all'azienda;
- presidiare i social media per rilevare qualsiasi account che tenti di spacciarsi per proprietà o rappresentante dell'azienda, oppure per uno dei suoi esponenti di spicco, dirigenti o impiegati;
- monitorare gli app store per scoprire qualsiasi app mobile che sfrutti il brand aziendale senza autorizzazione o per scopi criminali;

---

[97] "The Forrester Wave: External Threat Intelligence Services, Q1 2021", Brian Kime e Elsa Pikulik, Forrester, Marzo 2021 (https://www.forrester.com/blogs/announcing-the-forrester-wave-external-threat-intelligence-services-q1-2021/)

- setacciare canali di messaggistica, forum e comunità sul web frequentati da threat actor che pianificano abusi, sottrazioni o sfruttamento del brand, compresi consessi privati e attivi nel Dark Web.

Provare per credere: è incredibile quante evidenze di abusi e violazioni è possibile rilevare attraverso il monitoraggio del proprio brand. Ad esempio, nominativi e dati di clienti, dati di rapporti finanziari, codici fiscali, credenziali d'accesso sottratte, porzioni di codice software pubblicate più o meno inavvertitamente su siti *pastebin*, utenti sospetti che citano a vario titolo la nostra azienda, azioni o intenzioni di danneggiamento, oppure strumenti e tecniche per sferrare attacchi. Rilevare tempestivamente queste casistiche è fondamentale per mettere in sicurezza le fonti dei dati, risolvere vulnerabilità ed errate configurazioni sui sistemi aziendali, mitigare rischi mediante nuovi controlli di sicurezza, identificare modalità efficaci per migliorare il livello di competenza e consapevolezza del personale, nonché consentire al SOC e al team di incident response di riconoscere in maniera molto più rapida eventuali tentativi di attacco. Questa opera di ricerca è molto onerosa e complessa, pertanto sarebbe preferibile ricorrere a forme di automazione o, in alternativa, a servizi esterni di intelligence in grado di svolgere questa ricognizione in maniera efficace e tempestiva.

Una delle azioni da realizzarsi con la massima tempestività a fronte della rilevazione di abusi e che può fornire un elevato valore aggiunto è lo smantellamento (*takedown*) delle infrastrutture e dei contenuti utilizzati dagli avversari per generare un danno all'azienda, anche attraverso il coinvolgimento di funzioni legali e organi di relazione esterna che possono supportare e accelerare il processo. Tuttavia, a causa delle differenti ubicazioni geografiche e delle conseguenti problematiche di burocrazia, giurisdizione e interpretazione di lingue straniere, le azioni intraprese verso enti di registrazione, servizi di hosting e piattaforme social risultano generalmente molto lente, complesse e dall'esito impredicibile. Queste difficoltà lasciano notevole tempo agli avversari per portare a compimento i loro attacchi. La soluzione migliore per attuare queste operazioni è spesso quella di rivolgersi a servizi specializzati di intelligence che possono disporre di processi consolidati e canali privilegiati per portarle a termine in maniera rapida ed efficace.

Nel corso della mia esperienza come responsabile dell'intelligence di un grande gruppo bancario, era frequente rilevare domini web contraffatti e casi di abuso del brand sui social media. Tuttavia, è stato possibile aumentare notevolmente il numero dei casi rilevati grazie a una maggiore accuratezza delle parole chiave e dei controlli, nonché al crescente ricorso all'automazione delle ricerche. Molti siti contraffatti sfruttano logo e immagini richiamandoli direttamente dal sito istituzionale legittimo dell'azienda vittima mediante integrazione dell'indirizzo originale nel codice HTML, pertanto, è possibile rilevare questa pratica analizzando con regolarità i log dei web server e intercettando queste specifiche azioni.

Si è assistito anche a un aumento di filmati di marketing contraffatti che millantavano prodotti e servizi mirabolanti per ingannare gli utenti e indirizzarli verso siti web malevoli o di phishing, con un crescente ricorso a Instagram e TikTok per veicolare contenuti contraffatti a danno di utenti anche molto giovani. Grazie alla maggiore accuratezza dei presidi, è stato possibile intercettare casi di sfruttamento illecito del nome e dell'immagine del presidente e dell'amministratore delegato in articoli diffamatori o ingannatori, così come in commenti pubblicati sui social media. Altre evidenze molto utili sono state acquisite grazie al monitoraggio degli app store, sia in termini di lancio di app mobile contraffatte, sia sotto forma di contenuti diffamatori infondati all'interno delle recensioni delle app mobile legittime.

Sono perfettamente conscio del fatto che questo monitoraggio è costoso e richiede una certa competenza, perciò, per le realtà più piccole e meno strutturate, suggerisco l'uso di strumenti automatici di rilevamento e notifica di nuovi contenuti basati su parole chiave. Come base minima di partenza mi sento di consigliare servizi come Google Alert, molto efficiente nelle ricerche sul web e gratuito, Talkwalker Alerts, efficiente nel monitoraggio di social media, blog, forum e siti web, anch'esso gratuito, e F5bot, servizio open source gratuito specializzato per il presidio di comunità come Reddit, Hacker News e Lobsters. L'uso combinato di questi servizi e di tante altre alternative disponibili online consente di allestire un servizio di monitoraggio del marchio basilare ma efficace.

Oltre al monitoraggio di intelligence sulla presenza online del marchio e degli altri elementi distintivi dell'azienda, è importante anche:

- registrare la proprietà intellettuale, per privare legalmente chiunque altro soggetto del diritto di utilizzarla senza esplicito consenso;
- creare accordi di non divulgazione (*Non-Disclosure Agreement, NDA*), con specifiche clausole di riservatezza, da far sottoscrivere a partner e fornitori per impedire abusi di marchi, prodotti e servizi, soprattutto se si detengono segreti industriali e brevetti;
- rafforzare la sicurezza degli account istituzionali sui social media, luogo dove avviene il maggior numero di casi di abuso del marchio, per ridurre significativamente il rischio di compromissione e sfruttamento illecito del brand;
- presidiare assiduamente i log dei web server istituzionali per rilevare utilizzi non autorizzati di logo e altre immagini;
- rafforzare la consapevolezza dei dipendenti, per mitigare il rischio derivante da affermazioni diffamatorie, indiscrezioni compromettenti o fughe di informazioni non autorizzate;

- coltivare il rapporto con i propri clienti e con l'opinione pubblica, gestendo efficacemente la comunicazione, puntando su etica, valori e principi condivisibili, trasmettendo affidabilità in tutte le possibili forme, per poterne consolidare l'affiliazione, rafforzare l'immagine dei propri prodotti e servizi, migliorare le opinioni e le recensioni, accumulando un bonus di credibilità e fiducia che potrebbe avere un peso determinante in caso di incidente riconducibile al brand.

Un recente report[98] di Salesforce evidenzia come l'87% degli oltre 17.000 consumatori e manager aziendali intervistati sostenga che, in tempi di cambiamento, il valore della fiducia è diventato ancora più importante. Non solo, man mano che le priorità e i comportamenti cambiano, la fedeltà consolidata nel tempo nei confronti di un brand viene sottoposta a nuove sfide, tanto che l'83% dei consumatori italiani ha cambiato brand per i propri acquisti almeno una volta nell'ultimo anno, una percentuale superiore alla media globale (71%), mentre solo il 43% dichiara di fidarsi delle aziende dalle quali acquista. Come dimostrato da una ricerca[99] pubblicata su International Business Research, la reputazione del marchio aziendale gioca un ruolo determinante nella costruzione del rapporto di fiducia con il cliente e questa fiducia comporta delle aspettative che possono subire variazioni sulla base delle esperienze passate e dei risultati prodotti. Focalizzare parte della cybersecurity intelligence sulla protezione preventiva, proattiva e assidua del marchio aziendale è una scelta strategica che abbatte il rischio di impatti devastanti sul business, sull'immagine, sulla reputazione e sulla percezione di fiducia così faticosamente conquistata presso il pubblico.

---

[98] "State of the Connected Customer, 5th edition", Salesforce, 2022 (https://youmark-images.b-cdn.net/wp-content/uploads/2022/06/salesforce-state-of-the-connected-customer-fifth-ed.pdf)

[99] "Consumer's Trust in the Brand: Can it be built through Brand Reputation, Brand Competence and Brand Predictability" di M.A. Khan, I. Ali e K. ur Rehman, ResearchGate, pubblicato su International Business Research, 2009 (https://www.researchgate.net/publication/42385941_Consumer's_Trust_in_the_Brand_Can_it_be_built_through_Brand_Reputation_Brand_Competence_and_Brand_Predictability)

Geopolitica

Un aspetto troppo spesso dimenticato dalle funzioni di cybersecurity e di gestione del rischio è quello del rischio geopolitico. Se è vero che esistono minacce e rischi a livello globale, soprattutto nel mondo della cybersecurity, è altrettanto vero che esistono minacce specifiche a livello di zona, città, regione, stato o continente che possono esporre la nostra azienda a eventi geolocalizzati, che possono provocare impatti più o meno gravi sul business.

Decisioni e iniziative di agenzie e organi governativi, sotto forma di leggi, regolamentazioni o mobilitazioni di forze di polizia e militari in situazioni di emergenza, azioni promosse da partiti politici, organizzazioni sindacali, gruppi di attivisti e altri movimenti, sotto forma di scioperi, azioni dimostrative, boicottaggi, campagne social, proteste, sommosse, sit-in, blocchi del traffico e attacchi fisici a proprietà e sedi ubicate nel mondo, oppure ancora disastri naturali, come epidemie, pandemie, uragani, tornado, incendi estesi, terremoti, eruzioni vulcaniche e tsunami, o provocati dall'opera umana, come attacchi terroristici, azioni militari, conflitti, disastri chimici, idrici, nucleari, incidenti di trasporto e danni ambientali: gli effetti di questi eventi possono andare dalla semplice interruzione temporanea del business a costi diretti e indiretti milionari, fino alla perdita di vite umane.

Rischi globali

Da circa tre anni stiamo vivendo una situazione globale straordinariamente densa di eventi negativi o potenzialmente pericolosi, e lo scenario non accenna a migliorare. Un recente report[100] di Beazley in materia di rischi geopolitici mette al primo posto l'urgenza di investire sulla resilienza del proprio business, a causa di fattori come guerre, terrorismo, rischio di disordini civili, inflazione e incertezza economica. I settori considerati più a rischio sono quello finanziario, dell'accoglienza, dell'educazione, edilizio, pubblico, delle telecomunicazioni ed energetico. Un aggiornato report[101] di BlackRock individua fra i rischi più importanti il conflitto Russia-NATO[102], la concorrenza strategica tra Stati Uniti e Cina, gli attacchi informatici a infrastrutture critiche e gli effetti a catena generati dalla crisi ucraina e dal conflitto in Medio Oriente su sistemi politici e istituzioni dei mercati emergenti. Un recente report[103] del World Economic Forum evidenzia fra i rischi più rilevanti i cambiamenti climatici, i disastri naturali, vari problemi sociali ed economici e l'intensificazione delle minacce cyber. Un altro report[104] del World Economic Forum, sviluppato in collaborazione con Accenture, illustra che il 93% dei leader della cybersecurity e l'86% dei leader di business ritiene probabile o molto probabile che accada un evento cyber catastrofico entro i prossimi due anni a causa della situazione di instabilità geopolitica, che ha comunque già influenzato profondamente la strategia cyber del 74% delle organizzazioni, soprattutto in ottica di continuità del business (67%) e di danno reputazionale (65%). Da notare che entrambi i report del WEF sono antecedenti allo scoppio del conflitto in Medio Oriente.

Questi sono solo i rischi geopolitici a rilevanza planetaria, ma esistono numerosi altri rischi di analoga natura che possono interessare zone geografiche molto più ristrette e circoscritte. Alcuni di questi eventi possono essere

---

[100] "Spotlight on Geopolitical Risk" di Chris Parker e Roddy Barnett per Beazley, 2022 (https://reports.beazley.com/rr/2022/geopolitical/Geopolitical-Risk-2022.pdf)

[101] "Geopolitical Risk Dashboard", BlackRock (https://www.blackrock.com/corporate/insights/blackrock-investment-institute/interactive-charts/geopolitical-risk-dashboard)

[102] Interessante la denominazione del conflitto "Russia-NATO", che diverge dalla narrazione condotta sui media mainstream italiani ed europei, i quali denominano il conflitto esclusivamente "Russia-Ucraina", come se la NATO fosse un semplice spettatore. Molto più realisticamente, BlackRock riconosce il ruolo primario della NATO negli ultimi 8 anni nell'innescare e favorire l'escalation che ha condotto al conflitto e individua il rischio di un'ulteriore escalation intenzionale o accidentale proprio tra NATO e Russia.

[103] "The Global Risks Report 2023 – 18th Edition – Insight Report", World Economic Forum (https://www3.weforum.org/docs/WEF_Global_Risks_Report_2023.pdf)

[104] "Global Cybersecurity Outlook 2023 – Insight Report", World Economic Forum (https://www3.weforum.org/docs/WEF_Global_Security_Outlook_Report_2023.pdf)

previsti con utile anticipo, ma molti altri sono imprevedibili e possono generare effetti in maniera improvvisa e devastante. La cybersecurity intelligence aumenta notevolmente le chance di individuare il rischio di eventi geopolitici prima che possano colpire il business aziendale, oppure può informare tempestivamente del loro accadimento. Questa capacità consente di definire e attuare misure preventive e di reagire rapidamente per mitigarne gli effetti. Inoltre, l'intelligence applicata ad aspetti geopolitici può fornire visibilità su aspetti localizzati, andamenti a lungo termine e analisi approfondite che consentono agli organi decisionali dell'azienda di fare scelte informate sull'espansione di operatività e interessi strategici verso specifiche aree geografiche.

Una differente ottica

L'ottica è ciò che differenzia l'intelligence geopolitica dalle altre forme di intelligence: più che su incidenti, vulnerabilità, minacce e rischi derivanti da threat actor o abusi del marchio, essa è focalizzata su luoghi geografici nei quali l'azienda possiede sedi, stabilimenti e interessi strategici. Essa produce intelligence in merito a fatti, analisi e andamenti riguardanti eventi geolocalizzati, che possono avere un impatto sugli edifici, sulle operazioni, sulla produzione e sul personale ubicati in specifiche zone geografiche. Gli interessi dell'azienda includono ovviamente le terze parti, perché qualsiasi evento geopolitico che abbia effetto su partner, fornitori o elementi della supply chain, oppure su infrastrutture critiche come trasporti o fonti energetiche, può tradursi in impatti sulla continuità del business, anche se avvengono in zone geografiche nelle quali l'azienda non ha sedi né personale.

Sono diverse le funzioni aziendali che possono trarre beneficio dal valore aggiunto fornito dall'intelligence geopolitica, soprattutto in grandi realtà geograficamente distribuite e in aziende con ambizioni di espansione geografica. Business continuity, risk management, controllo delle terze parti, security operations, incident response, supply chain management, relazioni esterne, procurement e sicurezza fisica sono sicuramente fra queste, poiché hanno responsabilità in merito alla prevenzione di danni ad asset aziendali e personale, alla risposta tempestiva per mitigare gli effetti di eventi avversi, alla comunicazione di aspetti chiave a dipendenti, clienti, fornitori, partner e organi governativi, oppure all'individuazione dei rischi geolocalizzati per indirizzare al meglio gli investimenti e definire strategie di espansione.

L'intelligence geopolitica deve partire proprio dalla rilevazione e dall'analisi delle esigenze informative delle funzioni aziendali, per definire le priorità di raccolta e produzione di intelligence che risulti comprensibile e utile per gli scopi di ciascuna di esse. Particolare attenzione deve essere rivolta a tutti gli eventi geopolitici complessi, tipicamente a carattere economico, politico, ideologico e militare. Gli ultimi anni sono stati contraddistinti da attacchi cyber a infrastrutture di telecomunicazione, fisiche, energetiche e finanziarie, spesso con l'obiettivo di causare danni ad agenzie governative, organizzazioni senza fini di lucro e organi di informazione alternativa, oppure di lanciare campagne di disinformazione contro governi e aziende, o per influenzare elezioni politiche. Molti di questi attacchi sono stati perpetrati da gruppi apparsi misteriosamente nel panorama globale, alcuni dei quali palesemente collegati a governi, organi e agenzie governative o servizi militari. Anche qualora non abbiano particolari collegamenti con le dispute in corso, agenzie governative, attività commerciali e organizzazioni senza scopo di lucro possono ritrovarsi inaspettatamente coinvolte, talvolta a causa di errate interpretazioni e di forme di rappresaglia infondate. Anche queste minacce devono rientrare nel monitoraggio e nelle analisi di intelligence, con l'obiettivo di prevedere il più possibile in anticipo anche ciò che può apparire imprevedibile.

Geofencing delle fonti

Per anticipare e gestire gli eventi geolocalizzati, che possono ledere a vario titolo gli interessi dell'azienda, bisogna partire dalla selezione delle zone geografiche e delle tipologie di eventi che hanno un'effettiva rilevanza per il contesto aziendale. Successivamente, l'intelligence geopolitica attuerà un monitoraggio filtrando le informazioni in base all'ubicazione geografica, definendo dei perimetri virtuali associati a specifiche aree geografiche reali. Questo processo, definito *"geofencing"*, è basato sull'individuazione di tutte le aree geografiche rilevanti per il business aziendale, a partire dalla lista di tutte le ubicazioni fisiche di stabilimenti, sedi, filiali e uffici di rappresentanza (tipicamente manutenute sia dalla sicurezza fisica che nell'ambito dei processi di business continuity), per poi passare all'analisi di tutte le terze parti, supply chain, fornitori critici, reti di trasporto, servizi di logistica, telecomunicazioni, ubicazioni degli utenti, enti regolatori, autorità di vigilanza e qualsiasi altra entità possa interessare la continuità del business. L'accurata documentazione di tutte queste aree suscettibili ad eventi geopolitici è fondamentale per allestire il monitoraggio di intelligence.

Le fonti di dati e informazioni utilizzate per produrre intelligence geopolitica sono analoghe a quelle delle altre forme di cybersecurity intelligence:

media mainstream, organi di informazione locale, post e commenti sui vari social media, articoli sui blog, forum specifici e marketplace su Web, Deep Web e Dark Web. Generalmente le fonti tecniche come i threat feed non risultano determinanti, poiché molte minacce cyber hanno carattere globale e non sempre sono georeferenziate. In ogni caso, l'individuazione dei siti geografici rilevanti e dei contenuti attinenti a una specifica area geografica e a una precisa tipologia di minaccia richiede uno sforzo elevatissimo, abilità linguistiche, cognizione di aspetti culturali, senso critico e competenze molto radicate nell'analizzare aspetti geopolitici senza risentire dell'inevitabile influsso di forme di propaganda e ideologie. Un valido aiuto viene indubbiamente dall'automazione di questi processi, attraverso l'adozione di piattaforme di intelligence, magari dotate di funzionalità di analisi di tipo NLP[105], così come dal ricorso a servizi esterni specializzati che siano in grado di garantire prodotti di intelligence geopolitica ritagliati sulle specifiche esigenze della nostra azienda, integrati con tendenze rilevanti e corredati di informazioni storiche e politiche pertinenti e contestualizzate.

La rappresentazione di contenuti di intelligence geopolitica può avvenire sotto forma di dashboard e di mappe geografiche con indicazioni grafiche del livello di rischio a livello di paesi, regioni e città, mediante segnalazioni e allarmi innescati da specifici eventi o da cambiamenti dei livelli di rischio, in report che approfondiscono eventi e problemi relativi a specifici luoghi, oppure a documenti di analisi che riassumono aspetti chiave. Una buona prassi è correlare le informazioni di intelligence geopolitica con gli eventi prodotti da piattaforme di sicurezza (SIEM, EDR, NDR, ecc.) o da sistemi di gestione di ticket, usando contrassegni geografici per abilitare la capacità di veicolare informazioni e allarmi a figure chiave geograficamente ubicate in altre sedi distribuite nel mondo.

---

[105] Sebbene gran parte delle comunicazioni tra threat actor avvengano in lingua inglese o russa, documenti e dichiarazioni di agenzie e organi governativi, le notizie di cronaca, i post e i commenti su blog e social media sono ovviamente scritti in una grande varietà di lingue locali. I sistemi di elaborazione del linguaggio naturale, o *natural language processing* (NLP), sono basati su algoritmi in grado di analizzare, rappresentare e comprendere il linguaggio naturale attraverso il riconoscimento della lingua, la scomposizione delle frasi in unità elementari, l'analisi semantica e la rilevazione del sentiment. Grazie a queste funzionalità, gli strumenti NLP consentono analisi di intelligence molto estese identificando testi contenenti specifiche parole chiave in qualsiasi linguaggio.

Top management e personale

Il ruolo del CISO è profondamente cambiato negli ultimi anni, passando dalla mera responsabilità su aspetti di sicurezza informatica, spesso annegata all'interno della gerarchia IT, a una sempre maggiore interazione con amministratori delegati, consigli di amministrazione e altri top manager dell'azienda, per discutere di strategie di sicurezza, gestione del rischio e salvaguardia della continuità del business. Nessuna azienda moderna può operare senza un'infrastruttura tecnologica sicura, pertanto l'importanza del CISO è oggi assimilabile a quella di CFO e COO. Tuttavia, questo maggiore potere comporta indubbiamente una maggiore responsabilità.

Si legge e si sente sempre più di frequente sui media di infezioni tramite ransomware che costringono le aziende a chiudere per settimane mettendo i dipendenti in cassa integrazione, di attacchi verso enti pubblici che paralizzano i servizi sociosanitari, di violazioni e data breach veicolati attraverso terze parti e supply chain, e di attacchi a organismi governativi da parte di gruppi di hacker nell'ambito dei conflitti in corso in Ucraina e in Medio Oriente. I settori più colpiti sono quelli della moda, della grande distribuzione organizzata (GDO), della sanità, dei servizi informatici e delle banche.

Lo scenario globale sta indubbiamente causando molte notti insonni ai top manager delle aziende nel mondo, che si rivolgono preoccupati ai loro responsabili della sicurezza per ottenere risposte e rassicurazioni.

Preoccupazioni executive

Secondo un recente report[106] di AlixPartners, rilanciato da Bloomberg[107], il 70% dei CEO è preoccupato di perdere il lavoro a causa dell'interruzione del business, come conseguenza dell'arresto della supply chain, la carenza di dipendenti qualificati o la violazione di strumenti tecnologici e digitali, che peraltro sono reputati critici per la sopravvivenza della loro azienda. Preoccupazione confermata anche da un sondaggio[108] di Stonehill, secondo il quale, fra le principali sfide che i CEO sono chiamati ad affrontare, troviamo il reperimento e la ritenzione dei talenti, minimizzare le minacce di cybersecurity, gestire problemi di supply chain e generare fiducia nei clienti.

Ma ciò che emerge da un recente report[109] di KPMG, ed è confermato da un altrettanto recente report[110] di Deloitte e Fortune, è che fra le più grandi preoccupazioni dei CEO vi è l'incertezza, come conseguenza di due anni di pandemia globale, della crescita di problemi di salute mentale, delle attuali pressioni inflazionistiche, delle tensioni internazionali e dei conflitti geopolitiche. Ed è proprio nell'incertezza che la cybersecurity intelligence trova la propria realizzazione, supportando efficacemente l'individuazione dei rischi tecnologici e di business (comprese le minacce emergenti e gli eventi apparentemente imprevedibili), la definizione delle migliori strategie e delle misure tecnologiche per mitigare i rischi, e rendendo comprensibile la natura dei rischi al top management, per giustificare gli investimenti in cybersecurity e abilitare decisioni informate e contestualizzate sul valore generato per il business aziendale. Come illustrato nei capitoli precedenti, l'apporto dell'intelligence è determinante per la profilazione delle minacce, l'attribuzione degli attacchi, l'ottimizzazione dei processi di gestione del rischio, investimento, governo della sicurezza delle terze parti e protezione del brand aziendale, o per la realizzazione di analisi geopolitiche strategiche, e può fornire un indiscutibile beneficio al top management in termini di consapevolezza e capacità decisionale.

---

[106] "AlixPartners Disruption Index – A bias for action sets growth leaders apart", AlixPartners, 2023 (https://docs.alixpartners.com/view/397725974/7/)

[107] "Transcript: Why Being a CEO Is Tougher Than Ever" di Sommer Saadi, Bloomberg, giugno 2023 (https://www.bloomberg.com/news/articles/2023-06-23/alixpartners-ceo-simon-freakley-says-tough-times-for-ceos)

[108] "Top 5 Challenges for CEOs to Address in 2022", Stonehill Survey, 2022 (https://www.stonehillinnovation.com/blog/top-5-challenges-facing-ceos-in-2022)

[109] "KPMG 2022 CEO Outlook – Growth strategies in turbulent times", KPMG, 2022 (https://home.kpmg/xx/en/home/insights/2022/08/kpmg-2022-ceo-outlook.html)

[110] "Summer 2022 Fortune/Deloitte CEO Survey", Deloitte e Fortune, 2022 (https://www2.deloitte.com/us/en/pages/chief-executive-officer/articles/ceo-survey.html)

Le sfide dei CISO

Una delle principali responsabilità del CISO moderno è la gestione del rischio cyber, il cui obiettivo principale è la migliore allocazione di risorse e investimenti per minimizzare la probabilità di subire impatti sul business. Come ho già dimostrato nel capitolo sul risk management, la cybersecurity intelligence supporta efficacemente l'individuazione delle minacce, anche le meno prevedibili, che si applicano al contesto aziendale, e consente di calcolare in maniera molto più accurata le probabilità degli attacchi, le stime dei possibili impatti finanziari e, quindi, la quantificazione monetaria dei rischi. Questo produce enormi benefici in termini di comprensibilità e gestione informata dei rischi, e può migliorare notevolmente il rapporto, storicamente difficile, tra top management e cybersecurity.

La cybersecurity intelligence fornisce utilissime informazioni di contesto sull'andamento delle tipologie di attacco più frequenti e in crescita, quelle che generano maggiori impatti e costi alle vittime, le tecniche, tattiche e procedure dei nuovi threat actor che si affacciano nel panorama globale e nel contesto di settore, quali aziende e quali asset prendono di mira, e quali misure di sicurezza si sono dimostrate più o meno efficaci per impedire o mitigare gli attacchi. Essa supporta l'analisi dei fattori legati al settore in cui opera l'azienda, alle tecnologie in essa adottate, alle aree geografiche in cui essa è presente o detiene interessi strategici, e al successo di specifiche tecniche di attacco verso la nostra azienda o altre organizzazioni similari. Se sfruttata al massimo, può addirittura individuare con ragionevole certezza quali attaccanti potrebbero prendere di mira l'azienda e con quali modalità. Questo presidio, se attuato in maniera continuativa, consente di predisporre report e dashboard appositamente indirizzati al top management per abilitare decisioni consapevoli e informate sulla migliore destinazione degli investimenti in ottica di rischio reale, anche in situazioni di emergenza.

Una delle più grandi sfide per i CISO è la comunicazione efficace verso il top management, con modalità e terminologie che risultino facilmente comprensibili a figure non tecniche, ad esempio rappresentando minacce e rischi sotto forma di costi, ritorno degli investimenti di sicurezza (ROSI[111]), possibili impatti sui clienti ed eventuali vantaggi competitivi. Tempestare i manager con notizie terroristiche su attacchi e minacce non è affatto una buona idea, poiché l'incapacità di decifrarne appieno i contenuti e come questi si possano ripercuotere sull'azienda genera confusione, smarrimento

---

[111] "ROSI – Return on Security Investments: un approccio pratico – Come ottenere commitment sulla security", ROSI, AIEA, Clusit, Deloitte, Ernst & Young, KPMG, Oracle e PwC, 2011 (https://rosi.clusit.it/_files/download/documento_rosi_v2.pdf)

e forme d'ansia non sempre giustificate. Molto meglio adottare processi e strumenti di comunicazione basati su contenuti di cybersecurity intelligence comprensivi, rilevanti e contestualizzati, somministrati al top management in maniera adeguatamente sintetica e, soprattutto, tempestiva. L'intelligence strategica, in particolare, è allestita e formulata appositamente per supportare efficacemente il top management in tutte le occasioni rilevanti nelle quali si decidono le strategie aziendali, cioè consigli di amministrazione, comitati direzionali strategici e comitati di trasformazione digitale. Qualsiasi iniziativa rilevante di cambiamento, trasformazione o innovazione del business aziendale dovrebbe prendere in seria considerazione gli elementi di minaccia e opportunità forniti dalla cybersecurity intelligence.

Un'altra responsabilità dei CISO è quella di assicurare che la funzione di cybersecurity sia dotata delle professionalità idonee a portare avanti efficacemente la propria missione di salvaguardia del business. Questa carenza di competenze è ormai largamente comprovata. Un recentissimo report[112] di Fortinet, ripreso da Forbes[113], evidenzia come il 64% delle oltre 1.200 aziende intervistate abbia sperimentato violazioni di sicurezza con perdita di ricavi o maggiori costi nell'ultimo anno, e l'80% delle violazioni è stato attribuito a carenza di competenze e consapevolezza del personale di cybersecurity. Inoltre, il 60% dei CISO ha difficoltà ad assumere talenti con competenze di cybersecurity, il 52% fatica a trattenere personale qualificato e il 67% ritiene che questi fattori rappresentino rischi aggiuntivi per le loro aziende, soprattutto se si considera la pressione esercitata da carichi di lavoro ingestibili sul personale, specialmente in situazioni di emergenza.

La cybersecurity intelligence è in grado di mitigare parzialmente questi rischi attraverso la riduzione dei volumi di allarmi da gestire, la tempestiva raccolta e la correlazione di informazioni di contesto da molteplici fonti, e la prioritizzazione di allarmi, minacce e rischi. Come illustrato nei precedcnti capitoli, la disseminazione di cybersecurity intelligence alle funzioni chiave della cybersecurity, come Security Operations, Incident Response Team, Threat Hunter e Vulnerability Management, abilita decisioni rapide, consapevoli e appropriate. Inoltre, la contestualizzazione e l'arricchimento di informazioni agevola le figure più junior nell'accrescere rapidamente le proprie competenze e consente loro di rendere di più e meglio nei loro compiti, riducendo di fatto lo *skills gap*.

---

[112] "2022 Cybersecurity Skills Gap – Global Research Report", Fortinet, aprile 2022 (https://www.fortinet.com/content/dam/fortinet/assets/reports/report-2022-skills-gap-survey.pdf)

[113] "City Security Management & Cybersecurity Skills Gap", Forbes, agosto 2022 (https://www.forbes.com/sites/forbesbooksauthors/2022/08/24/city-security-management-cybersecurity-skills-gap/?sh=34c7cc6698ae)

Proattività e resilienza

La cybersecurity intelligence abilita, nei modi che ho illustrato in precedenza, una maggiore conoscenza della propria azienda, delle sue funzioni critiche, dei servizi chiave e del contesto operativo in cui essa opera. Essa favorisce anche una conoscenza approfondita dei threat actor, delle minacce e dei rischi che insistono sul business aziendale, oltre alle motivazioni e alle tecniche, tattiche e procedure (TTP) degli avversari. Tutto ciò concorre a un radicale incremento del livello di maturità della cybersecurity dell'azienda, rafforzando gli aspetti legati a identificazione e prevenzione delle minacce e dei rischi, secondo un approccio di proattività, rispetto alla reattività tipica di rilevazione, risposta e rimedio (adottando la classificazione NIST).

"An ounce of prevention is worth a pound of cure"
(un'oncia di prevenzione vale quanto una libbra di rimedio)

Questa massima, storicamente attribuita a Benjamin Franklin, spiega in maniera semplice quanto sia importante investire soprattutto sulla prevenzione, invece di limitarsi a gestire i problemi nel momento in cui si palesano. La cybersecurity intelligence è una disciplina fortemente indirizzata alla proattività e alla prevenzione ed è spesso determinante per lo sviluppo di una maggiore capacità di anticipare gli avversari e di una capacità di reazione più rapida ed efficace verso tentativi di attacco e incidenti di sicurezza.

L'apporto determinante della cybersecurity intelligence si traduce anche nella capacità di definire e rappresentare scenari molto realistici in termini di minacce e rischi, cioè fortemente calati sul reale contesto in cui opera l'azienda, anche attraverso i processi di attribuzione degli attacchi, di Cyber Threat Profile e di profilazione degli attaccanti che rappresentano una minaccia plausibile. Questo dovrebbe indurre ad abbandonare approcci puramente indirizzati alla compliance, a favore di una maggiore resilienza agli eventi avversi. Ad esempio, supportando la definizione di azioni preventive e di programmi di resilienza basati proprio su scenari concreti di minaccia e attacco, con una rappresentazione chiara e comprensibile al top management dei razionali adottati e dei potenziali impatti sul business. Questi scenari agevolano il compito degli organi decisionali dell'azienda nel comprendere il rischio cyber che incombe sul business aziendale e come esso richieda un approccio strategico e non solo tecnologico. Essi possono così comprendere meglio le implicazioni legali e regolamentari derivanti dal rischio cyber e l'esposizione finanziaria (in forma quantitativa) per l'azienda. Inoltre, possono essere messi nelle condizioni di individuare, in maniera informata e consapevole, quali rischi accettare e quali mitigare, evitare o trasferire (nel caso delle assicurazioni cyber, sarebbe meglio dire "finanziare").

Un recentissimo report[114] di Proofpoint evidenzia come top management e membri del consiglio di amministrazione siano sostanzialmente consapevoli dei rischi derivanti dalle minacce cyber e del loro potenziale impatto sistemico attraverso personale, supply chain e terze parti. Tuttavia, evidenzia anche come essi non comprendano appieno le possibili conseguenze e si focalizzino soprattutto sul ripristino dell'operatività, spesso sottovalutando conseguenze come la sottrazione e la pubblicazione di informazioni riservate, oppure gli impatti sulla reputazione aziendale e l'immagine del brand.

Le esercitazioni di tipo *tabletop*, attraverso l'uso di simulazioni di attacco che mettono alla prova i processi di risposta a minacce, attacchi e incidenti, nonché i processi decisionali dei diversi livelli gerarchici, costituiscono una modalità molto efficace per il top management di fare pratica con le corrette decisioni da prendere e le misure più efficaci da adottare in una situazione di minaccia imminente, emergenza o crisi. Durante queste esercitazioni, i dirigenti esecutivi vengono messi di fronte a uno o più scenari concreti di minaccia o attacco, sviluppati proprio attraverso il fondamentale apporto della cybersecurity intelligence, che fornisce le necessarie informazioni su threat actor, motivazioni, obiettivi, tecniche, tattiche, procedure, evidenze e impatti sul business. Inoltre, gli executive dovrebbero allenarsi a sollecitare la funzione di cybersecurity in merito all'attribuzione degli eventi cyber più rilevanti, con l'obiettivo di determinare lo scenario di rischio complessivo per l'azienda e una maggiore conoscenza dei principali avversari, al fine di mettersi nelle condizioni di prendere decisioni informate e consapevoli sulla destinazione di risorse e investimenti alla salvaguardia del business.

Gli obiettivi delle esercitazioni possono essere molteplici e variano dall'individuazione di carenze nei controlli e debolezze dei piani di risposta, alla preparazione del management all'assunzione di responsabilità e decisioni in maniera rapida, efficace, consapevole e affidabile, in situazioni di reale minaccia, rischio imminente o emergenza. Anche tutti i processi di continuità del business (o *business continuity*) possono trarre vantaggio dalle informazioni di cybersecurity intelligence, ad esempio per la revisione e l'aggiornamento della Business Impact Analysis (BIA) ogni volta che lo scenario di minaccia e rischio cambia in maniera sostanziale, oppure per rendere maggiormente realistici e aderenti al contesto aziendale gli scenari illustrati nel Cyber Resilience Planning. Ulteriori vantaggi possono essere conseguiti coinvolgendo le terze parti più critiche nei processi di business continuity e cyber resilience planning, o in determinate esercitazioni tabletop sulla sicurezza delle terze parti.

---

[114] "Cybersecurity: The 2022 Board Perspective – Board director views on the global threat landscape, cybersecurity priorities and CISO relations", Proofpoint, ottobre 2022 (https://www.proofpoint.com/us/resources/white-papers/board-perspective-report)

Consapevolezza

Il coinvolgimento regolare degli organi esecutivi e del top management in queste esercitazioni consente loro di comprendere in maniera sempre più chiara e approfondita le ripercussioni tecniche e operative degli eventi cyber sulla continuità del business aziendale, prendere confidenza con il loro ruolo di leader in situazioni di emergenza e crisi, allenarsi a riconoscere determinate fasi cruciali della gestione di eventi avversi e assumere decisioni tempestive, efficaci e basate sul rischio effettivo. La consapevolezza e la dimestichezza, maturate attraverso le esercitazioni, aiutano i CEO e i ruoli esecutivi a contestualizzare le minacce e riducono sensibilmente la loro preoccupazione sulla capacità dell'azienda di resistere ai tanti eventi avversi che si leggono quotidianamente sui media. Questo contribuisce a ridurre enormemente la pressione sui CISO, ad aumentare sensibilmente la comprensione del valore aggiunto fornito dalla cybersecurity, e a integrare minacce e rischi cyber nei processi decisionali e strategici. Inoltre, queste esercitazioni aumentano anche la consapevolezza del management sull'importanza di avere un programma di cybersecurity awareness indirizzato al personale.

Il *fattore umano* rappresenta ancora oggi l'anello debole della cybersecurity aziendale e viene largamente sfruttato dai threat actor mediante tecniche di ingegneria sociale, come phishing, vishing, smishing e QRishing[115]. Se i ruoli esecutivi hanno il compito di definire le strategie aziendali e gestire il rischio per il business, i dipendenti sono uno dei principali baluardi a difesa dell'azienda da minacce e attacchi, se non addirittura l'ultimo bastione di difesa quando i threat actor riescono ad aggirare i controlli degli strumenti di sicurezza o quando la tecnologia non ha alcun ruolo difensivo. Per questo è importantissimo dotare l'azienda di un programma di cybersecurity awareness che raggiunga in maniera pervasiva ed efficace tutti i dipendenti dell'azienda, nessuno escluso. La cybersecurity intelligence è in grado di supportare la definizione dei migliori contenuti delle campagne aziendali di consapevolezza, grazie alla conoscenza derivante dall'analisi e dalla profilazione dei threat actor, delle loro tecniche, tattiche e procedure (TTP), degli indicatori di attacco (IOA), dagli andamenti degli attacchi nel settore e dagli scenari di minaccia e rischio cui l'azienda è soggetta.

La rappresentazione dei contenuti deve essere il più possibile aderente alla visione del dipendente comune, non dell'analista di intelligence,

---

[115] I metodi di inganno indirizzati agli utenti di un'azienda sono in continua evoluzione e sfruttano diversi canali, come la posta elettronica, con messaggi contraffatti e fraudolenti (*phishing*), oppure la telefonia, con messaggi SMS ingannevoli (*smishing*), contatti diretti da parte di falsi operatori (*vishing*) e scansioni di QR Code malevoli (*QRishing*).

dell'esperto di cybersecurity, del sistemista o del manager. Il destinatario delle campagne di awareness, infatti, è spesso un soggetto con preparazione ed esperienza elevate nel suo campo d'azione, ma completamente estraneo ad aspetti tecnici o di sicurezza. Un errore molto comune nella definizione dei contenuti è quello di riempirli di nozioni tecniche e di focalizzarsi sulle azioni da evitare assolutamente, generando così confusione, smarrimento, timori e ansie nel personale. Perché sia realmente efficace, una campagna di awareness deve essere strutturata secondo il punto di vista del dipendente medio, con l'obiettivo di fornire gli elementi situazionali ed esperienziali per intercettare un tentativo di raggiro, frode o violazione da specifici aspetti che egli è in grado di riconoscere con facilità, perché sono spiegati chiaramente e, magari, perché è stato addestrato e allenato a riconoscerli con immediatezza. Bersagliare gli utenti con disclaimer, avvisi, popup e corsi di formazione web rappresenta un modo arcaico di fare awareness, che produce solo fastidio, repulsione e terrorismo, e si è dimostrato largamente inefficace. Questi metodi devono lasciare il posto a soluzioni accattivanti, coinvolgenti e pervasive, che siano in grado di generare una consapevolezza reale, efficace e persistente nella mente dei destinatari.

La disseminazione di informazioni di cybersecurity intelligence e l'erogazione di campagne di cybersecurity awareness verso le diverse funzioni aziendali richiede con un approccio da *storytelling*[116] e una rappresentazione focalizzata su scenari di attacco espressi in situazioni riconoscibili, effetti percepibili ed esperienze ripetibili. Perché sia efficace, la rappresentazione deve essere contraddistinta da specifici elementi, come:

- la **penetrazione** nelle storie di vita e nelle esperienze dei destinatari, determinando un cambiamento effettivo delle loro abitudini e dei loro comportamenti;
- la **molteplicità** dei canali comunicativi, poiché ogni canale ha la sua audience e, per ciascun destinatario, uno specifico canale può essere molto più efficace di altri;
- la **costruzione di un mondo**, uno spazio che entra in relazione con la vita lavorativa quotidiana ed è agevolmente riconoscibile per il soggetto destinatario, che vi si trova a suo agio;
- la **serialità**, attraverso più racconti che si aprono e si chiudono, ma sono contraddistinti da un unico filo comune che contraddistingue i messaggi e ne caratterizza il senso complessivo;

---

[116] Per *storytelling* si intende l'arte di raccontare storie, situazioni ed eventi impiegata come strategia di comunicazione efficace e persuasiva, in ambito politico, economico e aziendale. Essa deve essere in grado di fare breccia nell'emotività dei destinatari e scolpire a fondo i messaggi nella loro mente e nella loro memoria.

- la **performance**, generata dalla narrazione sotto forma di attivazione in termini culturali, che origina azioni, comportamenti, reazioni, nuove prospettive, approfondimenti e comprensione;
- la **soggettività**, molto importante, garantita dall'adozione del punto di vista del destinatario che deve potersi identificare facilmente con il personaggio o l'autore del racconto, per vivere le situazioni chiave di un'esperienza già durante lo storytelling ed essere quindi in grado di riconoscerle immediatamente nella sua vita lavorativa reale.

Allo storytelling devono seguire esercitazioni basate su scenari realistici di attacco o minaccia, che forniscano al personale un'esperienza più vicina possibile alle situazioni in cui potrebbe trovarsi nel corso della sua attività lavorativa. Queste occasioni consentono di mettere a frutto i concetti trasmessi e i comportamenti indotti nel personale mediante lo storytelling, di misurarne l'efficacia e di apprezzarne la pervasività. Il coinvolgimento del personale in esercitazioni ben strutturate di prevenzione e risposta agli eventi cyber, ne accresce la preparazione e la consapevolezza, aumentando quindi la capacità di proattività e resilienza dell'intera azienda, con ulteriore beneficio per la serenità degli organi esecutivi e dei CISO.

La mia esperienza diretta in materia di cybersecurity awareness conferma l'efficacia di proporre argomenti pratici, riconoscibili e condivisibili da tutti i dipendenti, che stimolino il senso critico e inducano ragionamenti semplici e naturali, con l'obiettivo di generare nuovi comportamenti senza alcuna necessità di imposizioni o minacce. Nel 2017, quando ero responsabile dell'IT e della cybersecurity di un gruppo bancario italiano, ho ideato e promosso la campagna di awareness dal titolo "*Connessi e Consapevoli*[117]", grazie alla competenza e al supporto del mio team di cybersecurity e al lungimirante sostegno del management. La campagna ha ricevuto il prestigioso premio "*Cultura, innovazione tecnologica e sicurezza informatica*" del Clusit[118] come migliore iniziativa a livello nazionale, grazie agli eccellenti risultati in termini di efficacia, pervasività e persistenza. Essa è stata erogata in un orizzonte temporale di soli 6 mesi a oltre 5mila dipendenti attraverso differenti modalità, fra le quali la presentazione dei contenuti su desktop e schermata di blocco di tutti i computer aziendali (oltre 7mila), l'affissione di poster in

---

[117] "Ricevuto premio Clusit «Cultura, innovazione tecnologica e sicurezza informatica», Ettore Guarnaccia, marzo 2017 (https://www.ettoreguarnaccia.com/archives/4324)

[118] Il Clusit, Associazione Italiana per la Sicurezza Informatica, è un'associazione senza scopo di lucro costituita nel 2000 con l'obiettivo di promuovere e diffondere nel nostro Paese la cultura e la consapevolezza della sicurezza informatica in tutti i suoi aspetti, fornendo supporto alle imprese e promuovendo l'evoluzione di tecniche e norme di sicurezza. (https://clusit.it/)

formato A2 e la visualizzazione di messaggi e brevi filmati su appositi totem multimediali ubicati in zone strategiche delle sedi aziendali, come accessi, corridoi, uscite degli ascensori, sale riunioni, sale d'aspetto, aree ricreative e sale stampanti. Il primo totem multimediale e i primi poster furono installati di fronte all'uscita dell'ascensore e davanti all'ingresso degli uffici del Presidente e del Direttore Generale.

La consegna del premio Clusit da parte del leader del Movimento "Not Man Made"

L'adozione di modalità diverse e complementari fra loro rese la campagna fruibile da tutte le tipologie di soggetti destinatari, grazie alla pervasività garantita dalla persistenza dei contenuti in diversi aspetti e momenti della vita lavorativa: accesso ai locali, spostamenti, riunioni lavorative, produzione di stampe, attese di ricevimento, momenti di svago e utilizzo del computer aziendale. I contenuti venivano anche ripresi e approfonditi periodicamente in appositi workshop, in finestre educative all'interno dei corsi di formazione del personale e in un'apposita sezione del portale Intranet aziendale. Il successo della campagna è comprovato dalla radicazione di concetti e comportamenti nella mente dei dipendenti, anche a distanza di anni, con enormi benefici in termini di prevenzione delle minacce e di individuazione precoce dei tentativi di frode e attacco indirizzati al personale.

Come introdurla e organizzarla in azienda

Avviamento

La tua azienda non ha ancora una funzione di cybersecurity intelligence? Questo capitolo è proprio il punto giusto dal quale partire per introdurre la funzione e organizzarla affinché risponda al meglio alle esigenze e agli obiettivi di intelligence della tua azienda. Vedremo anche come strutturare il programma di cybersecurity intelligence per renderlo efficace e produrre reale valore aggiunto per i processi critici aziendali.

Il primo passo da intraprendere è la definizione di priorità, esigenze e obiettivi dell'azienda in materia di cybersecurity intelligence, attraverso l'individuazione delle funzioni aziendali che potrebbero trarre utilità e vantaggi, per poi analizzare le effettive necessità di ciascuna di queste funzioni. Come abbiamo visto nei capitoli precedenti, sono diverse le funzioni aziendali che possono beneficiare dei contenuti di intelligence nei processi decisionali e nello svolgimento delle loro funzioni, probabilmente non solo quelle citate in questo testo. Di certo, una cybersecurity intelligence comprensiva, rilevante e fruibile può realmente rivoluzionare l'operatività quotidiana di molti ruoli aziendali, avvicinandoli a una maggiore comprensione della cybersecurity e del rischio cyber, e contribuendo allo sviluppo di un livello generale di consapevolezza notevolmente superiore. Uno degli aspetti cruciali è determinare quali prodotti di intelligence possano risultare utili a ciascuna funzione e come trarne beneficio in termini di tempi di risposta, risparmio di costi, efficienza operativa, processi decisionali, contestualizzazione, mitigazione dei rischi, ecc. I risultati di questa operazione non sono sempre così scontati come si può pensare, molte funzioni hanno esigenze e priorità che sono per lo più sconosciute alle altre funzioni e ai ruoli manageriali ed esecutivi. La documentazione di questi aspetti è fondamentale per determinare i consumatori di intelligence in azienda, definire le priorità e giustificare gli investimenti, ma contribuisce anche a una maggiore comprensione del valore aggiunto che ciascuna funzione, messa nelle giuste condizioni, è in grado di garantire nell'esecuzione dei propri compiti.

La raccolta di queste informazioni consente una maggiore comprensione di quali siano i principali rischi, quali siano le esigenze di cybersecurity intelligence per indirizzare questi rischi, quale il loro potenziale impatto per il business aziendale e quali siano le carenze da colmare in termini di persone, competenze, tecnologia e informazioni per rendere l'intelligence efficace in determinate aree. Tuttavia, per poter beneficiare il prima possibile del valore aggiunto prodotto dalla cybersecurity intelligence è opportuno considerare alcuni fattori chiave di successo.

Fattori chiave di successo

Molte aziende, che si prefiggono l'obiettivo di attuare un programma di cybersecurity intelligence, commettono l'errore di sottoscrivere un elevato numero di servizi di threat data feed, per poi importarli nelle piattaforme di correlazione di sicurezza. Questa scelta può apparire logica, visto che molte fonti sono *open source* e di libero accesso, e molti degli indicatori tecnici che esse forniscono risultano utili e facili da interpretare, soprattutto se si pensa che è meglio avere il maggior numero di fonti possibile per essere efficaci. Ma, come dimostrato in precedenza, la grande maggioranza degli elementi malevoli, come malware e URL sospetti, non sono rilevanti per il contesto in cui opera la nostra azienda, pertanto, inondare le piattaforme di analisi e monitoraggio con alti volumi di dati non filtrati né contestualizzati produrrà quasi certamente molti più allarmi (spesso infondati) che risposte, appesantendo inutilmente il compito delle funzioni di security operations.

Presidiare e monitorare fonti di informazione di sicurezza produce spesso risultati apprezzabili con investimenti relativamente modesti. Meglio affidarsi a poche tipologie di informazioni, che siano però particolarmente significative per il contesto di business e la strategia di cybersecurity della nostra azienda, nonché utili per anticipare minacce emergenti o evidenziare segnali di preavvertimento di attacchi reali. Alcuni esempi consistono in:

- verificare nuove vulnerabilità che affliggono i software e i sistemi operativi adottati sui server e sui dispositivi più critici;
- monitorare l'andamento delle minacce che rappresentano potenziali rischi per la continuità del business o l'immagine aziendale;
- intercettare tutti i casi di credenziali d'accesso aziendali, dati sensibili, documenti riservati e codice sorgente che vengono pubblicati online o messi in vendita nel Dark Web;
- oppure ricercare parole chiave legate al brand o altri aspetti chiave dell'azienda (prodotti, sedi, unità di business, figure chiave, servizi, ecc.) sul Web e nei social media.

Molto probabilmente le tipologie di informazioni di importanza vitale per il business della nostra azienda sono limitate e possono essere monitorate senza investire in nuovi strumenti o risorse aggiuntive, pur producendo vantaggi rapidi che dimostrino il valore aggiunto della cybersecurity intelligence e favoriscano riconoscimento e supporto direzionale al programma.

Un altro degli errori da evitare è quello di produrre frequentemente report di scarsa utilità o di difficile fruibilità, ad esempio pieni di dettagli molto tecnici o in forma di elenchi di minacce contrassegnate con criticità alta, media o bassa. L'apporto di questi report si limita a sviluppare la consapevolezza che esiste una funzione di cybersecurity intelligence in azienda che lavora per produrli, ma il loro beneficio per le operazioni svolte dalle funzioni destinatarie è tendente allo zero. Non serve preoccuparsi di produrre contenuti con una precisa cadenza, meglio assicurarsi che ciascun report o comunicazione contenga effettivamente intelligence fruibile e approfondimenti che abilitino le funzioni destinatarie a prendere decisioni informate e consapevoli e ad attuare azioni appropriate. Idealmente, queste comunicazioni devono contenere quantomeno l'indicazione dei probabili attaccanti, le tecniche, tattiche e procedure da essi adottate, gli obiettivi più probabili in azienda, se la minaccia è imminente e può rappresentare un rischio reale di impatto, la probabilità che i controlli di sicurezza in essere siano in grado di mitigare il rischio e in quale misura, e le azioni raccomandate da attuare per prevenire la minaccia o rispondere con tempestività ed efficacia a un attacco o un incidente. Particolarmente apprezzati sono i report che delineano il profilo di minaccia cyber rispetto al contesto operativo dell'azienda e quelli che forniscono informazioni affidabili e verificate sull'attribuzione di tentativi di attacco o incidenti di sicurezza a specifici threat actor, con chiara e comprensibile rappresentazione di modalità, natura delle motivazioni e qualsiasi altro elemento risulti significativo sia per i manager della cybersecurity che per i ruoli esecutivi del business.

La capacità di produrre informazioni di intelligence rilevanti e fruibili per le diverse funzioni della nostra azienda è determinante per il successo del programma, per questo è importante, soprattutto nelle prime fasi, essere supportati da servizi di consulenza e professionisti con esperienza diretta nel campo, che siano in grado di aiutare l'azienda a trarre il maggior vantaggio possibile dalla cybersecurity intelligence e supportino la crescita professionale del personale interno. La consulenza può risultare fondamentale fin dalle prime fasi di individuazione delle funzioni aziendali destinatarie e di determinazione delle esigenze e degli obiettivi di intelligence.

Iniziare con poco ed evolvere nel tempo

Il programma di cybersecurity intelligence non richiede un'attuazione in un colpo solo, anzi, spesso è bene partire con soluzioni minimali per poi farle evolvere secondo un percorso definito. Nel frattempo, l'osservazione dei feedback e dei risultati conseguiti consente di rivedere gli obiettivi e adeguarli alle reali esigenze di intelligence delle varie funzioni aziendali.

Un buon punto di partenza è l'attribuzione del ruolo di intelligence ad analisi o specialisti di cybersecurity ubicati in funzioni che svolgono già altri ruoli, selezionando coloro che si distinguono per capacità e attitudini. Nel prossimo capitolo vedremo in dettaglio quali sono le caratteristiche peculiari che un analista di cybersecurity intelligence dovrebbe avere. All'inizio, si possono adottare come fonti di informazione threat feed gratuiti e pubblici selezionati fra quelli più affidabili e pertinenti al contesto aziendale, oppure si può ricorrere al monitoraggio di notizie del mondo della cybersecurity, all'utilizzo di strumenti gratuiti (ad esempio, Google Alert e Talkwalker) per il monitoraggio di specifiche parole chiave riferite al brand o al business dell'azienda, e alla partecipazione a eventi e community online focalizzati su temi di cybersecurity intelligence. Nelle prime fasi, ci si può limitare a fornire intelligence a poche funzioni selezionate per poi allargare gradualmente il bacino di destinatari e ampliare la tipologia e le forme dei contenuti prodotti. Si può pensare anche a una qualche forma di integrazione con le piattaforme di sicurezza e i processi più critici.

L'automazione consente una maggiore efficienza complessiva del programma di cybersecurity intelligence fin dalle prime fasi, anche se non è semplice implementare forme di automazione senza investimenti adeguati. Tuttavia, questi investimenti possono essere compensati dalla riduzione dell'impegno richiesto alle risorse umane del team, che saranno più libere di focalizzarsi su attività a maggior valore aggiunto. Sicuramente, man mano che il programma di intelligence procede e si evolve, le opportunità di automazione crescono. Ottimi esempi di processi da automatizzare sono:

- la correlazione dei dati provenienti da fonti di threat feed;
- il calcolo di punteggi di rischio (*risk score*);
- l'identificazione di falsi positivi;
- la disseminazione dei prodotti di intelligence verso diverse funzioni aziendali come security operations, incident response team, vulnerability management, controllo delle terze parti e brand protection.

Il ricorso a soluzioni di intelligence esterne può aiutare, in particolare nelle prime fasi evolutive del programma, a patto di accertarsi che siano in grado di fornire servizi a valore aggiunto, come l'arricchimento con informazioni di contesto e indicazioni di rischio, in un formato agevolmente fruibile e integrabile nei processi e nelle piattaforme di cybersecurity.

Gradualmente, dopo aver consolidato il programma nelle sue fasi preliminari, si può estendere il beneficio della cybersecurity intelligence a team specifici come security operations center, incident response, threat hunting e vulnerability management, sottoscrivendo servizi di threat feed a pagamento (come gli ISAC) e potenziando la propria partecipazione alle constituency e alle comunità di intelligence, studiando forme di collaborazione con autorità di vigilanza, autorità di polizia e agenzie governative.

Il passo successivo consiste nell'allestimento di una funzione dedicata, con analisti di intelligence che possano usufruire di una combinazione di più fonti di intelligence, piattaforme di correlazione e servizi forniti da società specializzate in cybersecurity intelligence, e che favoriscano l'integrazione dei prodotti di intelligence nei sistemi di sicurezza, nei processi critici e nei consessi decisionali dell'azienda. Nelle fasi preliminari non è così fondamentale creare funzioni dedicate ai differenti livelli di intelligence, anzi è molto probabile che l'intelligence operativa sia inizialmente fusa con tattica e tecnica, e che l'intelligence strategica venga sviluppata e introdotta solo in un secondo momento. In ogni caso, durante tutti i passaggi evolutivi è fondamentale riesaminare e validare le esigenze e gli obiettivi di cybersecurity intelligence, integrandoli con quelli delle nuove funzioni coinvolte, modificandoli secondo i feedback ricevuti e adattandoli ai nuovi scenari che nel tempo si configurano e ai grandi cambiamenti che l'azienda attraversa.

Fra gli obiettivi è bene includere i seguenti:

- Espandere il più possibile la varietà delle fonti di dati, informazioni e intelligence, includendo fonti tecniche, aperte e del Dark Web, e ricorrendo a servizi professionali di intelligence di qualità;

- Adottare il più possibile soluzioni di automazione che sgravino gli analisti di intelligence da operazioni manuali di basso valore e consentano loro di focalizzarsi su analisi, correlazioni, comunicazioni, report e altre operazioni ad alto valore aggiunto;

- Arricchire le informazioni e limitare falsi positivi e falsi negativi, per produrre segnalazioni e allarmi il più possibile contestualizzati, utili, pertinenti e affidabili;

- Integrare le piattaforme e le fonti di intelligence con soluzioni, piattaforme e servizi di sicurezza (SIEM, EDR, SecOps Analytics);

- Espandere la propria rete coinvolgendo gradualmente partner, consulenti, società fornitrici, elementi della supply chain e clienti, selezionandoli fra quelli più rilevanti per la salvaguardia del business della propria azienda e quelli maggiormente in grado di garantire reale valore aggiunto al programma di intelligence;

- Responsabilizzare e sensibilizzare figure chiave in tutte le sedi, le filiali e gli stabilimenti ubicati in diverse zone geografiche, affinché si sentano parte della rete di intelligence dell'azienda e informino tempestivamente la funzione centrale di intelligence su notizie, eventi o curiosità che potrebbero avere una qualsiasi rilevanza per la sicurezza e la protezione del business e della reputazione aziendale;

- Sviluppare una rete di relazioni efficaci con comunità tematiche, agenzie governative, forze di polizia e circuiti di intelligence, a livello nazionale e internazionale, promuovendo il mutuo scambio di informazioni reciprocamente rilevanti e collaborando per l'identificazione, la conoscenza e la prevenzione di minacce e rischi;

- Individuare e integrare nella propria rete tutti i possibili soggetti che orbitano nel contesto aziendale e possono risultare figure chiave nel fornire informazioni di intelligence di prima mano, compresi informatori più o meno formali e whistleblower;

- Istituire processi di attacco preventivo, sfruttando tutti gli indicatori di compromissione, le evidenze di intelligence raccolte e i servizi professionali esterni per intraprendere operazioni di smantellamento (*takedown*) delle infrastrutture tecnologiche dei threat actor che stanno attaccando la nostra azienda o che potrebbero rappresentare una minaccia imminente o futura per il business aziendale;

- Istituire un processo periodico di determinazione e revisione del profilo di minaccia cyber (Cyber Threat Profile) dell'azienda da condividere con i dirigenti esecutivi della cybersecurity e del business;

- Allenarsi all'attribuzione di tentativi di attacco e incidenti cyber con l'obiettivo di determinare quali threat actor prendano di mira l'azienda, con quali modalità e quali motivazioni.

Cybersecurity intelligence non significa solo raccogliere threat feed dall'esterno, bensì anche conoscere profondamente la propria azienda, le strategie, i servizi e gli asset critici, le minacce e i rischi cui essa è soggetta, perché, come afferma il sottotitolo di questo libro, **non puoi proteggere qualcosa che non conosci da ciò che non conosci**. Per massimizzare le possibilità di identificare in anticipo eventuali minacce, predisporsi per tempo con adeguate contromisure e attuare operazioni di smantellamento preventivo delle infrastrutture dei threat actor, è necessario ampliare il ventaglio di fonti realmente utili, nonché espandere al massimo e coltivare assiduamente la propria rete di relazioni. Solo così sarà possibile ridurre sensibilmente i possibili impatti sul business aziendale.

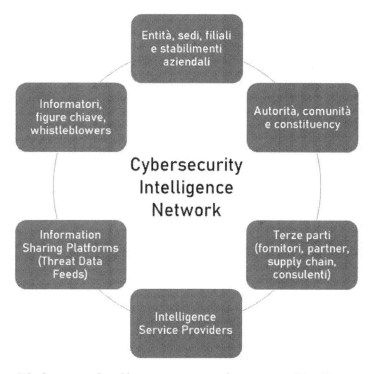

Ribadisco come dovrebbe essere strutturata la nostra rete di intelligence

Una funzione interna di cybersecurity intelligence efficiente, tempestiva e proattiva agisce anche da deterrente, poiché dimostra ai potenziali attaccanti che ogni azione, anche solo la semplice intenzione, di minaccia o di attacco verso la nostra azienda può provocare lo smantellamento proattivo di tutta la loro infrastruttura e la pubblica attribuzione dell'attacco.

Un'operazione internazionale[119] che ha coinvolto diversi stati, fra i quali Stati Uniti, Francia, Germania, Olanda, Regno Unito, Romania e Lettonia, è stata portata a termine nel corso del 2023 con la distruzione della botnet e del malware noti come "*Qakbot*", smantellando l'infrastruttura tecnologica utilizzata dai threat actor per diffondere spam, distribuire ransomware e commettere frodi e altre attività criminali. La botnet di Qakbot, composta da oltre 700mila nodi a livello mondiale, era diventata una delle più utilizzate da gruppi come Conti, ProLock, Egregor, REvil, MegaCortex e Black-Basta, e i suoi amministratori avevano ottenuto compensi pari a quasi 60 milioni di dollari grazie ai riscatti pagati dalle aziende colpite.

Operazioni di questo tipo obbligano i gruppi di threat actor a impegnare fondi per sostenere i costi imprevisti di ripristino tecnologico dell'infrastruttura, nonché settimane di lavoro per allestire una nuova rete di dimensioni analoghe a quella smantellata. Questo si traduce anche nell'interruzione delle loro operazioni malevole per un periodo più o meno lungo, consentendo a interi settori di tirare un sospiro di sollievo. Le aziende che riescono a organizzare e condurre, anche attraverso fornitori di servizi specializzati, operazioni di smantellamento delle infrastrutture dei loro principali avversari, anche in modalità proattiva, lanciano un chiaro segnale di deterrenza e possono indurre i threat actor a riconsiderare eventuali intenzioni di attacco e a prendere di mira altri obiettivi meno rischiosi.

---

[119] "Qakbot infrastructure dismantled in multinational cybercrime takedown" di Michael Hill per CSO Online, agosto 2023 (https://www.csoonline.com/article/650708/qakbot-infrastructure-dismantled-in-multinational-cybercrime-takedown.html)

Allestimento della funzione

Nei precedenti capitoli abbiamo visto quale sia il valore aggiunto della cybersecurity intelligence per l'azienda, come creare la propria rete e come strutturare al meglio il proprio programma. In questo capitolo ci concentriamo sulla costituzione della funzione di cybersecurity intelligence, la sua organizzazione, le competenze richieste, i processi, gli strumenti e le forme di collaborazione con fornitori di servizi ed entità esterne. In una fase avanzata del programma di intelligence, diverrà pressoché indispensabile dotarsi di una funzione dedicata cui assicurare risorse adeguate a fornire il maggior valore possibile all'azienda nel suo complesso, garantendole autonomia e riconoscimento. Dal punto di vista organizzativo può costituire un problema creare una funzione specifica con un manager dedicato e un budget assegnato, magari prelevando risorse da altre funzioni di cybersecurity già oberate. Per questo è consigliabile partire con poche risorse e puntare su specifici fattori chiave di successo che consentano di produrre un valore aggiunto tangibile, apprezzabile e riconosciuto a tutti i livelli, maturando così le leve per proporre, al momento giusto, la costituzione di una funzione di cybersecurity intelligence vera e propria. Anche se auspicabile, non è fondamentale che questa funzione risponda direttamente al CISO oppure a uno dei suoi riporti diretti: inizialmente essa può essere integrata in una funzione preesistente che già si occupava di intelligence a qualsiasi titolo, come l'incident response team (CSIRT) o il SOC. Questa scelta può evitare conflitti con altre funzioni di sicurezza nelle fasi iniziali di costruzione del programma, quantomeno fino a quando non si è in grado di garantire risultati di qualità tale da giustificare autonomia e finanziamenti dedicati.

Selezionare le professionalità

Se si adotta un approccio graduale verso la costituzione della funzione di cybersecurity intelligence, è consigliabile partire dalla selezione di professionalità che già operano all'interno della cybersecurity aziendale, magari fra coloro che, in qualsiasi forma, applicano già forme di intelligence alle loro specifiche aree di competenza. Inizialmente, potrebbero non sentirsi pienamente il ruolo sulle spalle, ma molto probabilmente sono le persone più idonee a costituire l'ossatura del nostro embrione organizzativo. Gli aspetti da privilegiare nella scelta sono: curiosità, problemi solving, pensiero critico, abilità comunicativa, intelligenza emotiva e propensione all'approfondimento e all'investigazione.

Le principali competenze necessarie all'analista di intelligence secondo Mandiant[120]

Abbiamo visto nei precedenti capitoli come la funzione di cybersecurity intelligence abbia il compito fondamentale di rafforzare i processi delle altre funzioni di cybersecurity, abilitando in esse la capacità di proteggere meglio l'intera azienda e contribuendo a guidarne le strategie. Di conseguenza, le persone che comporranno il team di intelligence dovranno necessariamente conoscere e comprendere il business aziendale, avere chiari gli elementi che

---

[120] "The Mandiant Cyber Threat Intelligence (CTI) Analyst Core Competencies Framework", Mandiant White Paper, 2002 (https://www.mandiant.com/sites/default/files/2022-05/cti-analyst-core-competencies-framework-v1.pdf)

caratterizzano il brand, l'immagine pubblica e la reputazione che l'azienda ha costruito nel tempo, e operare per la salvaguardia di strategie e obiettivi di mercato. Esse dovranno avere competenze altrettanto forti sui processi operativi, l'infrastruttura di rete, le architetture applicative, la supply chain, le terze parti critiche e i profili di rischio. Praticamente l'analista di intelligence dovrebbe essere una figura mitologica con la testa da *business owner* e il corpo da sistemista, che non è certo facile da scovare in azienda, sempre ammesso che esista. Per questo è determinante che la funzione di intelligence sia composta da professionalità di differente estrazione e da elementi in possesso di abilità, attitudini, formazione e competenze diverse, che siano fortemente complementari tra loro.

Competenze principali

Le principali competenze, che contribuirebbero a rendere efficiente la funzione di cybersecurity intelligence e che andrebbero scovate in azienda o, in alternativa, procurate dall'esterno, sono:

- **sensibilità di business**, intesa come la capacità di comprendere e affrontare rapidamente le situazioni che possono avere un impatto sul business, grazie sia all'approfondita conoscenza degli elementi fondamentali del business aziendale, sia a capacità di analisi critica, pensiero esecutivo e visione strategica;
- **analisi forense e threat hunting**, competenze informatiche molto avanzate, come analisi del malware, reverse engineering di codice software e analisi forense, oltre a capacità di analisi e replicazione delle tecniche di attacco, ricerca di minacce esterne e interne, conoscenza dei linguaggi di programmazione più diffusi;
- **criminologia**, competenze in materia di comportamenti criminali e dei reati derivanti (soprattutto in ambito cyber), aspetti psicologici, metodi di ingegneria sociale, meccanismi di inganno e frode, profilazione di threat actor, analisi di tecniche, tattiche e procedure di attacco, analisi di eventi sospetti, analisi di fenomeni globali;
- **data science**, competenze in materia di statistica, matematica, data mining, identificazione e gestione di fonti e strumenti di correlazione, integrazione con altri sistemi e piattaforme (*log collection*, *data lake*, ecc.), algoritmi di elaborazione, linguaggi di interazione con database relazionali, conoscenza di modelli multidimensionali, capacità di raccolta e interpretazione di dati telemetrici aziendali;

- **intelligenza artificiale**, strumenti di machine learning, soluzioni di data mining e di intelligent orchestration, tecnologie emergenti che possono supportare efficacemente e semplificare i processi;
- **relazione efficace**, creazione e mantenimento di rapporti mutualmente proficui con la comunità globale di cybersecurity intelligence, comunità tematiche attinenti, consessi più o meno riservati, autorità e agenzie governative, terze parti, servizi di cybersecurity intelligence, informatori e qualsiasi altro soggetto sia funzionale;
- **comunicazione efficace**, competenze di sensibilizzazione di diverse tipologie di soggetti (manager, dipendenti, utenti, clienti, terze parti), visione prospettica, *situational awareness*, capacità di rappresentazione e di sintesi, capacità di adattare linguaggio ed esposizione al destinatario, efficacia di comunicazione e disseminazione delle informazioni, abilità nella produzione di report chiari, efficaci e accattivanti, capacità di raccomandare azioni;
- **competenze trasversali** (o *soft skills*), in particolare l'attenzione ai dettagli e la sensibilità ai segnali deboli, capacità di *problem solving* e *decision making*, velocità di pensiero e analisi, pensiero deduttivo, pensiero laterale, spiccato senso critico, abilità nel destreggiarsi tra elevati volumi di dati e fonti di informazione controverse, forme di propaganda e *fake news*, scaltrezza e aderenza alle esigenze.

La distribuzione dei ruoli in base al tipo di intelligence secondo CrowdStrike[121]

---

[121] "What is Threat Intelligence", Kurt Baker, CrowdStrike, marzo 2023 (https://www.crowdstrike.com/cybersecurity-101/threat-intelligence/)

Molte di queste competenze non sono direttamente legate ai settori della cybersecurity e dell'informatica, né sono semplici da reperire in azienda o sul mercato. Alcune di queste possono provenire da analisti di intelligence di estrazione militare, dotati di competenze di verifica dell'affidabilità delle fonti, raccolta di informazioni, analisi e correlazione, formulazione di assunti e conclusioni, produzione di report chiari, concisi e ritagliati per le esigenze dei destinatari, oppure da ex agenti di polizia con conoscenza di metodi e tattiche dei criminali e abilità nel distinguere le opinioni dai fatti.

Certificazioni professionali

Un buon insieme di competenze può essere fornito anche da soggetti in possesso di certificazioni professionali che possano dimostrare l'attinenza con la disciplina della cybersecurity intelligence, oppure fornire competenze complementari. Alcune delle certificazioni più pertinenti sono:

- **GIAC Open Source Intelligence (GOSI**[122]**)**, relativa a metodologie e framework di open source intelligence (OSINT), metodi di raccolta dati da Web e Dark Web, analisi, correlazione e rappresentazione;
- **GIAC Cyber Threat Intelligence (GCTI**[123]**)**, relativa ai fondamenti e all'applicazione di intelligence strategica, operativa, tattica e tecnica, conduzione di campagne OSINT, applicazioni dell'intelligence, analisi delle intrusioni, attribuzione, raccolta e archiviazione di dati e informazioni, adozione di framework di intelligence, analisi di malware e disseminazione di intelligence;
- **CREST Practitioner Threat Intelligence Analyst (CPTIA**[124]**)**, inerente agli aspetti fondamenti e di base del settore della cyber threat intelligence, per coloro che vi si affacciano per la prima volta;
- **CREST Registered Threat Intelligence Analyst (CRTIA**[125]**)**, indirizzata ai soggetti che sono già parte di un team di intelligence e vogliono raggiungere uno standard di competenza adeguato;

---

[122] GIAC Open Source Intelligence (GOSI) (https://www.giac.org/certifications/open-source-intelligence-gosi/)

[123] GIAC Cyber Threat Intelligence (GCTI) (https://www.giac.org/certifications/cyber-threat-intelligence-gcti/)

[124] CREST Practitioner Threat Intelligence Analyst (https://www.crest-approved.org/certification-careers/crest-certifications/crest-practitioner-threat-intelligence-analyst/)

[125] CREST Registered Threat Intelligence Analyst (https://www.crest-approved.org/certification-careers/crest-certifications/crest-registered-threat-intelligence-analyst/)

- **CREST Certified Threat Intelligence Manager (CCTIM[126])**, che certifica competenza ed esperienza alla guida di una funzione di intelligence e nella conduzione di operazioni di produzione di intelligence in maniera realistica, legale e sicura, garantendo al destinatario la fruibilità dei risultati;
- **GIAC Reverse Engineering Malware (GREM[127])**, relativa all'analisi di documenti, file, script ed eseguibili malevoli, utilizzando tecniche di analisi forense della memoria, analisi del codice, analisi comportamentale e reverse engineering del software;
- **EC-Council Certified Threat Intelligence Analyst (CTIA[128])**, che ha uno dei programmi più completi in materia di formazione professionale sulla cyber threat intelligence e riguarda la gestione efficace di grandi volumi di informazioni, l'allestimento del programma di threat intelligence, la raccolta, l'analisi e la correlazione dei dati, la produzione e la disseminazione di report di intelligence;
- **Rocheston Cyberthreat Intelligence Analyst[129]**, focalizzata sulla gestione di sistemi di rilevazione (IDS, SIEM, ecc.) che producono dati utilizzabili dall'intelligence, l'applicazione di tecniche di intelligence all'analisi di rischi contestuali e situazionali, la produzione di informazioni sulla probabilità e l'impatto di un attacco cyber, lo sviluppo di framework per l'analisi e la prioritizzazione di potenziali minacce e vulnerabilità, lo sviluppo di misure preventive contro le TTP dei threat actor mediante threat modeling avanzato e l'individuazione di azioni correttive a fronte di un attacco;
- **Treadstone 71 Certified Cyber Intelligence Analyst[130]**, indirizzata ai professionisti di intelligence, riguarda l'uso di tecniche e strumenti OSINT, metodi di collezione delle evidenze, livelli di confidenza delle ipotesi, metodi di analisi dei dati e di allestimento di prodotti di intelligence, e utilizzo dell'intelligenza artificiale per collezionare, analizzare e correlare le informazioni di intelligence[131].

---

[126] CREST Certified Threat Intelligence Manager (https://www.crest-approved.org/certification-careers/crest-certifications/crest-certified-threat-intelligence-manager/)

[127] GIAC Reverse Engineering Malware (GREM) (https://www.giac.org/certifications/reverse-engineering-malware-grem/)

[128] EC-Council Certified Threat Intelligence Analyst (CTIA) (https://www.ec-council.org/train-certify/certified-threat-intelligence-analyst-ctia/)

[129] Rocheston Cyberthreat Intelligence Analyst (https://www.rocheston.com/certification/Cyberthreat-Intelligence-Analyst/)

[130] Treadstone 71 Certified Cyber Intelligence Analyst Training Course (https://treadstone71.com/training/cyber-intelligence-tradecraft-certification)

[131] Treadstone 71 offre anche la certificazione AI-Infused Cyber CounterIntelligence Tradecraft (https://treadstone71.com/training/cyber-counterintelligence-tradecraft-certification)

Altre certificazioni utili e complementari possono essere ricercate nei settori dell'incident response, dell'analisi forense, del penetration testing e dell'ethical hacking dei più accreditati e riconosciuti istituti internazionali.

Fornitori di servizi

Molte aziende, che si pongono l'obiettivo di dotarsi di una funzione di cybersecurity intelligence, potrebbero scegliere di sottoscrivere servizi di uno o più fornitori di intelligence, al fine di integrare servizi complementari o carenti, adottare piattaforme di intelligence, supportare la crescita del team e potenziarne le capacità complessive. La scelta non è semplice, anche se sul mercato esistono fornitori affermati che offrono servizi efficienti e ben strutturati, oltre a piattaforme di intelligence valide e consolidate. L'attenzione sul tema dell'intelligence sta crescendo notevolmente, man mano che sempre più aziende ne riconoscono l'enorme valore aggiunto e nuovi fornitori si affacciano sul mercato. Tuttavia, nel processo di selezione del fornitore di servizi di intelligence più adatto alle proprie esigenze è bene considerare particolari aspetti rilevanti, fra i quali includerei:

- **esperienza e competenza**: i fornitori si propongono come specialisti del settore, ma devono dimostrare una combinazione di esperienza e preparazione, oltre a capacità di elaborazione e analisi in grado di sopperire alle carenze delle risorse interne;
- **profondità di accesso**: ci si aspetta che un fornitore specializzato abbia un'elevata capacità di raccolta di dati e informazioni, nonché accesso a fonti che sono fuori dalla portata di molte aziende, come l'accesso a forum e marketplace nel Deep Web e nel Dark Web;
- **visione esterna**, cioè devono essere in grado di fornire una prospettiva aggiornata sul panorama delle minacce che sia complementare alla comprensione dell'azienda cliente, garantendo anche una validazione indipendente, una visuale differente sulle aree potenzialmente minacciate e sulle priorità di intervento, nonché un'azione mitigatrice dei pregiudizi interni all'azienda;
- **reattività**, ovvero la rapidità con cui gli specialisti del fornitore sono in grado di rilevare e notificare minacce imminenti o incidenti di sicurezza per fornire reale beneficio alle capacità interne all'azienda, magari offrendo di servizi di reporting tempestivo e supporto tattico e operativo fino a conclusione di ciascun evento;
- **conformità regolamentare**: in tutti i casi in cui la dotazione di una funzione di cybersecurity intelligence è richiesta da leggi, accordi o

regolamentazioni, il fornitore deve essere selezionato dall'elenco dei soggetti accreditati, per aver dimostrato capacità comprovate di garantire un elevato standard di prodotti e servizi;

- **interazione con i threat actor**: diversi casi di minaccia o attacco possono richiede un certo grado di interazione diretta con threat actor e il contatto con contenuti potenzialmente malevoli (ransomware, malware), pertanto il fornitore deve garantire la gestione dei rischi e l'aggiramento di ostacoli legali rappresentati da trattati internazionali, leggi nazionali e regolamenti locali;

- **rapporto costo-beneficio**: in molti casi la qualità dei prodotti e dei servizi forniti da specialisti di settore è superiore a quella che la funzione di intelligence aziendale sarebbe in grado di produrre allo stesso costo; inoltre, allestire un team interno di intelligence richiede persone, fonti, strumenti, piattaforme e processi che, a loro volta, richiedono importanti sforzi in termini di tempo e investimenti, mentre fornitori specializzati possono garantire prodotti e servizi di qualità elevata a costi molto più contenuti.

Altri aspetti importanti che è bene approfondire durante il processo di selezione dei fornitori di intelligence sono i seguenti:

- la **reputazione** sul mercato, che deve confermare l'elevato standard di qualità che il fornitore è realmente in grado di garantire, in particolare nel settore in cui opera la nostra azienda e con riferimento ai servizi, ai documenti e alla competenza di project management;

- l'**affidabilità**, anche in termini di etica e legalità, riconosciuta al fornitore nello svolgimento di operazioni delicate, come la raccolta di grossi volumi di dati, l'accesso a dati sensibili dei clienti, la scoperta di vulnerabilità dei clienti potenzialmente sfruttabili da terzi e l'interazione diretta con i threat actor per la conoscenza delle tecniche, l'ottenimento di dati o la negoziazione di riscatti monetari;

- gli **accreditamenti** presso agenzie e organismi governativi, autorità di vigilanza, istituti di certificazione e altre entità di riferimento[132] per il settore in cui opera la nostra azienda;

- le **certificazioni professionali** degli analisti e dei manager che operano presso il fornitore, su aspetti specifici dell'intelligence;

---

[132] In ambito europeo il principale organismo di accreditamento è il TF-CSIRT (https://tf-csirt.org/trusted-introducer/), che ha il compito di facilitare e migliorare la collaborazione nella comunità dei team di security e incident response dei paesi europei. Attraverso il servizio Trusted Introducer, il TF-CSIRT accredita, certifica ed elenca i team in base al loro livello di maturità dimostrato e verificato (https://www.trusted-introducer.org/directory/teams.html)

- le **competenze linguistiche** nell'accesso a dati e informazioni espressi in lingue poco diffuse o particolarmente ostiche, tuttavia, rilevanti per il contesto della nostra azienda;
- **framework e standard di riferimento** adottati internamente;
- le **referenze dimostrabili** in termini di collaborazione con altre aziende, in particolare quelle operanti nello stesso settore o con dimensioni e organizzazione interna simili, nonché di relazione con autorità, agenzie governative e hosting e Internet service provider;
- **capacità e profondità di azione** nei confronti dei threat actor e delle loro infrastrutture, in caso di minaccia imminente o attacco in corso, ad esempio mediante operazioni di smantellamento rapido ed efficace (*takedown*) o di presa di possesso (*takeover*) di infrastrutture malware, server di comando e controllo (*command and control*), nomi di dominio, record DNS, botnet, ecc.;
- la presenza di **vincoli operativi o veti governativi** che impediscano l'intervento del fornitore di intelligence su specifici mercati o ambiti nazionali, ad esempio in caso di sanzioni commerciali, economiche o finanziarie, misure restrittive mirate, leggi e decreti nazionali, regolamenti europei, trattati internazionali e veti diplomatici.

Una lista esaustiva dei fornitori di servizi e prodotti di cybersecurity intelligence è offerta e mantenuta aggiornata da CyberDB[133], mentre è disponibile una valutazione dei prodotti e servizi di cybersecurity intelligence di Gartner[134]. Rassegne delle migliori piattaforme di Cyber Threat Intelligence sono disponibili su TrustRadius[135] e su PeerSpot[136].

---

[133] "Threat Intelligence Vendors – Full List", CyberDB (https://www.cyberdb.co/services/threat-intelligence-vendors-full-list-2/)

[134] "Products In Security Threat Intelligence Products and Services Market", Gartner (https://www.gartner.com/reviews/market/security-threat-intelligence-services)

[135] "Threat Intelligence Platforms", TrustRadius (https://www.trustradius.com/threat-intelligence#products)

[136] "Best Threat Intelligence Platforms", PeerSpot (https://www.peerspot.com/categories/threat-intelligence-platforms#product_categories-show)

Framework analitici

Le operazioni di analisi di attacchi, minacce e avversari sono agevolate dall'uso di framework di analisi specifici per l'intelligence, che promuovono una comprensione approfondita di come gli attaccanti pensano, quali tecniche, tattiche e procedure adottano, quali eventi si verificano nel ciclo di vita di un attacco e qual è il livello di minaccia e rischio che essi possono rappresentare per la nostra azienda. Questa conoscenza abilita decisioni consapevoli e azioni rapide e determinanti per prevenire le minacce e arrestare gli attacchi nelle fasi preliminari, contenendo gli impatti sul business.

Uno dei principali vantaggi derivanti dall'utilizzo di framework analitici è la maggiore capacità di focalizzare l'attenzione su dettagli che richiedono ulteriore investigazione, con il risultato di garantire una completa rimozione delle minacce e l'adozione di misure che prevengano futuri eventi avversi dello stesso genere. Un altro vantaggio è costituito dalla maggiore facilità di condividere informazioni con altre aziende e in consessi di mutuo supporto, grazie all'adozione di terminologie e metodi di rappresentazione comuni. Inoltre, l'utilizzo di framework riconosciuti e condivisi rende più agevole l'integrazione di informazioni di intelligence forniti da terze parti, come fornitori di servizi, forum open source, piattaforme di information sharing e threat feed, centri di analisi (ISAC) e altre fonti strutturate.

In questo capitolo propongo i framework più conosciuti e utilizzati nell'ambito dell'analisi di cybersecurity intelligence, non alternativi bensì complementari tra loro, pertanto è possibile, in base alle proprie esigenze peculiari, scegliere di utilizzarne uno oppure più di uno in combinazione. Inoltre, fornisco una rassegna delle tecniche più efficaci di elaborazione di dati grezzi e informazioni durante il processo di intelligence.

Cyber Kill Chain

Il framework Cyber Kill Chain (CKC) è stato sviluppato per la prima volta dalla Lockheed Martin nel 2011[137] sulla base del concetto militare della *kill chain*, ovvero la suddivisione della struttura di un attacco in diverse fasi. Questa suddivisione consente alle organizzazioni con compiti di difesa di identificare qual è la fase in corso di un attacco in un determinato momento e come applicare contromisure adeguate ad arrestarne la progressione. CKC è un framework pensato per difendersi da attacchi cyber molto sofisticati e complessi, ad esempio gli APT, nei quali gli avversari impiegano un tempo molto lungo per sorvegliare la vittima e pianificare l'attacco vero e proprio, combinando malware, ransomware, wiper e tecniche di social engineering.

Il framework descrive la struttura di un attacco cyber suddividendola in sette fasi distinte e consecutive:

1. **Reconnaissance** (ricognizione), durante la quale l'avversario individua un bersaglio e ne esplora vulnerabilità e debolezze che possono essere sfruttate per portare a segno l'attacco, raccoglie credenziali d'accesso e colleziona informazioni come indirizzi e-mail, ID utente, ubicazioni fisiche, applicazioni software e dettagli sui sistemi. Più informazioni l'attaccante è in grado di raccogliere, maggiore sarà la probabilità di successo dell'attacco.

2. **Weaponization** (armamento), durante la quale l'attaccante genera un vettore d'attacco per sfruttare una specifica vulnerabilità o debolezza, come malware o ransomware, oppure per attivare una *backdoor* e guadagnare così un accesso continuativo ai sistemi o alla rete della vittima in caso di necessità.

---

[137] Nel maggio dello stesso anno, la Lockheed Martin, il più grande appaltato di sistemi di difesa militare degli USA, scoprì di essere vittima di un attacco molto sofisticato e persistente, che era stato preceduto da una violazione della divisione RSA di EMC con il furto dei codici di generazione dei token RSA utilizzati dal personale interno per l'accesso via VPN (https://www.darkreading.com/risk/lockheed-martin-suffers-massive-cyberattack)

3. **Delivery** (consegna), durante la quale l'avversario lancia l'attacco, spesso combinando strumenti informatici con tecniche di ingegneria sociale per massimizzare l'efficacia dell'operazione.

4. **Exploitation** (sfruttamento), durante la quale il codice malevolo viene eseguito nei sistemi della vittima.

5. **Installation** (installazione), durante la quale il codice malevolo viene installato nei sistemi della vittima, consentendo all'avversario di assumerne il controllo.

6. **Command and Control** (comando e controllo), durante la quale l'attaccante sfrutta il codice malevolo installato per assumere il controllo remoto di uno o più dispositivi, oppure per impersonare un utente legittimo nella rete della vittima. In questa fase l'attaccante può anche svolgere movimenti laterali nella rete, stabilendo più punti di ingresso per utilizzi futuri, ampliando e consolidando la propria presenza e gli strumenti di controllo.

7. **Actions on Objective** (azioni sull'obiettivo), durante la quale l'attaccante intraprende specifiche azioni per conseguire gli obiettivi prefissati, sotto forma di furto, distruzione, cifratura o esfiltrazione di dati e informazioni.

Rappresentazione della Cyber Kill Chain fornita da netsurion.com

Nel tempo, molti esperti di cybersecurity hanno incluso anche un'ottava fase, la **monetizzazione**, nella quale l'avversario si concentra sul ricavare un beneficio economico dall'attacco, attraverso forme di ricatto oppure con la vendita di informazioni critiche o sensibili sul Dark Web. L'uso del framework CKC consente di allestire un modello cosiddetto di "difesa in profondità" (*defense-in-depth*) indirizzato a specifiche parti della kill chain, con particolare riferimento a quelle preliminari: rafforzare la ricerca online di riferimenti sospetti alla nostra azienda, ad esempio, può essere un segnale di attività di ricognizione, mentre la comparsa di nuovi strumenti di sfruttamento di vulnerabilità presenti nei sistemi o nella rete aziendale può indicare una fase di armamento. L'obiettivo, ovviamente, è arrestare un attacco nelle prime fasi, per prevenire o limitare al massimo possibili impatti sul business.

Sebbene la CKC sia un buon punto di partenza per delineare la difesa della propria azienda dagli attacchi cyber, esso soffre di alcuni limiti. Ad esempio, esso si focalizza principalmente sulla sicurezza perimetrale e sulla prevenzione del malware, mentre l'accelerazione e l'estensione del lavoro a distanza (*smart working*), la proliferazione di dispositivi digitali portatili, l'esplosione della tecnologia IoT[138] e l'uso crescente di strumenti di automazione dei processi (RPA[139]), hanno aumentato notevolmente la superficie d'attacco di moltissime realtà aziendali. Queste recenti evoluzioni hanno introdotto molti più punti di accesso sfruttabili dagli attaccanti e hanno reso notevolmente più difficile e complesso il compito di proteggere l'azienda. Inoltre, la CKC è limitata alle tipologie di attacco che possono essere rilevate e non contempla la minaccia interna (*insider threat*) né lo sfruttamento di credenziali compromesse da parte di soggetti non autorizzati, fra i rischi più gravi per le aziende e fra i tipi di attacco con le più alte probabilità di successo. Anche gli attacchi basati sul Web, come Cross Site Scripting (XSS), SQL Injection, DoS, DDoS e alcuni Zero Day, sono difficilmente rilevabili mediante la CKC. Infine, la focalizzazione del framework sugli attacchi sofisticati e complessi lo rende inadatto a rilevare attaccanti che non conducono fasi di ricognizione significative.

---

[138] L'Internet delle cose (IdC), in inglese Internet of Things (IoT), è un neologismo utilizzato nel mondo delle telecomunicazioni e dell'informatica che fa riferimento all'estensione di internet al mondo degli oggetti e dei luoghi concreti, che acquisiscono una propria identità digitale in modo da poter comunicare con altri oggetti nella rete e poter fornire servizi agli utenti. (https://it.wikipedia.org/wiki/Internet_delle_cose)

[139] La Robotic Process Automation (RPA) è l'automazione di processi lavorativi utilizzando software intelligenti (robot), che eseguono in modo automatico attività ripetitive degli operatori, imitandone il comportamento e interagendo con applicativi informatici nello stesso modo dell'operatore. (https://it.wikipedia.org/wiki/Robotic_Process_Automation)

Diamond Model

Creato nel 2013 da ricercatori del Center for Cyber Intelligence Analysis and Threat Research[140] (CCIATR), il Diamond Model of Intrusion Analysis è stato creato e viene utilizzato per tracciare gruppi di attaccanti nel tempo, non del corso di attacchi individuali. Nella sua forma più semplice, esso è rappresentato da un rombo (o diamante) i cui vertici sono utilizzati per classificare i differenti elementi caratteristici di un avversario o un gruppo di attaccanti, in una forma che cambia e si evolve nel tempo, man mano che l'avversario modifica le proprie tecniche, tattiche e procedure (TTP), cambia infrastruttura tecnologica e individua nuovi obiettivi. Nel Diamond Model vengono tracciati l'attaccante, le sue capacità e potenzialità, le sue vittime e l'infrastruttura che utilizza per portare i suoi attacchi. Ognuno dei vertici del diamante è punto che le aziende possono usare durante un'investigazione per collegare specifici aspetti di un attacco con altri aspetti.

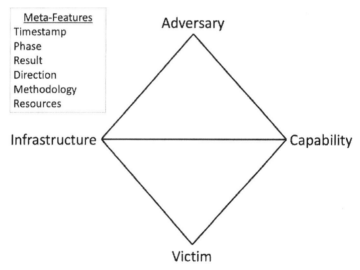

La rappresentazione originale[141] del Diamond Model of Intrusion Analysis (CCIATR)

---

[140] Il CCIATR era un'organizzazione non-profit statunitense di Washington DC, composta da analisti di estrazione militare, competenti su analisi di intelligence, sicurezza delle informazioni e sicurezza di rete, con l'obiettivo di comprendere le complesse minacce esistenti ed emergenti del panorama globale. L'organizzazione si è sciolta il 16 settembre 2013. (https://web.archive.org/web/20130719202922/http://www.cciatr.org/)

[141] "The Diamond Model of Intrusion Analysis" di Sergio Caltagirone, Andrew Pendergast e Christopher Betz, CCIATR, 2013 (https://www.activeresponse.org/wp-content/uploads/2013/07/diamond.pdf)

Il Diamond Model rappresenta un potente strumento di analisi dei threat actor attraverso quattro elementi interconnessi che, collegando tra loro un complesso di informazioni sulla minaccia e il relativo contesto, aiuta a comprendere come opera un potenziale avversario e quale rischio rappresenta per la nostra azienda.

Gli elementi fondamentali del modello sono:

- **Adversary** (avversario), il soggetto che conduce l'attacco, cioè il threat actor che si desidera tracciare e analizzare;
- **Victim** (vittima), ovvero il bersaglio dell'avversario e gli elementi ad esso riconducibili che rappresentano vulnerabilità sfruttabili (interessi, indirizzi IP, domini, account, profili social, sistemi, ecc.);
- **Infrastructure** (infrastruttura), ovvero tutto ciò che descrive strumenti e infrastrutture di comunicazione, fisiche e logiche, utilizzate dall'attaccante per raggiungere i suoi scopi (credenziali, indirizzi IP, provider, account e-mail, domini, server C&C, ecc.), strettamente collegate alle sue capacità;
- **Capability** (capacità), ovvero l'insieme di tattiche, tecniche, procedure e strumenti utilizzato dall'avversario per raggiungere i propri scopi, cioè il suo reale arsenale cyber.

La flessibilità e l'estendibilità sono fra i principali vantaggi del modello, che consente l'integrazione di ulteriori elementi di tracciatura e analisi, come motivazione, raggiungibilità delle risorse dell'avversario, scenari di attacco, fasi, risultati conseguiti e metodologie adottate. Nell'uso del modello è importantissimo applicare un contrassegno di data e ora (*timestamp*) a qualsiasi nuovo elemento introdotto, affinché chi lo usa per le proprie analisi potrà considerare opportunamente l'età. Il principale svantaggio del modello consiste nell'elevatissimo sforzo richiesto per la sua manutenzione in termini di tempo e risorse, poiché alcuni aspetti, come infrastruttura e capacità, cambiano rapidamente e ogni operazione intrapresa dall'avversario comporta l'iniezione di nuovi elementi aggiornati. Se questo aggiornamento non avviene tempestivamente e in maniera costante nel tempo, il rischio che le analisi di intelligence siano basate su informazioni obsolete e parziali è molto elevato. Nonostante questo aspetto, il Diamond Model rimane uno dei framework più efficaci per agevolare il lavoro degli analisti e fornire risposte rapide sull'evoluzione delle minacce applicabili al contesto della nostra azienda. Il ricorso ai servizi di un intelligence provider esterno può garantire informazioni aggiornate sopperendo alla carenza di risorse esterne.

MITRE ATT&CK

L'Adversarial Tactics, Techniques & Common Knowledge (ATT&CK) è stato presentato da MITRE[142] nel 2013 come strumento per descrivere e classificare il comportamento degli avversari sulla base delle osservazioni del mondo reale. In sintesi, ATT&CK[143] è un elenco strutturato di comportamenti noti, compilati come tattiche e tecniche, inseriti in matrici di semplice utilizzo e compatibili con i protocolli standard adottati per la condivisione di informazioni di threat intelligence (STIX e TAXII[144]).

La conoscenza offerta gratuitamente e liberamente dal MITRE ATT&CK può essere efficacemente utilizzata per lo sviluppo di modelli e metodologie di minaccia specifici per il settore privato, governativo e nella comunità globale dei servizi e prodotti di sicurezza informatica. Sebbene il framework sia basato sulla Cyber Kill Chain, esso non descrive un singolo attacco, bensì è focalizzato sugli indicatori e sulle tattiche associate a più avversari. Nel momento in cui scrivo, il MITRE ATT&CK utilizza 14 categorie di elementi per descrivere il comportamento di un avversario, ovvero: Reconnaissance, Resource Development, Initial Access, Execution, Persistence, Privilege Escalation, Defense Evasion, Credential Access, Discovery, Lateral Movement, Collection, Command and Control, Exfiltration e Impact. Ciascuna categoria include tecniche specifiche che consentono agli analisti di descrivere e tracciare in maniera estremamente granulare il comportamento di un avversario, rendendo al contempo molto semplice la condivisione di informazioni tra diverse funzioni aziendali, in particolare quelle operative della cybersecurity (ad esempio, security operations center, threat analysis e incident response). Osservando la matrice ATT&CK, i titoli delle colonne rappresentano le tattiche, ovvero categorie di tecniche. Le tattiche sono il *risultato* che i threat actor cercano di ottenere mediante l'uso delle

---

[142] MITRE è un ente statunitense, riconosciuto a livello governativo, industriale e accademico, che gestisce centri di ricerca e sviluppo finanziati a livello federale, che promuove la sicurezza nazionale e serve l'interesse pubblico. Il MITRE ha sviluppato diversi framework di cybersecurity intelligence, fra i quali il Trusted Automated Exchange of Intelligence Information (TAXII), lo Structured Threat Information eXpression (STIX), il Cyber Observable eXpression (CybOX), oltre a risorse globalmente utilizzate per la classificazione delle vulnerabilità come le piattaforme Common Vulnerabilities and Exposures (CVE) e Common Weakness Enumeration (CWE) (https://www.mitre.org/)

[143] MITRE ATT&CK (https://attack.mitre.org/)

[144] STIX e TAXII sono standard sviluppati allo scopo di migliorare la prevenzione e la mitigazione degli attacchi informatici. STIX definisce le informazioni relative alla Threat Intelligence e TAXII le modalità in cui vengono trasmesse. A differenza dei precedenti metodi di condivisione, STIX e TAXII utilizzano una formattazione standardizzata e pertanto sono facilmente automatizzabili. (https://www.anomali.com/it/resources/what-are-stix-taxii)

singole tecniche, che rappresentano il *metodo* con cui essi realizzano questi passaggi o conseguono gli obiettivi. Ad esempio, una delle tattiche è il movimento laterale (*lateral movement*) per il quale i threat actor impiegheranno una o più tecniche elencate nella rispettiva colonna della matrice. Ciascuna tecnica è un comportamento specifico adottato per raggiungere un obiettivo e, spesso, è un singolo passaggio di una serie di operazioni svolte per portare a termine la missione complessiva. Il framework fornisce molti dettagli su ciascuna tecnica, tra i quali descrizione, esempi, riferimenti e suggerimenti per la rilevazione e la mitigazione.

MITRE ha suddiviso il framework in tre matrici differenti:

- **Enterprise Matrix**, che contiene elementi specifici per piattaforme Windows, MacOS, Linux, Azure Active Directory (AD), Office 365, Google Workspace, ambienti cloud SaaS e IaaS, rete e container, oltre agli elementi peculiari delle fasi preparatorie d'attacco (PRE);
- **Mobile Matrix**, relativa a elementi specifici per i sistemi operativi mobile Android e Apple iOS;
- **ICS Matrix**, specifica per gli Industrial Control Systems (ICS), cioè i sistemi di controllo industriale (SCADA, DCS, PLC, ecc.).

Una rappresentazione d'insieme della matrice MITRE ATT&CK Enterprise v13.0

La tracciatura strutturata e ripetibile del comportamento avversario consente di prioritizzare le azioni di prevenzione delle minacce e di risposta agli incidenti, mappare gli indicatori con specifici attaccanti e identificare vulnerabilità e scoperture della sicurezza aziendale. In particolare, l'uso del framework consente di focalizzarsi sulla valutazione dell'efficacia delle misure e sui controlli di sicurezza in essere rispetto a specifici scenari di attacco, ad esempio:

- Quanto siano efficaci i sistemi di difesa attualmente adottati e come sia possibile migliorarli o integrarli;
- In caso di attacco APT, quanto sarebbero efficaci le mie capacità di rilevazione;
- Se i dati che colleziono dai sistemi di sicurezza perimetrale siano effettivamente utili o meno;
- Se gli strumenti e i processi critici che supportano il business della mia azienda sono adeguatamente protetti;
- Se la piattaforma o il software che ho intenzione di acquisire sia realmente utile a rafforzare la sicurezza complessiva della mia azienda.

I potenziali ambiti di applicazione sono diversi, ne cito solo alcuni a mero titolo di esempio, i cui benefici sono facilmente intuibili:

- Il rafforzamento delle capacità di rilevazione complessive basate sul comportamento sospetto degli attaccanti;
- La mappatura agevole di informazioni di intelligence raccolte mediante il monitoraggio di attacchi, campagne, threat actor, malware e indicatori di compromissione, agevolando Security Operations Center, Threat Hunters e Blue Team nella definizione di regole di rilevazione notevolmente più efficaci;
- La definizione, in ottica "Purple Team", di regole di rilevazione e sistemi di monitoraggio che tengano conto anche di come un probabile avversario, a fronte dell'impossibilità di adottare specifiche tecniche a causa delle contromisure in essere, possa modificare il proprio comportamento per aggirare i sistemi di sicurezza;
- La realizzazione di assessment su specifici sistemi di sicurezza per determinare possibili aree di miglioramento della loro efficacia, oppure per individuare esigenze di integrazione con ulteriori sistemi di differente natura a essi complementari.

F3EAD Cycle

Il ciclo F3EAD utilizzato in cybersecurity è derivato dall'omonimo ciclo sviluppato e utilizzato dalle forze operative speciali USA (cosiddette "SOF", *Special Operations Forces*) nelle missioni a sostegno di operazioni di emergenza all'estero e nella guerra convenzionale, a esempio per attacchi mediante l'uso di droni e azioni letali. Esso, infatti, consente alle forze speciali di anticipare e prevedere le operazioni nemiche, identificare, localizzare e prendere di mira le forze nemiche, sfruttando l'intelligence e l'analisi del materiale nemico recuperato e degli avversari catturati. Nelle missioni che utilizzano il ciclo F3EAD, i comandanti stabiliscono priorità e obiettivi, l'intelligence fornisce la direzione degli obiettivi e le forze operative attuano le operazioni necessarie a compiere la missione.

In cybersecurity, gli analisti di intelligence possono utilizzare il ciclo F3EAD per studiare gli avversari e produrre informazioni di intelligence che i responsabili possono utilizzare per prevenire o sconfiggere l'avversario. Inoltre, il ciclo F3EAD agevola la collaborazione degli analisti di intelligence con l'incident response team in caso di attacco cyber. L'acronimo F3EAD (pronunciato "*F-three-ead*" o "*Feed*") sta per *Find, Fix, Finish, Exploit, Analyze, Disseminate* e indica un ciclo a 6 fasi, delle quali le prime tre sono riferite al ciclo SecOps e le ultime tre fasi al ciclo di cyber threat intelligence. In sintesi, le sei fasi del ciclo F3EAD consistono in:

1. **Find**: identificare l'avversario, in modo proattivo o reattivo, quindi determinare le minacce da affrontare e i problemi da risolvere, usando informazioni interne ed esterne;
2. **Fix**: focalizzarsi sulla presenza dell'avversario nella rete per determinare quali sistemi ha compromesso, come si sta muovendo nella rete, quali canali di comunicazione sta utilizzando, per poi definire i problemi incontrati;
3. **Finish**: interrompere l'attività dell'avversario nella rete mediante contenimento, mitigazione o rimozione, risolvendo i problemi che sono stati identificati nel corso delle fasi precedenti;
4. **Exploit**: questa è la fase in cui si raccolgono dai e informazioni, in gran parte grezzi (IOC e TTP), dal ciclo dell'intelligence, in modo da poterli analizzare nel corso della fase successiva;
5. **Analyze**: fase di analisi conseguente la raccolta di intelligence, con l'obiettivo di comprendere l'avversario e il suo comportamento, utilizzando tecniche analitiche strutturate, per produrre suggerimenti su come rilevare, mitigare e porre rimedio alle azioni dell'avversario, in un formato che ne agevoli condivisione e fruizione;

6. **Disseminate**: corrisponde alla fase di disseminazione del ciclo dell'intelligence, nel corso della quale si condividono i prodotti dell'intelligence con i destinatari nel formato appropriato, assicurandosi che siano utili e fruibili attraverso i relativi feedback.

L'utilizzo del ciclo F3EAD è ottimo in situazioni di particolare pressione per l'allineamento di team con risorse limitate, per rispondere a domande molto specifiche ma anche molto semplici, tuttavia fondamentali per la valutazione complessiva della situazione. Alcuni esempi di domande sono:

"Siamo stati violati?"
"Siamo sotto attacco DDoS?"
"Il threat actor è ancora nella nostra rete?"

Nell'ambito di una situazione di risposta a un incidente, le operazioni andranno prioritizzate in base all'impatto delle risposte a ciascuna domanda sull'evoluzione dell'evento. Ogni domanda fornirà sia indicazioni a livello tattico, sia implicazioni strategiche anche di portata molto vasta, pertanto, il coordinatore delle operazioni dovrebbe sempre tenere presente che ciascun fattore tattico potrebbe comportare effetti strategici per l'azienda. L'ordine delle domande dovrà garantire maggiore priorità agli aspetti di principale interesse e di maggiore pertinenza per il contesto aziendale. Il ciclo F3EAD si innesta nel ciclo classico della cybersecurity intelligence già descritto nella prima sezione di questo libro. In particolare, la fase F3EAD "Find" beneficerà dei dati grezzi e delle informazioni raccolte nella fase "Collection" di intelligence, mentre la fase "Processing and Analysis" di intelligence potrà beneficiare degli esiti della fase F3EAD "Analyze".

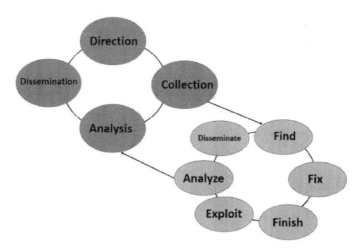

Una rappresentazione del raccordo Intelligence-F3EAD proposta da digitalshadows.com

Il ciclo F3EAD può essere usato insieme ai framework precedentemente citati (Cyber Kill Chain, Diamond Model e MITRE ATT&CK), pur tenendo presente che esso è indirizzato ad aspetti operativi e non di modellazione di minacce e threat actor come negli altri framework. Tuttavia, esistono esempi di integrazione tra ciclo e framework, come quello con la Cyber Kill Chain proposto da Wilson Bautista Jr. nel libro "Practical Cyber Intelligence[145]".

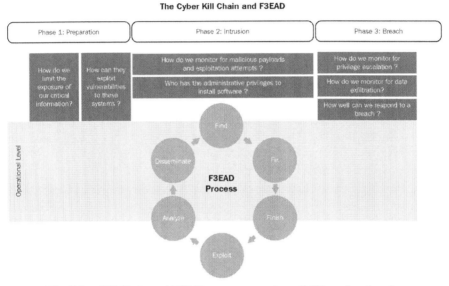

The Cyber Kill Chain and F3EAD

The Cyber Kill Chain and F3EAD, rappresentazione di Wilson Bautista Jr.

Il ciclo F3EAD è pensato per essere rapido e reattivo, poiché a volte è complicato tenere traccia della fase in cui si trova un'operazione di risposta a una minaccia imminente o un attacco in corso. Le prime tre fasi del ciclo – *Find*, *Fix* e *Finish* – sono spesso le più cruciali, in particolare in merito al passaggio esplicito da una fase all'altra. Inoltre, durante la fase "*Finish*" è possibile rivedere i requisiti di intelligence dell'operazione in corso e, se lo si reputa necessario, riavviare il ciclo.

La gestione del ciclo F3EAD può avvenire con due approcci differenti:

- **Approccio rigido**, secondo il quale i requisiti di intelligence non possono essere modificati, quindi il team non può riavviare il ciclo né invertire una fase, pertanto, ciascun ciclo o riesce o fallisce;

---

[145] "Practical Cyber Intelligence: How action-based intelligence can be an effective response to incidents" di Wilson Bautista Jr., 29 marzo 2018 (https://www.amazon.it/Practical-Cyber-Intelligence-action-based-intelligence/dp/1788625560/)

- **Approccio flessibile**, che prevede la possibilità di rivedere e modificare i requisiti di intelligence a metà del ciclo e di invertire il ciclo di una fase per prendere in considerazione le nuove informazioni che possono influenzare l'obiettivo dell'operazione e il suo risultato.

Non è facile definire quale approccio sia più efficace per una qualsiasi realtà, tuttavia, è bene considerare che più cicli F3EAD vengono eseguiti, maggiori saranno le probabilità di perdere traccia dell'obiettivo originario, specialmente in situazioni di emergenza concitate e in ambienti nei quali si subisce una particolare pressione. In questi specifici contesti è preferibile un approccio rigido, mentre un approccio flessibile è più indicato in operazioni dall'evoluzione ben delineata, nelle quali l'obiettivo di un ciclo può essere facilmente compreso e tenuto in considerazione dagli attori coinvolti.

Tecniche di elaborazione dei feed

La cybersecurity intelligence può beneficiare di tecniche innovative, come *data science* e *machine learning*, che possono aiutare nell'automatizzazione dell'analisi delle informazioni sulle minacce su vasta scala, supportando anche la ricerca di caratteristiche, andamenti e modelli che consentono una più efficace classificazione di minacce e threat actor. Le informazioni e i dati grezzi raccolti, come i *threat feed*, costituiscono la base per workflow di analisi automatizzati che hanno gli obiettivi di ridurre il rumore di fondo, rilevare e identificare attività malevole, e promuovere una comprensione più accurata di tecniche, tattiche e procedure (TTP) adottate dagli avversari. Ciò viene ottenuto mediante la combinazione e la correlazione degli indicatori di compromissione (IOC) forniti dai diversi rapporti di analisi e dalle fonti di intelligence, nonché con la verifica per garantirne attendibilità e validità.

Nel corso dell'elaborazione dei dati è fondamentale adottare specifiche tecniche di pulizia, consolidamento e verifica, per garantire la qualità dei risultati e l'affidabilità del processo.

La **pulizia** (*data cleansing*) consiste nel processo di ricerca di eventuali errori o record duplicati e nella successiva correzione automatica o manuale, ed è un passaggio fondamentale quando i dati vengono estratti dalle fonti e trasformati per il caricamento sulle proprie piattaforme di analisi e correlazione. La pulizia dei dati utilizza diverse tecniche, come:

- **Parsing**, il processo di identificazione di modelli riconoscibili all'interno di un'istanza di dati e successiva trasformazione per estrarne i singoli componenti da importare;

- **Standardizzazione**, che trasforma i dati in un formato standard per estrarre informazioni e assegnarvi un valore semantico per le successive elaborazioni, ed è il preludio al processo di consolidamento;
- **Espansione delle abbreviazioni**, che trasforma le abbreviazioni e gli acronimi nel loro significato originale (es. CORP in Corporation, INTL in international o USA in United States of America);
- **Correzione**, che tenta di correggere i valori non riconosciuti e di aumentare i record corretti, anche mediante strumenti automatizzati, sebbene non esistano soluzioni miracolose.

Nel caso dei feed la pulizia dei dati può consistere anche nell'esclusione degli indirizzi IP privati[146], nella conversione degli hostname in indirizzi IP e nell'aggiunta di informazioni come il numero (*asnumber*) e la denominazione (*asname*) dell'Autonomous System, la geolocalizzazione e il record PTR del DNS (*rhost*).

Il **consolidamento** dei dati è un processo che consiste nel combinare più dati raccolti da fonti diverse in un'unica piattaforma di archiviazione e/o di analisi. Questo processo è importante per diverse ragioni, in particolare per l'accuratezza delle analisi e la qualità dei risultati. Fra le tecniche adottabili per il consolidamento dei dati troviamo:

- **Hand-coding**, processo manuale di trasformazione che può essere preso in considerazione solo per collezioni di dati limitate e semplici, poiché richiede molto tempo e presenta un certo rischio di errori;
- **Soluzioni ETL** (Extract, Transform, Load), cioè software che collezionano dati da diverse fonti, li trasformano nel formato desiderato e li trasferiscono nella destinazione finale;
- **Soluzioni ELT** (Extract, Load, Transform), utilizzate soprattutto in ambito cloud, che sfruttano le capacità di trasformazione e verifica della piattaforma destinataria dopo il caricamento dei dati, con diversi benefici in termini di velocità, scalabilità e costi.

Nella definizione dei processi di consolidamento dei dati è importante considerare aspetti cruciali come il tempo e le risorse a disposizione per l'attuazione dei meccanismi, la latenza introdotta nel processo di elaborazione, la presenza di dati incompatibili, la complessità delle fonti di alimentazione e la sicurezza dei dati nelle diverse fasi di consolidamento, soprattutto se si tratta di informazioni riservate e dati personali sotto tutela di legge.

Una volta completati i passaggi di pulizia e consolidamento dei dati, il passaggio successivo consiste nella **verifica** (*data testing*) degli stessi. Essa

---

[146] Nelle telecomunicazioni, con indirizzi IP privati si intendono alcune classi di indirizzi IPv4, definite nella RFC 1918, riservate alle reti locali allo scopo di ridurre le richieste di indirizzi pubblici. (https://www.rfc-editor.org/rfc/rfc1918)

viene svolta tipicamente con strumenti automatici che sfruttano modelli di apprendimento, come il **TIQ-Test**[147] (*Threat Intelligence Quotient Test*), che prevede diversi metodi di verifica. Fra i metodi di verifica più adottati per i threat feed di intelligence troviamo:

- **Novelty test**, che determina con quale frequenza e in che modo i dati cambiano, attraverso la rappresentazione del tasso di aggiunta e del tasso di abbandono degli indicatori nei feed al progredire del tempo;
- **Overlap test**, che determina come si rapportano i dati ricevuti con ciò che già abbiamo, cioè quanto sono unici i dati importati e quanti dati sono in comune a più fonti in un determinato periodo di tempo;
- **Population test**, che spiega come una distribuzione di un set di dati venga confrontata con un'altra, attraverso una comparazione statistica tra la frequenza attesa (o dichiarata dalla fonte dei dati) e quella osservata nella piattaforma di destinazione;
- **Uniqueness test**, che verifica l'unicità dei dati preparati, poiché è spesso preferibile[148] ottenere dati univoci dalle nostre fonti per non avere ridondanza, a patto che ciò non ne infici l'affidabilità;
- **Coverage test**, che serve a garantire che otteniamo ciò di cui abbiamo bisogno dalle fonti che consumiamo, mediante la misurazione della quantità di dati indipendenti importati da ciascuna sorgente;
- **Fitness test**, che valuta il rapporto di rilevamento delle fonti per verificare che si adattino alla telemetria che adottiamo, sopperendo ai limiti del population test che non determina quanto un dato si adatti alla telemetria dell'ambiente che stiamo monitorando[149];
- **Impact test**, che determina l'effettiva efficienza delle fonti nell'opera di rilevamento, valutando se una segnalazione è corretta e quanto beneficio possiamo trarre dalla singola fonte.

---

[147] "Measuring the IQ of your Threat Intelligence – Summer 2014" di Alex Pinto e Kyle Maxwell, 2014 (https://rpubs.com/alexcpsec/tiq-test-Summer2014-2)

[148] La sovrapposizione dei dati non è necessariamente un aspetto negativo, poiché l'eccesso di unicità potrebbe tradursi in imprecisioni e in un aumento dei falsi positivi. Ad esempio, un IOC riportato da due o più fonti diverse potrebbe contribuire ad assegnare un livello di affidabilità più elevato al dato rispetto ad altri riportati da una singola fonte. Una sovrapposizione di dati può significare che due fonti hanno scoperto lo stesso dato in maniera indipendente, fornendo più conferme di affidabilità, oppure può significare che una fonte si basa sull'altra e quindi produce duplicazioni e ridondanza di dati.

[149] Se l'esito del fitness test risulta scadente, non significa necessariamente che le fonti di dati siano scadenti, bensì può indicare che i contenuti forniti non si adattano alla nostra telemetria. Ciò rappresenta un'ottima opportunità per rivedere sia le fonti che la telemetria per affinare il risultato.

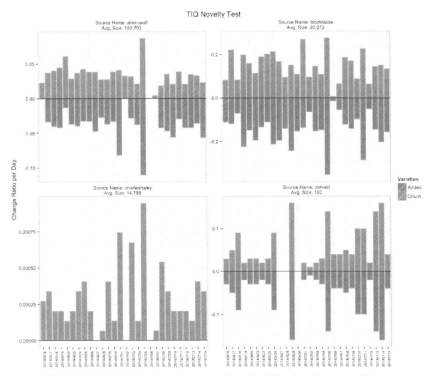

Un esempio di novelty test di quattro data feed di cyber threat intelligence

I dati grezzi, tipicamente in forma di IOC, sono derivati direttamente da minacce, attacchi e incidenti informatici, quindi, non derivano da altri indicatori né dall'elaborazione di dati. L'elaborazione degli IOC e degli altri dati grezzi consente di trarre conclusioni, delineare tecniche, tattiche e procedure (TTP) degli attaccanti e individuare andamenti di particolare interesse. L'utilizzo dei test sopra citati supporta una profonda comprensione di come funzionano le varie fonti di threat feed che utilizziamo e una maggiore garanzia di svolgere elaborazioni basate su dati puliti, corretti e verificati. Un'indicazione molto importante nella scelta dei threat feed è quella di provare più fonti aperte gratuite, perché non è detto che i feed a pagamento siano migliori di quelli gratuiti per le esigenze della nostra azienda. Inoltre, è bene negoziare con i fornitori di feed a pagamento un periodo di prova prima della sottoscrizione, per analizzare bene i dati ottenuti, verificarne l'aderenza alle aspettative e alle esigenze e, infine, apprezzarne l'effettivo valore fornito al processo di cybersecurity intelligence.

Framework di attribuzione

Come abbiamo visto nella prima parte del libro, l'attribuzione degli attacchi è un tema da prendere in considerazione per qualsiasi organizzazione scelga di avvalersi della cybersecurity intelligence.

L'attribuzione, infatti, è il migliore complemento all'attività classica di intelligence: attraverso la formulazione di ipotesi realistiche sui potenziali autori di un attacco, consente di gestire efficacemente e (quando possibile) prevenire nuovi attacchi, comprovare la fiducia verso il personale dipendente, supportare cause legali e affari internazionali, risolvere questioni militari e geopolitiche, o contrastare fenomeni di natura attivistica e ideologica.

Identificare il threat actor responsabile di un attacco cyber è un'operazione molto complessa e sfidante, poiché gli attaccanti utilizzano tecniche di offuscamento, occultamento e inganno per nascondere la propria identità o deviare la responsabilità verso altri soggetti. Eppure, nell'attuale contesto internazionale caratterizzato da minacce ibride multidimensionali, conflitti geopolitici e ideologici, propaganda e fake news, nel quale è difficilissimo destreggiarsi, l'identificazione del vero responsabile di un attacco assume notevole e crescente importanza. L'attribuzione è talmente difficile, che sono pochissime le realtà in grado di svolgere un processo strutturato ed efficace, e ancora oggi non esiste un formato standard per la produzione e la pubblicazione dei relativi report.

Le poche realtà aziendali e le varie agenzie governative che, ricorrendo all'intelligence, sono in grado di formulare ipotesi di attribuzione e, in qualche caso, di determinare con certezza il reale autore di un attacco, usano modelli di processo proprietari che raramente vengono resi pubblici. Tuttavia, negli ultimi anni, le comunità di intelligence e cybersecurity hanno lavorato allo sviluppo di diversi framework di attribuzione, talvolta mutuando modalità e strumenti tipicamente utilizzati da forze dell'ordine e agenzie governative di spionaggio. Questo capitolo è dedicato proprio alla rappresentazione dei più riconosciuti framework che possono supportare al meglio il complicato processo di attribuzione.

Analysis of Competing Hypotheses (ACH)

Quando si lavora su aspetti di intelligence particolarmente difficili e complessi, gli analisti si trovano spesso a dover scegliere tra diverse ipotesi alternative. Ma quale delle tante ipotesi o spiegazioni è quella corretta? Quale dei tanti possibili risultati è il più plausibile? La valutazione simultanea di ipotesi multiple e contraddittorie è molto difficile e complicata, e una delle sfide principali è tenere traccia di quali informazioni ed evidenze siano applicabili a ciascuna ipotesi. L'approccio adottato da molti analisti è quello di concentrarsi sulla risposta che, in base alla loro percezione personale, sospettano sia la più probabile, quindi, analizzano le informazioni e le evidenze disponibili per accertare se supportano o meno tale risposta. Se l'evidenza pare supportare l'ipotesi prescelta, l'analista conforta la propria posizione iniziale e tende a non ricercare oltre. Se, invece, l'evidenza non supporta l'ipotesi prescelta, l'analista tende a escludere l'evidenza considerandola fuorviante, oppure formula una nuova ipotesi e ripete la procedura mantenendo il medesimo, deficitario, approccio. Questo tipo di approccio viene definito "*Satisficing Strategy*", proprio perché consiste nello scegliere la prima ipotesi che appare soddisfacente, invece di valutare accuratamente tutte le possibilità per identificare l'ipotesi migliore. Le ipotesi soddisfacenti possono essere diverse, ma esiste sempre e solo un'ipotesi migliore. Il principale problema di questo approccio consiste nel focalizzarsi sul tentativo di confermare una sola ipotesi ritenuta maggiormente probabile, con il rischio di essere condotti fuori strada dal fatto che esistono molte evidenze a supporto di quella ipotesi. Così facendo, infatti, si rischia di ignorare che molte delle evidenze considerate per l'ipotesi prescelta sono in realtà consistenti anche per altre spiegazioni e conclusioni, e che queste alternative non sono mai state confutate ed escluse.

Il processo Analysis of Competing Hypotheses (ACH), sviluppato nei primi anni '80 dal veterano analista di intelligence della Central Intelligence Agency (CIA) Richards Heuer, parte dall'approccio opposto, cioè quello di confutare le ipotesi. Il punto di forza di questo approccio sta nella difficoltà di permettere ai pregiudizi naturali dell'analista di influenzare il risultato dell'analisi, soprattutto nei casi in cui le informazioni sono carenti. Il processo ACH è basato sul metodo scientifico, la psicologia cognitiva e l'analisi decisionale, e il suo uso si diffuse quando la CIA nel 1999 rese pubblico online il libro di Heuer "*Psychology of Intelligence Analysis*[150]", un testo classico che qualsiasi analista di intelligence dovrebbe leggere.

ACH è un processo molto metodico e impegnativo, usato per valutare informazioni incomplete e contraddittorie, al fine di mantenere il processo di analisi il più possibile libero da pregiudizi cognitivi e assunzioni arbitrarie. Nel corso del processo si identifica un set di tutte le ipotesi ragionevolmente applicabili al contesto in esame, si valuta sistematicamente ciò che è consistente o inconsistente con ciascuna ipotesi, e si abbandonano le ipotesi che contengono troppi dati e informazioni inconsistenti. ACH è uno strumento efficace per supportare il giudizio su aspetti particolarmente importanti, che richiedono un'accurata valutazione di spiegazioni o conclusioni alternative. Esso è particolarmente appropriato per temi molto complessi e aiuta l'analista a superare, o quantomeno a minimizzare, alcune delle limitazioni cognitive che rendono le analisi di intelligence così difficili. Grazie al processo ACH, inoltre, l'analista può mantenere una traccia verificabile per dimostrare cosa ha preso in considerazione e come è giunto alla formulazione del giudizio conclusivo.

Il processo ACH prevede 8 fasi:

1. **Hypothesis:** si identificano tutte le possibili ipotesi da considerare, ricorrendo a un'attività di *brainstorming* che coinvolga un gruppo di analisti con esperienze, abilità e prospettive differenti tra loro; in questa fase è importante distinguere accuratamente tra le ipotesi che appaiono *confutate* (esistono evidenze che confermano che le ipotesi sono sbagliate) e quelle che sono considerate *non dimostrate* (non esistono evidenze a conferma del fatto che sono ipotesi corrette).

2. **Evidence:** si crea una lista delle evidenze e degli argomenti significativi a favore o contro ciascuna ipotesi individuata, arricchendola con le proprie assunzioni e deduzioni logiche; per ciascuna ipotesi vanno prese in considerazione le seguenti domande:

---

[150] "Psychology of Intelligence Analysis", Richards J. Heuer, Jr., Center for the Study of Intelligence, CIA (https://www.cia.gov/static/Psychology-of-Intelligence-Analysis.pdf)

a. Se questa ipotesi fosse corretta, cosa dovrei aspettarmi di rilevare o non rilevare?

b. Quali sono le cose che devono essere successe, o possono essere ancora in corso, di cui dovrei aspettarmi di rilevare delle evidenze?

c. Se non rilevo alcuna evidenza, perché non ne rilevo? Perché non è accaduto? Perché non è normalmente osservabile? Perché le evidenze sono state nascoste? Oppure è perché non le ho proprio cercate?

3. **Diagnosticity**[151]**:** il termine è riferito a quanto una sorgente di dati o informazioni possa discriminare tra una particolare ipotesi e quelle alternative. In questa fase si predispone una matrice con le ipotesi in alto e le evidenze elencate a lato, quindi, si passa a identificare quali elementi supportano maggiormente la valutazione della plausibilità delle ipotesi alternative. Questa è una fase cruciale del processo, ma anche quella che più facilmente viene trascurata o male interpretata. Per ogni ipotesi, si procede a contrassegnare[152] ciascuna evidenza come [C] *consistente*, [I] *inconsistente* o [N/A] *non applicabile* (in alternativa è possibile usare [+] o [-] al posto di [C] e [I]. Nella matrice è possibile introdurre sia un punteggio che indichi la rilevanza intrinseca di ciascuna evidenza, sia una scala di rappresentazione della facilità con cui un'evidenza può essere nascosta, manipolata o falsificata, oltre al relativo livello di motivazione.

4. **Refinement:** ciascuna ipotesi censita nella matrice viene accuratamente riconsiderata, eliminando le evidenze e gli elementi che non hanno alcun valore diagnostico e spostandoli in un registro separato. In questa fase è determinante la formulazione del testo delle ipotesi, che poi guiderà le conclusioni. Sempre in questa fase si valuta se esistono altre ipotesi da considerare o altre distinzioni da includere nell'analisi che non sono state contemplate nelle fasi precedenti.

5. **Inconsistency:** si formulano delle conclusioni provvisorie sulla plausibilità di ciascuna ipotesi, procedendo nel tentativo di confutare le ipotesi anziché confermarle, per poi considerare solo quelle che non possono essere confutate. In questa fase ci si concentra sulle inconsistenze, cioè la chiave per escludere le ipotesi meno plausibili.

---

[151] Diagnosticity Definition in Psychology (https://psychology.iresearchnet.com/social-psychology/social-cognition/diagnosticity/)

[152] "What is the Analysis of Competing Hypotheses?", Security Risk Management Aide Memoire (SRMAM), 2020 (https://www.srmam.com/post/what-is-the-analysis-of-competing-hypotheses)

6. **Sensitivity:** si analizza quanto siano sensibili le conclusioni rispetto ad alcuni elementi critici di prova, e quali possano essere le conseguenze se tali prove risultassero sbagliate, fuorvianti o soggette a interpretazioni differenti. In questa fase si valutano le assunzioni chiave o le evidenze che determinano maggiormente il risultato dell'analisi, chiedendosi se esistano spiegazioni o interpretazioni alternative e se le evidenze siano incomplete e, quindi, fuorvianti.

7. **Conclusions:** si riportano le conclusioni, dopo aver discusso l'affidabilità di tutte le ipotesi, non solo quella che appare più plausibile. Se il report è indirizzato a figure decisionali, sarà utile illustrare anche la plausibilità assegnata a tutte le ipotesi alternative, per abilitare la possibilità di prendere decisioni sulla base di un set completo di alternative possibili. In questa fase vanno predisposti piani di riserva o di contingenza nel caso una delle alternative giudicate meno plausibili si riveli in realtà quella corretta.

8. **Evaluation:** si identificano le milestone per l'osservazione futura, che potrebbe dimostrare come gli eventi stiano in realtà prendendo una direzione diversa da quella attesa. Le conclusioni analitiche, infatti, devono sempre essere considerate come provvisorie, perché le situazioni possono cambiare e nuove informazioni possono palesarsi e modificare più o meno sostanzialmente l'analisi. Nel corso del processo è bene specificare in anticipo quali aspetti debbano essere tenuti sotto osservazione per poter rilevare cambiamenti significativi delle probabilità, una pratica molto utile per gli utilizzatori di intelligence che seguono la situazione in maniera continuativa.

	Users are not on iOS devices	M.site users are unaware of value on app	Features on the m.site not on the app	We are pushing users to m.site (marketing execution)	Content not on app
XX% of users are on iOS devices	-	NA	NA	NA	NA
XX% of m.site users have not used the app	NA	+	+	+	+
# of users accessing features on m.site	NA	+	-	+	+
Emails link to the m.site	NA	+	+	++	NA
# of sessions content on m.site	NA	NA	+	+	-

Un esempio di matrice ACH con le varie ipotesi sui motivi per cui gli utenti del sito mobile "m.site" non usano l'analoga app mobile su iOS. Nell'esempio, la prima e la terza ipotesi possono essere scartate poiché confutate da evidenze inconsistenti.

In conclusione, sono tre gli elementi chiave che distinguono il processo ACH dalle analisi intuitive convenzionali:

1. L'analisi inizia con un set completo di ipotesi alternative, invece che con una sola ipotesi ritenuta più probabile per la quale gli analisti cercano conferma. Questo garantisce che tutte le ipotesi alternative vengano considerate esattamente con le stesse modalità.
2. L'analisi identifica ed enfatizza le poche evidenze o assunzioni che hanno il maggior valore diagnostico nel giudizio della probabilità delle ipotesi considerate. Nelle analisi intuitive convenzionali, invece, il fatto che un'evidenza possa essere consistente anche con ipotesi alternative viene raramente considerato e spesso viene ignorato.
3. L'analisi si svolge anche attraverso la ricerca di evidenze che possano confutare le ipotesi. L'ipotesi più probabile, infatti, spesso è quella che ha il minor numero di evidenze contrarie, non quella con il maggior numero di evidenze a favore. Le analisi intuitive convenzionali, invece, si focalizzano sulle evidenze che confermano l'ipotesi considerata plausibile a priori.

Q Model

Introdotto nel 2014[153] da Thomas Rid e Ben Buchanan, due ricercatori del Department of War Studies del King's College di Londra, il Q Model enfatizza il fatto che l'attribuzione non segue un percorso lineare. Considerato il più completo, sebbene imperfetto, modello di attribuzione, l'obiettivo del framework è fornire dettagli tecnici e metodi utilizzati per l'attribuzione, al fine di supportare decision maker e manager a sollevare domande più informate, mettere alla prova le conclusioni e migliorare la discussione pubblica in materia di cybersecurity. Il modello evidenzia l'importanza delle domande, dei metodi e della supervisione dell'intero processo da parte del team di analisti per la qualità finale dell'attribuzione, e prevede una struttura che supporta l'analisi di ciascuna componente in base a tre livelli che formano il processo investigativo:

1. Il livello **tecnico-tattico**, nel quale si pongono domande tecniche e pertinenti su *cosa* è realmente successo e *come* è avvenuto l'attacco, analizzando le evidenze tecniche come indicatori di compromissione (IoC), punti di accesso, payload, attività di rete, ecc., favorendo il

---

[153] "Attributing Cyber Attacks" di Thomas Rid e Ben Buchanan, The Journal of Strategic Studies, 2015 (https://ridt.co/d/rid-buchanan-attributing-cyber-attacks.pdf)

pensiero critico e la contestualizzazione dell'investigazione. Questo livello impegna tipicamente gli esperti di investigazione forense.

2. Il livello **operativo**, nel quale gli analisti di cybersecurity intelligence cercano di comprendere l'architettura di alto livello relativamente a ciò che è accaduto, attraverso una sintesi delle informazioni per scoprire *chi* è il vero responsabile dell'attacco. Questo include l'analisi sul livello di sofisticazione tecnica dell'attacco stesso, confrontandone le TTP con le capacità dei threat actor conosciuti, siano essi state-sponsored o meno, e cercando di delineare il contesto geopolitico dell'evento occorso. In questo livello le informazioni tecniche e non tecniche vengono integrate nelle ipotesi concorrenti, attraverso la proposta di domande sfidanti su più aspetti differenti, per arrivare a profilare l'attaccante.

3. Il livello **strategico**, nel quale si cerca di determinare *perché* è stato sferrato l'attacco. Questo livello coinvolge le figure più strategiche e i leader dell'organizzazione, e richiede di mettere alla prova le conclusioni formulate, cercando di comprendere i razionali dell'attacco e di determinare se la serie degli eventi osservati rappresenti un precedente significativo. In questo livello si cerca di raffinare ed estrarre l'essenza dell'attribuzione per la presentazione in un linguaggio estimativo appropriato, che possa abilitare giudizi politici informati dalle conseguenze potenzialmente molto rilevanti.

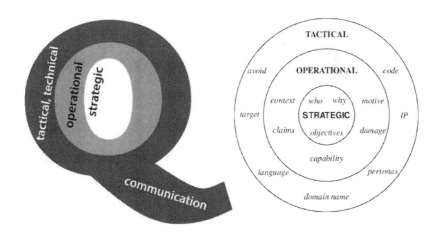

Due differenti rappresentazioni dei livelli di analisi del Q Model.

A questi tre livelli si aggiunge l'elemento altrettanto fondamentale della **comunicazione**, cioè la modalità con cui l'attribuzione deve essere pubblicata e comunicata. Il Q Model sostiene l'importanza di comunicare più dettagli, adottando un linguaggio estimativo per esprimere la valutazione degli elementi considerati e indirizzare i limiti del processo, al fine di abilitare una difesa collettiva e cooperativa, aumentare la credibilità dell'attribuzione e migliorare il processo stesso. La comunicazione non è un aspetto secondario, perché l'attribuzione, soprattutto se pubblica, può avere effetti significativi: gli attaccanti possono decidere di interrompere le operazioni, di cambiare strumenti e tattica, oppure di reagire pubblicamente alle accuse, fornendo maggiori conferme all'organizzazione vittima.

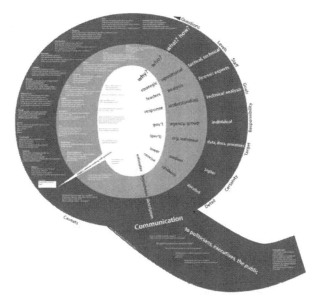

Una rappresentazione di dettaglio[154] dei livelli previsti dal Q Model.

Il Q Model è disegnato come una mappa del processo di attribuzione per fornire supporto a studenti, politici, manager e, ovviamente, analisi di cybersecurity, quindi anche figure non in possesso di competenze tecniche, a focalizzarsi su dettagli tecnici significativi e intraprendere conversazioni sensate ed efficaci con tecnici esperti. Viceversa, consente agli analisti forensi e alle figure più tecniche di apprezzare il contesto strategico, politico, geopolitico, economico, finanziario e militare.

---

[154] Una rappresentazione ad alta risoluzione di questa immagine è disponibile al seguente link: https://typeset.io/pdf/attributing-cyber-attacks-xj1j9n020x.pdf

Il modello è sistematico e articolato su tre aspetti fondamentali:

- **L'attribuzione è un'arte**, nessun procedimento tecnico, semplice o complesso che sia, può formalizzare, calcolare, quantificare o automatizzare il processo. Attribuzioni di qualità elevata si ottengono grazie a competenze, strumenti e cultura organizzativa, con team ben coordinati, specialisti capaci e preparati, esperienza sul campo e una spiccata sensibilità verso tutto ciò che non quadra.
- **L'attribuzione è un processo fatto di sfumature**, che si svolge su più livelli, non è un problema che può essere semplicemente risolto o non risolto. Esso richiede una gestione accorta, addestramento specifico e una particolare attitudine alla leadership.
- **L'attribuzione dipende dalla posta in gioco**, che può essere di varia natura: più sono gravi le conseguenze di un attacco in termini di impatto, maggiori saranno le risorse e gli investimenti destinati all'individuazione dei responsabili. In particolare, in ambito politico, geopolitico, diplomatico o militare, ogni risposta a una specifica offesa richiede dapprima l'identificazione degli autori materiali e, se possibile, dei loro mandanti.

Framework MICTIC

Il framework MICTIC è stato teorizzato e proposto da Timo Steffens, analista tedesco esperto in cyber-espionage, nel suo libro[155] "*Attribution of Advanced Persistent Threats: How to Identify the Actors Behind Cyber-Espionage*", un testo di sicuro riferimento nel settore dell'intelligence nel quale tratta di minacce APT, processi di attribuzione, analisi di malware, infrastrutture tecnologiche usate per gli attacchi, analisi geopolitica, metodi utilizzati dalle agenzie di intelligence, false flag e aspetti strategici ed etici.

Nel testo, Steffens spiega che l'attribuzione è una forma di ragionamento abduttivo, cioè basato sulla formazione e valutazione di ipotesi utilizzando le migliori informazioni disponibili, con l'obiettivo di trovare la spiegazione più probabile per un insieme di osservazioni. Un processo che noi esseri umani attuiamo inconsciamente in innumerevoli situazioni, ogni qual volta traiamo giudizi e assunzioni su ciò che ci troviamo a osservare e sperimentare. A volte intuiamo correttamente, altre volte sbagliamo perché scartiamole spiegazioni alternative che ci sembrano meno probabili.

---

[155] "Attribution of Advanced Persistent Threats", Timo Steffens, Springer, 2021 (https://link.springer.com/book/10.1007/978-3-662-61313-9)

L'acronimo MICTIC sta per *"Malware, Infrastructure, Control servers, Telemetry, Intelligence e Cui bono"*, ovvero i principali aspetti che caratterizzano gli attacchi cyber e le operazioni di cyber-espionage e sabotage. Questi aspetti non costituiscono vere e proprie fasi come, ad esempio, nella Cyber Kill Chain, bensì sono artefatti, risorse e attività di gruppi APT più affini al Diamond Model, ma nel MICTIC sono molto più dettagliati. Ogni aspetto definisce una fonte o una tipologia di informazioni o dati utili per l'attribuzione, che spesso corrispondono alla ripartizione o alla delega dei compiti all'interno dei gruppi APT:

- **Malware** riguarda lo sviluppo, la personalizzazione e la configurazione di backdoor, trojan ed exploit, ruolo che nei gruppi APT viene tipicamente assegnato a sviluppatori e che, in cybersecurity, richiede l'intervento di reverse engineer e analisti di malware.

- **Infrastructure** è relativo al processo di noleggio e gestione di server utilizzati per il download di codice malevolo e per l'esfiltrazione di dati dalle organizzazioni vittime. Molti gruppi APT hanno membri dedicati alla gestione dell'infrastruttura, mentre in cybersecurity questo aspetto è gestito da ricercatori che tracciano e monitorano i server C&C attraverso i relativi servizi pubblicamente accessibili.

- **Control server (C&C)** è relativo ai singoli server e a tutti gli artefatti che possono essere recuperati al loro interno, e che costituiscono le principali risorse utilizzate dagli operatori dei gruppi APT. La presa di possesso dei server C&C richiede spesso l'intervento delle forze dell'ordine e altre autorità, a meno che non si disponga di competenze tecniche talmente elevate da riuscire a prenderne possesso direttamente sfruttandone eventuali debolezze.

- **Telemetry** è relativo ai dati sulle attività, quasi sempre manuali, degli attaccanti all'interno della rete dell'organizzazione vittima, che le società di cybersecurity possono recuperare e analizzare.

- **Intelligence** è relativo alla disponibilità e al recupero di dati e informazioni di intelligence da più fonti in merito all'attacco subìto o al gruppo APT coinvolto. Le agenzie governative dispongono di risorse particolarmente efficienti in materia di intelligence, ma ciò non toglie che, come rappresento in questo testo, qualsiasi organizzazione possa dotarsi di una propria funzione di intelligence.

- **Cui bono** corrisponde all'obiettivo che il governo (o qualsiasi altro soggetto o organizzazione) che ha finanziato e supportato il gruppo APT ha espressamente richiesto di conseguire, un aspetto che richiede analisi geopolitiche, economiche, finanziarie, commerciali o militari per determinare quali motivazioni strategiche siano in linea con l'attività dell'attaccante che è stata rilevata e osservata.

	Aspect	Example Evidence
M	Malware	e.g., language settings, timestamps, strings
I	Infrastructure	e.g., WHOIS data, links to private websites
C	Control Server	e.g., source code or logs on seized hard drives
T	Telemetry	e.g., working hours, source IPs, malware generation
I	Intelligence	e.g., intercepted communication
C	Cui bono	Geopolitical analysis of strategic motivation

Rappresentazione dei sei aspetti previsti dal framework MICTIC (Haq and Gomez, 2013)

I gruppi più tecnicamente avanzati preferiscono sviluppare in autonomia il malware necessario, oppure assoldare professionisti, sebbene capita che usino porzioni di malware e altri strumenti già esistenti. Questi ultimi sono generalmente utilizzati da gruppi meno esperti. In generale, i gruppi tendono a evitare l'uso di malware, preferendo sfruttare strumenti già inclusi nel sistema operativo, poiché questo minimizza il rischio di essere rilevati. In tema di malware, gli elementi da prendere in considerazione per l'attribuzione sono: impostazioni di lingua, timestamp, hash, stringhe specifiche, funzioni, comportamento e logiche, librerie utilizzate, similarità del codice, protocolli di comunicazione verso i server C&C, tecniche di offuscamento, riutilizzo di porzioni di codice, domini utilizzati e relative informazioni, classi di indirizzi IP, percorsi ed elementi distintivi degli URL utilizzati, rich headers, modalità, similitudini e diversità di allestimento degli ambienti, time zone, settimane lavorative, festività inusuali, percorso del PDB (program database), naming convention, nome dei progetti, lingua del sistema operativo, nomi persone e organizzazioni, sorgenti di lingua e codepage ID, parole chiave, caratteristiche grammaticali, ecc.

Il malware può cifrare il traffico C2 verso i server C&C usando certificati TLS duplicati, perché solitamente ignora il disallineamento dei *common name* nei certificati e nei nomi di dominio. In tema di infrastruttura, gli elementi da prendere in considerazione per l'attribuzione sono: dati WHOIS, collegamenti, host coinvolti, nomi di dominio, URL, percorsi CDN, timestamp, configurazione RDP, indirizzi IP sorgenti (dai quali l'attaccante si collega), percorsi C&C, indirizzi IP legati ai soggetti vittima dell'attacco e *cui bono* (vittimologia[156]), navigazione privata, certificati, banner, handshake, cartelle, file, sovrapposizione di dati WHOIS e DNS con altri siti e domini non malevoli. Se e quando si riesce a prendere possesso di server C&C, gli elementi da considerare per l'attribuzione sono: codice sorgente, log presenti su disco, swap di memoria, software installato, traffico di rete, script, commenti e nomi di funzione all'interno del codice, linguaggio

---

[156] La *vittimologia* è la disciplina che studia la relazione tra la vittima e l'autore dell'atto vittimizzante, tra vittime e sistema giudiziario e tra vittime e altre istituzioni, al fine di giungere a una conoscenza e comprensione dei protagonisti del reato, a scopo terapeutico, preventivo e riparatorio.

dell'interfaccia grafica, configurazione del sistema operativo, log di accesso relativi alle connessioni degli operatori del gruppo attaccante, log di accesso relativi a vittime e *cui bono* (vittimologia), sample del malware, strumenti utilizzati, liste di obiettivi, manuali operativi, librerie installate, ecc.

Le telemetrie da ricercare all'interno della rete e dei sistemi informativi dell'organizzazione vittima sono: orari di lavoro, generazioni di malware, azioni di social engineering, campagne e-mail di phishing, sample del malware, eventuali regioni geografiche di provenienza, concomitanza con altri malware, similarità del codice utilizzato, TTP, indirizzi dei server C&C, timestamp, altri malware e strumenti attribuiti in precedenza al medesimo threat actor. Le informazioni di intelligence da integrare nell'analisi di attribuzione devono includere tutti gli IOC rilevati, certificati digitali, eventuali comunicazioni intercettate, aspetti geopolitici (OSINT), comunicazioni in merito a operazioni, contatti e informazioni (SIGINT), operazioni di recruiting legate all'operazione (HUMINT), reti domestiche degli attaccanti, provider di telecomunicazioni, ecc. Infine, in tema di *cui bono*, gli elementi da considerare riguardano analisi geopolitiche, aspetti storici, affari e accordi internazionali, motivazioni plausibili, correlazioni con eventi e conflitti in corso, summit, negoziazioni, eventi strategici, conflitti domestici, strategia di crescita economica, accordi commerciali, stato delle scorte (alimentari, materie prime, componenti, ecc.), investimenti in specifici settori o regioni geografiche, leggi, missioni congiunte o segrete, nomi e designatori delle unità, job posting, report sui successi conseguiti, ricerche pubblicate, borse di studio, ecc.

Le principali sfide nell'adozione di questo framework, così come per quasi tutti gli altri, consistono nell'eventuale complessità delle operazioni di attacco, il livello di sofisticazione tecnica, collaborazioni tra diversi gruppi criminali (es. Supra Threat Actors), l'evoluzione del mercato nero e del Dark Web, nonché false flag, fake news e azioni di depistaggio. Il MICTIC è di fatto una specializzazione del Diamond Model, quindi, supporta il processo di attribuzione guidandone l'analisi per assicurare che copra tutti gli aspetti dell'attività dei threat actor, e risulta utile nell'individuare eventuali false flag perché è molto difficile coordinare operazioni complesse di questo tipo su tutti i numerosi aspetti, soprattutto quando i gruppi sono composti da diversi sottogruppi che dovrebbero allinearsi costantemente tra loro.

MICTIC non è perfetto, ma si può applicare a svariati usi, ad esempio per organizzare il processo di analisi e per differenziare i ruoli all'interno dei gruppi di attaccanti. In alcune situazioni può risultare scarsamente applicabile, ma per finalità didattiche o per strutturare un processo di analisi è certamente d'aiuto. Ovviamente, le evidenze devono essere il più possibile consistenti e coerenti, perciò è fondamentale che l'analista si chieda sempre quali siano reali e quali possano essere coincidenze o depistaggi. Molto spesso, infatti, le affermazioni ufficiali degli organi governativi sui media attribuiscono operazioni e attacchi a specifici gruppi o governi, ma senza fornire alcuna evidenza a supporto. Le motivazioni geopolitiche, economiche, finanziarie e militari che si nascondono dietro queste affermazioni possono essere le più svariate e possono dirottare sensibilmente le analisi. Per determinare la validità delle evidenze raccolte e la loro consistenza con le ipotesi formulate è consigliabile il ricorso al processo ACH precedentemente descritto.

Framework MICTICSI

La proposta[157] pubblicata da Pedro Ramos Brandao, docente e ricercatore presso l'Instituto Superior de Tecnologias Avançadas (ISTEC) di Lisbona, sul Journal of Computer Science nel 2021 riguarda l'estensione del framework MICTIC al fine di renderlo più completo e robusto, partendo dal presupposto che la comprensione e l'analisi dei gruppi APT non possono avvenire esclusivamente da una prospettiva tecnologica, bensì richiedono altri elementi altrettanto fondamentali. A tale scopo, la proposta riguarda l'integrazione del framework con due nuovi aspetti: *social engineering* e *internal leaks*.

Social engineering indica l'abilità di ottenere informazioni confidenziali o l'attuazione di specifiche azioni non autorizzate da personale chiave all'interno delle organizzazioni-obiettivo. L'attuazione di tali operazioni non richiede necessariamente strumenti tecnologici, bensì è principalmente basata su tecniche di inganno, manipolazione, coercizione e persuasione. Com'è stato magistralmente rappresentato da un mostro sacro come Kevin Mitnick (alias "*Condor*"), programmatore e hacker statunitense recentemente scomparso, nei suoi libri "*The Art of Deception*" (2002) e "*The Art of Intrusion*" (2005), il social engineering sfrutta tecniche come l'impersonificazione, il rinforzo positivo e negativo, l'intimidazione, la punizione, l'esca e il mentalismo, al fine di ottenere l'accesso non autorizzato a locali fisici, reti, dati, informazioni e sistemi informativi[158]. Molte vittime di attacchi riconoscono

---

[157] "Advanced Persistent Threats (APT) – Attribution – MICTIC Framework Extension" di Pedro Ramos Brandao, Instituto Superior de Tecnologias Avançadas-Lisbon (ISTEC), Journal of Computer Science, 2021 (https://thescipub.com/pdf/jcssp.2021.470.479.pdf)

[158] Alcune di queste pratiche sono: piggybacking, tailgating, phishing, vishing, smishing, eavesdropping, shoulder surfing, dumpster diving e reverse social engineering. Consiglio la lettura dei libri di Kevin Mitnick sopra citati per approfondire tutte queste tecniche.

a malapena di aver trasferito o ceduto informazioni riservate all'attaccante, a causa del talento persuasivo di quest'ultimo. Una casistica tutt'altro che rara. I gruppi di threat actor possono sfruttare sapientemente questa abilità nella preparazione e nella conduzione di un attacco, pertanto, tutti coloro che sono entrati in contatto, fisico o meno, con gli attaccanti devono essere accuratamente interrogati. Le informazioni raccolte, infatti, possono risultare cruciali nel processo di identificazione e attribuzione.

Internal leaks indica la fuga o la cessione di dati, informazioni o credenziali d'accesso. Questo aspetto è assolutamente attuale, poiché è ormai dimostrato che diversi gruppi di threat actor ricorrono più facilmente alla corruzione di un dipendente dell'organizzazione vittima, un metodo sicuramente più rapido, economico ed efficace rispetto al dover sviluppare malware o dotarsi di strumenti tecnologici per attaccare dall'esterno. Questo fattore è molto rilevante nel processo di attribuzione, pertanto, l'organizzazione colpita deve avviare un'indagine approfondita per accertare quali informazioni siano fuoriuscite dall'interno e scovare con ogni mezzo chiunque abbia collaborato con gli attaccanti. Gli eventuali complici interni devono essere sottoposti a interrogatorio al fine di recuperare qualsiasi informazione utile in loro possesso sull'attaccante: modalità di contatto, lingua adottata per le comunicazioni, valuta in denaro, mezzo di pagamento, tipologia di informazioni richieste, ecc.

	Aspect	Example Evidence
M	Malware	e.g., language settings, timestamps, strings
I	Infrastructure	e.g., WHOIS data, links to private websites
C	Control Server	e.g., source code or logs on seized hard drives
T	Telemetry	e.g., working hours, source IPs, malware generation
I	Intelligence	e.g., intercepted communication
C	Cui bono	Geopolitical analysis of strategic motivation
S	Social Engineering	Behavioral analysis through data leakage or patterns
I	Internal Leaks	Analysis of data obtained from internal collaborators

Rappresentazione degli otto aspetti del framework MICTICSI (Brandao, 2021)

La proposta di Brandao di creare due ulteriori aspetti nel framework MICTIC è intesa a introdurre il fattore umano in maniera più specifica e oggettiva: poiché la maggior parte dei gruppi APT operano in contesti di cyber warfare e cyber-espionage, gli strumenti utilizzati nel processo di attribuzione devono essere analoghi o identici a quelli utilizzati dalle spie e dalle agenzie di intelligence e di sicurezza nazionale.

Analytical Attribution vs. Strategic Attribution

Un diverso concetto di attribuzione è stato formulato da Andrew Grotto, direttore del Programma di Geopolitica, Tecnologia e Governance e capo del Cyber Policy Center della Stanford University, nella sua pubblicazione "*Deconstructing cyber attribution: a proposed framework and lexicon[159]*", con l'intento di fornire un punto di riferimento nel dibattito sugli scopi dell'attribuzione, sugli standard probatori più appropriati per le rivendicazioni di attribuzione e varie proposte per incoraggiare una migliore e più efficace attribuzione. Il framework di Grotto, infatti, si focalizza sugli obiettivi dell'entità che attua il processo di attribuzione e sull'esistenza di standard probatori, linguaggi estimativi, destinatari diversi a seconda degli obiettivi e della natura dell'organizzazione che lo intraprende. Ad esempio, un ricercatore di cybersecurity privato e indipendente può approcciare la realizzazione e la comunicazione di un'attribuzione in maniera sensibilmente differente rispetto a un'agenzia governativa, in termini di forma e contenuti. Ciò avviene in funzione di ciò che chi attua il processo vuole ottenere attraverso la pretesa di attribuzione di un evento.

Questo framework contempla due modalità di attribuzione: "*analytical attribution*" e "*strategic attribution*". La prima è basata principalmente sulle evidenze tecniche e le informazioni di intelligence provenienti da più fonti. La seconda, invece, è rappresentata dalle azioni che vengono svolte grazie all'attribuzione tecnico-analitica, che possono essere influenzate dalle conseguenze geopolitiche, politiche, economiche, finanziarie, militari e diplomatiche dell'attribuzione che verrà resa pubblica. La strategic attribution è guidata dalla modalità con cui essa promuove gli interessi dell'entità che attua l'attribuzione e decide se e come renderla pubblica. Questo vale sia per organismi governativi che per entità e soggetti privati. Ad esempio, nel caso in cui un'agenzia governativa di cybersecurity, che ha l'obiettivo istituzionale di proteggere le infrastrutture critiche della propria nazione, decida di condividere un sottoinsieme dell'attribuzione analitica di un attacco con un ristretto numero di soggetti che potrebbero essere a rischio di attacchi analoghi. In particolare, la strategic attribution prevede tre differenti gradi di condivisione:

- **Private attribution**, quando si decide di non comunicare l'attribuzione analitica a terze parti;
- **Selective attribution**, quando solo alcune parti dell'attribuzione analitica vengono comunicate a terze parti selezionate;

---

[159] "Deconstructing Cyber Attribution: A Proposed Framework and Lexicon" di Andrew Grotto, IEEE Security & Privacy, 2019 (https://ieeexplore.ieee.org/document/8849998)

- **Public attribution**, quando si rende disponibile più o meno pubblicamente l'attribuzione analitica.

Grazie a questo framework, i destinatari dell'attribuzione (es. giornalisti, politici, esperti, specialisti, ecc.) possono giudicare le informazioni in essa contenute alla luce delle motivazioni e degli obiettivi dell'entità che la fornisce. Ad esempio, possono chiedersi perché l'entità fornitrice dell'attribuzione abbia deciso di omettere determinati dettagli, oppure cosa spera di ottenere rendendo l'attribuzione disponibile al pubblico.

Public Attribution Framework

Ideato e proposto da Florian J. Egloff e Max Smeets[160], due ricercatori senior del Center for Security Studies (CSS) del Politecnico Federale (ETH) di Zurigo, il *Public Attribution Framework* trae origine dal presupposto che le dinamiche dell'attribuzione pubblica dei cyber attacchi siano ancora troppo poco comprese. Secondo gli ideatori, l'attribuzione pubblica è un processo molto complesso che costringe a compromessi su una varietà di considerazioni: non richiede solo la comprensione dell'evento e del threat actor che l'ha commesso, ma anche del più vasto scenario geopolitico, delle eventuali alleanze e del contesto legale. Inoltre, non sempre avere una maggiore attribuzione pubblica è meglio, poiché comporta rischi significativi che vengono spesso poco compresi. Per avere successo, quindi, è fondamentale che l'attribuzione pubblica abbia finalità chiare e consistenti.

Il framework è disegnato per supportare, guidare e migliorare i processi decisionali nel processo di attribuzione, distinguendo tra gli obiettivi del threat actor e quattro categorie di elementi – intelligence, severità dell'incidente, contesto geopolitico e azioni conseguenti l'attribuzione – che agiscono da fattori abilitanti o da ostacoli al conseguimento degli obiettivi. La combinazione di queste quattro categorie consente di assumere decisioni prudenti sull'opportunità di disseminare le informazioni sulle azioni avversarie al pubblico, di comunicarle privatamente all'avversario stesso, o di restringere la conoscenza dell'evento a specifici soggetti selezionati. Ciascuna categoria comprende sottocategorie che devono essere considerate nel processo decisionale per garantire il massimo valore strategico.

---

[160] "Publicly attributing cyber attacks: a framework" di Florian J. Egloff e Max Smeets, Journal of Strategic Studies, ResearchGate, marzo 2021 (https://www.researchgate.net/publication/349981409_Publicly_attributing_cyber_attacks_a_framework)

In relazione agli obiettivi, il successo dell'attribuzione pubblica consiste nel conseguimento delle finalità prefissate dal soggetto che la conduce. Esempi di finalità possono essere la definizione di norme comportamentali, la coercizione a fini di deterrenza o di costrizione, la provocazione di attriti, oppure la prevenzione e la protezione, per le quali la pubblica attribuzione può costituire uno stimolo verso la creazione di comunità di attribuzione per una risposta molto più estesa a minacce e attaccanti. Inoltre, l'attribuzione pubblica può favorire credibilità e legittimazione, a livello sia nazionale che internazionale, dei soggetti coinvolti nel processo, mettendo in luce il ruolo determinante delle organizzazioni di intelligence e cybersecurity nella salvaguardia degli organismi governativi nazionali e del tessuto economico e produttivo della nazione. Infine, l'attribuzione pubblica è sempre un ottimo mezzo per giustificare e garantire adeguati budget di finanziamento delle iniziative di cybersecurity, nonché per supportare le strategie aziendali.

In relazione alle quattro categorie di elementi abilitanti o vincolanti:

- La prima parte del processo è focalizzata sull'**intelligence**, in particolare sulla capacità di raccogliere e analizzare informazioni sugli avversari, siano essi stati nazionali o altre tipologie di attori, considerando quattro tipologie di fattori: il grado di certezza dell'attribuzione, i potenziali vantaggi e svantaggi, le tattiche, tecniche e procedure (TTP) usate dall'attaccante, e l'abilità nel controllare informazioni rilevanti per l'attribuzione.

- La seconda parte riguarda la **severità dell'attività malevola**, per la quale vengono considerati tre aspetti principali: la legittimità dell'attore responsabile, la motivazione dell'attaccante e gli effetti dell'attività compiuta. Nell'analisi vanno distinti gli effetti voluti da quelli effettivamente causati, ed è bene considerare che molte operazioni singole si svolgono come parte di operazioni molto più vaste e complesse che possono avere grande rilevanza geopolitica e un impatto strategico significativo.

- Il terzo passo è l'analisi della **situazione geopolitica** e delle forze in gioco. Partendo dal presupposto che gli stati, spesso con la complicità e il supporto di stati alleati, si introducono regolarmente nelle reti degli obiettivi strategici per finalità di spionaggio e per utilizzare le informazioni sottratte a proprio vantaggio, la pubblica attribuzione di azioni malevole può generare avversione e sfiducia sul piano politico, e può essere anche considerata come un'escalation in eventuali situazioni conflittuali in corso. Al tempo stesso, anche il tempismo è fondamentale, poiché l'attribuzione può risultare un supporto o un ostacolo alle agende di stati e organizzazioni sovranazionali.

Infine, anche **le modalità di gestione e le conseguenti azioni** sono determinanti nella decisione se rendere pubblica l'attribuzione. Una prima considerazione è se l'attribuzione pubblica possa provocare risposte politiche o militari, nonché qualsiasi altro tipo di risposta che possa danneggiare gli interessi dell'entità che svolge il processo. Inoltre, va considerata anche l'opinione pubblica internazionale, che dimostra una crescente attenzione verso l'attribuzione degli attacchi cyber, con potenziali conseguenze per la stabilità geopolitica. Altro fattore da considerare è la cooperazione internazionale, che può dare beneficio sia normativo che coercitivo, soprattutto per le potenze medie e piccole, può ritardare l'attribuzione pubblica attraverso azioni diplomatiche, oppure (come nel caso dei *Five Eyes*) può tradursi in processi congiunti e più rapidi di attribuzione pubblica.

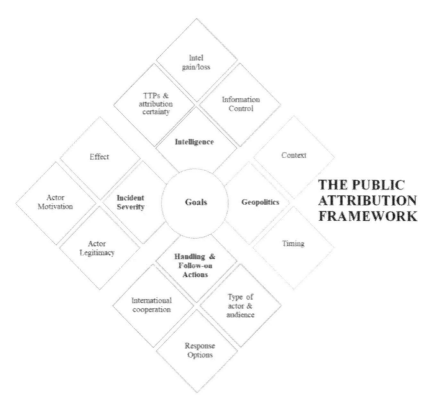

La rappresentazione degli elementi del Public Attribution Framework

Attribuzione APT mediante Zachman Ontology (APTZO)

Nel settore dell'informatica, per *ontologia* si intende la rappresentazione formale, condivisa ed esplicita della concettualizzazione di un dominio di interesse, ovvero una teoria assiomatica del primo ordine[161] che può essere espressa in una logica descrittiva[162]. Ad esempio, nei campi dell'intelligenza artificiale e della rappresentazione della conoscenza, l'ontologia descrive il modo in cui diversi schemi vengono combinati in una struttura di dati contenente tutte le entità rilevanti e le loro relazioni nel dominio preso in esame. Essa può avere diversi scopi, tra i quali il ragionamento induttivo, la classificazione e svariate tecniche per la risoluzione di problemi.

Sviluppato negli anni '80 da John Zachman nel corso dello sviluppo del Business Systems Planning[163] (BSP), il quadro (o framework) di Zachman è un'ontologia utilizzata per strutturare e organizzare i componenti essenziali dell'infrastruttura tecnologica, dei processi e dei dati di un'organizzazione, fornendo una visione completa dell'azienda e dei suoi sistemi complessi. Il concetto di base consiste nella possibilità di rappresentare un aspetto complesso secondo diversi obiettivi e in differenti modalità, usando differenti tipologie di descrizione. Esso trae ispirazione dalle pratiche architettoniche e ingegneristiche, e prevede una matrice che classifica gli aspetti architettonici in base a sei diverse "prospettive" (chi, cosa, dove, quando, come, perché) e sei diverse "parti interessate" (pianificatore, proprietario, progettista, implementatore, costruttore secondario e utente). Combinate tra loro, esse producono le 36 categorie necessarie per rappresentare in maniera completa qualsiasi aspetto, in particolare elementi complessi come prodotti manufatturieri, strutture architettoniche e organizzazioni aziendali. Le applicazioni più frequenti del framework sono la definizione della strategia informatica aziendale, l'ottimizzazione dei processi, il governo e la gestione dei dati, l'innovazione dell'infrastruttura informatica, una ristrutturazione organizzativa, il potenziamento della cybersecurity, l'implementazione di sistemi CRM, l'ottimizzazione di catene di fornitura, l'aggiornamento dei sistemi finanziari e la pianificazione strategica.

---

[161] Nella logica matematica, una teoria del primo ordine, detta anche calcolo dei predicati, è un particolare sistema formale con il quale è possibile esprimere enunciati e dedurre le loro conseguenze logiche in maniera formale e meccanica.

[162] Le logiche descrittive sono una famiglia di formalismi utilizzati per rappresentare la conoscenza di un dominio di applicazione (detto *mondo*), definendo i concetti rilevanti e utilizzandoli per specificare le proprietà degli oggetti e degli individui del dominio.

[163] Il Business Systems Planning è metodo di analisi, definizione e disegno dell'architettura informativa aziendale sviluppato e utilizzato internamente da IBM fin dagli anni '70 e poi proposto ad altre aziende (https://en.wikipedia.org/wiki/Business_systems_planning)

Classification Names → Audience Perspectives ↓	WHAT Data	HOW Function	WHERE Network	WHO People	WHEN Time	WHY Motivation	Classification Names Model Names
EXECUTIVE PERSPECTIVE Planner	Inventory Identification	Process Identification	Distribution Identification	Responsibility Identification	Timing Identification	Motivation Identification	**SCOPE CONTEXTS**
BUSINESS MANAGEMENT PERSPECTIVE Owner	Inventory Definition	Process Definition	Distribution Definition	Responsibility Definition	Timing Definition	Motivation Definition	**BUSINESS CONCEPTS**
ARCHITECT PERSPECTIVE Designer	Inventory Representation	Process Representation	Distribution Representation	Responsibility Representation	Timing Representation	Motivation Representation	**SYSTEM LOGIC**
ENGINEER PERSPECTIVE Builder	Inventory Specification	Process Specification	Distribution Specification	Responsibility Specification	Timing Specification	Motivation Specification	**TECHNOLOGY PHYSICS**
TECHNICIAN PERSPECTIVE Implementer	Inventory Configuration	Process Configuration	Distribution Configuration	Responsibility Configuration	Timing Configuration	Motivation Configuration	**TOOL COMPONENTS**
ENTERPRISE PERSPECTIVE Users	Inventory Instantiations	Process Instantiations	Distribution Instantiations	Responsibility Instantiations	Timing Instantiations	Motivation Instantiations	**OPERATIONS INSTANCES** The Enterprise
Audience Perspectives Enterprise Names	INVENTORY SETS Usable Data	PROCESS FLOWS Working Function	DISTRIBUTION NETWORKS Usable Network	RESPONSIBILITY ASSIGNMENTS Organization	TIMING CYCLES Schedule	MOTIVATION INTENTIONS Strategy	John A. Zachman 1987-2011

Una rappresentazione dell'ontologia di Zachman

La proposta[164] di un team di ricercatori dell'Indian Institute of Technology di Kanpur (IITK) consiste nell'utilizzo di una matrice bidimensionale costruita sull'ontologia di Zachman per rappresentare un'attribuzione. Ciascuna riga della matrice riflette il punto di vista di una singola parte interessata del processo di attribuzione, ovvero:

- **Executive Perspective**, che consiste nell'identificare gli obiettivi dell'attacco da una prospettiva molto elevata, tipicamente a livello di settore (es. infrastrutture critiche) o di nazione, come quella di enti regolamentari, consulenti per la sicurezza nazionale, agenzie governative, circuiti nazionali di cybersecurity e consessi di CISO.

- **Business Perspective**, che consiste nel realizzarc una Business Impact Analysis (BIA) dell'attacco o della campagna APT da parte di analisti di business e figure direttive, con il supporto di specialisti di business continuity, al fine di identificare le perdite subite dall'azienda sotto vari aspetti (finanziario, commerciale, operativo, reputazionale, legale, regolamentare, ecc.). Questo processo deve avere la supervisione diretta dei senior executive e del CISO, ed è anche un ottimo strumento di consapevolezza e sensibilizzazione per il top management aziendale.

---

[164] "A Framework for Advanced Persistent Threat Attribution using Zachman Ontology" di Venkata S.C. Putrevu, Hrushikesh Chunduri, Mohan Anand Putrevu e Sandeep Shukla, ACM Digital Library, giugno 2023 (https://dl.acm.org/doi/abs/10.1145/3590777.3590783)

- **Architectural Perspective**, che consiste nell'identificazione del modello di minaccia (*threat model*) adottato dagli attaccanti, ovvero quali azioni specifiche sono state attuate per portare a compimento l'attacco. L'obiettivo di questa prospettiva è ricostruire e descrivere il modello di un attacco o di una campagna APT, nonché identificare quali modelli rilevanti potrebbero essere adottati da eventuali attaccanti in futuro, in base alla security posture dell'organizzazione.
- **Engineer's Perspective**, che consiste nell'analizzare le caratteristiche peculiari dell'attacco, nonché le tattiche, tecniche e procedure (TTP) utilizzate dagli attaccanti, con l'obiettivo di rappresentarne l'eventuale correlazione con le TTP di attacchi precedentemente osservati o descritti.
- **Technical Perspective**, che consiste nell'investigazione degli IoC prelevati dalle macchine compromesse, per estrarre, mediante tecniche di reverse engineering e malware analysis, eventuali indirizzi IP e domini dei server C2, server DNS, sessioni di controllo remoto, informazioni WHOIS, certificati digitali, marcatori temporali, ecc. L'obiettivo di questa prospettiva è rappresentare i dettagli tecnici e operativi delle telemetrie dell'attacco.
- **Enterprise Perspective**, che rappresenta il punto di vista dell'organizzazione vittima, dopo che l'incidente cyber si è verificato, sotto forma di ciò che i team di incident response e digital forensics riescono a ottenere (sample di malware, IoC, log di firewall, sistemi di sicurezza e dispositivi di rete, allarmi e correlazioni sul SIEM, evidenze di tipo forensico e altre informazioni utili). L'obiettivo di questa prospettiva è rappresentare tutti gli indicatori di compromissione e di attacco rilevati.

Secondo gli ideatori del processo di attribuzione APTZO, gli altri metodi e framework di attribuzione mancano della necessaria granularità e dipendono fortemente dalle competenze dei vari professionisti, invece che basarsi su un processo standardizzato. Questo può ostacolare sia la comprensibilità che la riproducibilità dell'attribuzione svolta, poiché il processo viene attuato ma non ingegnerizzato. Il processo APTZO ha l'obiettivo di offrire una maggiore granularità, attraverso un metodo di inferenza logica (o ragionamento abduttivo) che prevede specifiche domande primitive (what, how, where, who, when e why) poste a vari livelli del processo stesso. Questo metodo dovrebbe consentire di determinare la spiegazione più logica e probabile per la serie di osservazioni presa in esame e di trarre conclusioni più accurate sugli attaccanti e le loro motivazioni, aiutando le organizzazioni a proteggersi meglio da eventuali attacchi futuri.

Audience Perspectives	WHAT	HOW	WHERE	WHO	WHEN	WHY	Deliverables
Executive Perspective (Nation/State)	Motivation of the APT operation	Cui bono, OSINT, SIGINT, HUMINT	State or Ministry level, intelligence agencies, CISOs, LEAs	Policy makers, CISOs, cyber security advisors	At the end of the attribution process, when preparing the defense strategies	To know target sectors impacted, improve resilience and prepare defense strategy	Scope of APT, Policy actions, Defense strategy
Business Perspective	Loss assessment	BIA	Victim organization council chaired by CISO and senior executives	Executives and Business Analysts with investigation firm or LEAs	During the BIA and after publishing the results	To analyze the business reason of the target	BIA
Architectural Perspective	Threat models of APT Threat Actor	Adversary TTPs and threat model	Security architects of the investigation firm	Security architects	After the TTP mapping analysis, before publishing the results	To know the threat models used and correlate them with past campaigns	Threat model
Engineer's Perspective	Behavioral patterns and strategies	Attack vector and MITRE heat mapping of TA's TTPs	Threat intelligence research lab of investigation firm or LEAs	Purple team or LEAs	After the threat triage and analysis	To analyze the TTPs and correlate them with past attacks	TTPs
Technical Perspective	Relevant information about telemetry and infrastructure	Static, dynamic or hybrid malware analysis, log analysis	Controlled lab environment (sandbox)	Security analysts, reverse engineers, malware analysts	During the threat triage and analysis	To know the operation capabilities and workforce behind the attack	Operational details and telemetry
Enterprise Perspective (Victim User or Machine Level)	Host level IOCs	Digital forensics, malware samples and security logs	Compromised victim machines, firewalls and systems	Forensic team with support of the victim's security team	Immediately after the cyber incident reporting by the victim	To determine the extent of compromise	IOCs
	Inventory Sets	Process Flows	Location	Responsibility	Timing Cycles	End state objectives	

Una rappresentazione sintetica della matrice del framework APTZO

Secondo gli ideatori, i punti di forza del framework di attribuzione APTZO rispetto ad altri modelli e framework sono i seguenti:

- **Granularità**, grazie alle differenti prospettive adottate e alla combinazione dei prodotti (*deliverables*) di ciascun livello, che considerati singolarmente sarebbero molto meno significativi;
- **Inclusività**, poiché fornisce informazioni sui requisiti chiave richiesti per condurre il processo di attribuzione in maniera completa, con documentazione esaustiva e supporto all'investigazione;
- **Strutturazione del processo**, necessaria per rendere consistente ed efficiente l'attribuzione, garantendo il rispetto di standard e requisiti, affinché il processo si svolga con un approccio ingegnerizzato;
- **Segregazione delle responsabilità**, grazie alla chiara e ben descritta separazione delle responsabilità dei vari attori coinvolti, affinché ognuno comprenda il proprio ruolo e come si inquadra nel processo complessivo, con compiti definiti e organizzati.

Model / Framework	Inclusive	Granular	Structured processes	Clear Segregation of Actors / Responsibilities	Explainability	Open Source
Q-Model	No	No	Partially Yes	No	Partially Yes	Yes
Diamond Model	No	No	No	Partially Yes	Partially Yes	Yes
4C Model	Partially Yes	No	Partially Yes	No	Yes	No
MICTIC Framework	Yes	No	Yes	No	Yes	Yes
MICTICSI Framework	Yes	Yes	Yes	No	Yes	Yes
Our Framework	Yes	Yes	Yes	Yes	Yes	Yes

La tabella di comparazione delle caratteristiche del framework APTZO con altri modelli e framework pubblicata dagli ideatori nel loro documento di proposta

Conoscere per proteggere

Lo slogan che ho scelto per dare il titolo a questo capitolo conclusivo è certamente abusato, lo si può ritrovare in diversi ambiti, dalla salvaguardia dell'ambiente alla tutela della biodiversità, dalla protezione degli oceani alla difesa dei bambini. E proprio l'abuso dimostra che il concetto retrostante è, di fatto, una verità riconosciuta: non puoi proteggere qualcosa se non ne conosci a fondo natura e caratteristiche, né conosci quali minacce vi incombono. Lo stesso concetto è applicabile anche al mondo della cybersecurity, poiché non puoi individuare, definire e applicare misure di difesa se non sai cosa devi difendere e da chi o che cosa lo devi proteggere. Alla base del concetto, quindi, c'è la **conoscenza**, cioè, secondo l'etimologia del termine, *"l'atto di apprendere con l'intelletto l'essere, la ragione, il vero delle cose"*. Conoscenza non è solo conoscere le cose, ma conoscere anche come stanno *realmente* le cose, ed è proprio questa la principale sfida dell'intelligence applicata alla cybersecurity: fornire informazioni di intelligence che siano utili, fruibili, ma soprattutto verificate e rispondenti a realtà. Troppo spesso, in azienda, vengono assunte decisioni strategiche e vengono avviate importanti iniziative di cambiamento utilizzando informazioni incomplete o non verificate o, nei casi peggiori, in base alla percezione personale.

L'obiettivo primario dell'intelligence è la rappresentazione più realistica e veritiera possibile di dati, informazioni ed eventi, perché sul risultato delle analisi di intelligence si prendono decisioni che possono essere determinanti. Gli attacchi informatici sono sempre più numerosi, veloci, sofisticati, addirittura creativi, e possono essere devastanti per il business delle organizzazioni colpite, per questo è fortemente sconsigliato restare in passiva attesa dell'ineluttabilità degli eventi senza adottare misure proattive e preventive che riducano il più possibile la probabilità di impatti sul business aziendale. In gioco ci sono la continuità del business stesso, la reputazione del marchio, l'immagine pubblica, la fiducia della clientela e delle terze parti. Sono beni intangibili ma fondamentali, che richiedono anni di fatica e investimenti per essere conquistati, e che possono essere distrutti in poche ore a causa di un evento cyber imprevisto per il quale non si era preparati. Questa eventualità può mettere a rischio la sopravvivenza dell'azienda stessa, la qualità della vita delle persone che vi lavorano e, nei casi più gravi, incidere pesantemente su un intero settore.

Un rischio che riguarda anche la nazione nel complesso, soprattutto se vengono prese di mira le infrastrutture critiche. Basti pensare all'indisponibilità improvvisa e prolungata di acqua, energia (luce, gas, carburanti), trasporti (stradale, ferroviario, aereo e marittimo), servizi medico-sanitari, banche e servizi finanziari, telecomunicazioni o grandi industrie strategiche. In caso di attacco multiplo coordinato, ad esempio in uno scenario da *"saldi per incendio*[165]*"*, le conseguenze potrebbero mettere in ginocchio un intero Paese e sconvolgere la vita di decine di milioni di persone. Non è un'eventualità così remota, in parte sta già succedendo. Secondo l'ultimo resoconto delle attività della Polizia Postale e delle Comunicazioni e dei Centri Operativi di Sicurezza Cibernetica[166], il Centro Nazionale Anticrimine per la Protezione delle Infrastrutture Critiche (CNAIPIC) ha rilevato un aumento del 138% degli attacchi alle infrastrutture critiche (circa 13mila nel 2022) con campagne di phishing, diffusione di malware distruttivi (ransomware e wiper), attacchi DDoS e sottrazione di informazioni critiche. Inoltre, i conflitti in corso in Ucraina e Medio Oriente hanno incrementato i fenomeni di spionaggio, sabotaggio e attacchi di tipo Advanded Persistent Threat (APT) condotti da threat actor di elevata competenza tecnica, spesso sponsorizzati e finanziati da governi nazionali coinvolti a vario titolo nei conflitti.

---

[165] "Saldi per incendio, uno scenario meno improbabile di quanto si creda" di Ettore Guarnaccia, 2012 (https://www.ettoreguarnaccia.com/archives/1166)

[166] Resoconto attività 2022 della Polizia Postale e delle Comunicazioni e dei Centri Operativi Sicurezza Cibernetica, gennaio 2023 (https://www.commissariatodips.it/notizie/articolo/resoconto-attivita-2022-della-polizia-postale-e-delle-comunicazioni-e-dei-centri-operativi-sicurezz/index.html)

Nel momento in cui scrivo è in corso un attacco ransomware all'azienda sanitaria di Modena, che si aggiunge ai precedenti analoghi attacchi alle aziende sanitarie di Roma, Savona, Terni, Messina, Padova, Napoli, Lecco, Varese, La Spezia, L'Aquila e Verona, e alle aziende ospedaliere San Giovanni Addolorata di Roma, Fatebenefratelli Sacco, Macedonio Melloni e Niguarda di Milano, e Ospedale Universitario di Parma. Pochi giorni fa si è verificato un attacco alla filiale americana della più grande banca del mondo, la Industrial and Commercial Bank of China (ICBC), mentre diversi attacchi hanno riguardato banche italiane nel corso del 2023. Colpiti in particolare anche organi governativi e società di telecomunicazioni.

Lo scenario globale è, a dir poco, preoccupante. Nei consessi ed eventi di cybersecurity si parla di aumento dei volumi di attacchi, della crescente sofisticazione delle tecniche, di impatti devastanti sulle aziende, di persone in cassa integrazione per mesi. Il nostro Paese è pesantemente coinvolto, più di molti altri, poiché si stima che circa l'8% degli attacchi a livello globale sia indirizzato all'Italia, con un aumento del 60% negli ultimi 5 anni. In base al Rapporto Clusit 2023[167], i settori più colpiti sono: sanitario, governativo, militare, servizi informatici, finanza e assicurazioni, educazione, energia, manifatturiero, news, media e grande distribuzione. Una recente rilevazione svolta da Eurobarometro[168] della Commissione Europea, in Italia la quota di micro, piccole e medie imprese che nel 2022 ha dovuto fronteggiare almeno un attacco informatico è del 37%, sensibilmente superiore alla media UE del 28%. A livello globale, il 61% degli attacchi ha riguardato PMI. Nessuna azienda può considerarsi al riparo, soprattutto nell'attuale scenario di minaccia, nel quale le motivazioni degli attaccanti sono numerose e non solo legate al profitto finanziario.

Ho voluto aggiornare i contenuti di questo libro, giunto alla seconda edizione, perché in meno di un anno la cybersecurity intelligence ha compiuto nuovi passi evolutivi in termini di processi e strumenti, è entrata a far parte dei pilastri della cybersecurity e sta diventando sempre più determinante nel contrasto di attacchi informatici e frodi. Tuttavia, c'è ancora molto da fare, soprattutto in termini di divulgazione sull'eccezionale valore aggiunto che l'intelligence può rappresentare per l'identificazione delle minacce e degli attaccanti, la prevenzione, la rilevazione e la risposta efficace e tempestiva ad attacchi e incidenti, la prioritizzazione degli investimenti e l'ottimizzazione delle risorse destinate alle misure di protezione e rimedio.

---

[167] "Rapporto Clusit 2023 sulla sicurezza ICT in Italia", Security Summit (https://clusit.it/wp-content/uploads/download/Rapporto_Clusit_aggiornamento_10-2023_web.pdf)

[168] "Piccole imprese e attacchi informatici: colpite 4 su 10. Le contromisure", Il Sole 24 Ore, febbraio 2023 (https://barbaraganz.blog.ilsole24ore.com/2023/02/16/piccole-imprese-e-attacchi-informatici-colpite-4-su-10-le-contromisure/)

Questo libro va esattamente in questa direzione. Ho voluto rappresentare l'apporto dell'intelligence ai processi decisionali del top management, alla definizione delle strategie di evoluzione e innovazione, alla comprensione dei fenomeni geopolitici, alla gestione del rischio cyber e informatico, al controllo della sicurezza delle terze parti e alla protezione del marchio e della reputazione aziendale. Ho raccontato la mia esperienza diretta sul campo e inserito diverse indicazioni su come introdurre l'intelligence nella funzione di cybersecurity aziendale, come organizzarla, come sfruttare al meglio le fonti e quali modelli, framework e tecniche di analisi utilizzare per valorizzarla al massimo. Ma, soprattutto, ho voluto stimolare il lettore a porsi nuove domande in materia di minacce e attacchi, ad approfondire aspetti che troppo spesso vengono sottovalutati o ignorati quando si è chiamati a gestire situazioni di emergenza o ad assumere decisioni particolarmente strategiche, e a comprendere l'importanza di conoscere a fondo le minacce e il contesto operativo della propria azienda per avere successo nel salvaguardarne il business, talvolta addirittura la sopravvivenza.

Se l'hai trovato interessante, istruttivo o, in qualsiasi modo, utile, aiutami a diffonderne la conoscenza, promuovendolo all'interno della tua cerchia di conoscenze professionali o semplicemente pubblicandone una recensione sul mio negozio online oppure su Amazon. Grazie a queste semplici azioni potrai aiutare altri professionisti a conoscere questa affascinante disciplina e a conseguire tutti i possibili vantaggi che essa può garantire per la continuità e la prosperità del business di qualsiasi azienda. Sarà anche un modo per valorizzare il mio impegno per la divulgazione e la promozione della consapevolezza nella comunità della cybersecurity.

Grazie.

Ettore Guarnaccia

*"Non troverai mai la verità,
se non sei disposto ad accettare
anche ciò che non ti aspettavi
di trovare." (Eraclito)*

Finito di stampare nel mese di dicembre 2023
tramite Amazon Kindle Direct Publishing (KDP).
Disponibile anche in formato elettronico per Kindle.

Questo libro è acquistabile su Amazon
oppure sul negozio online dell'autore
all'indirizzo shop.ettoreguarnaccia.com.

Lascia il tuo feedback su questo libro
direttamente su Amazon oppure invialo
all'autore su www.ettoreguarnaccia.com.

CF201202312050930

Printed by Amazon Italia Logistica S.r.l.
Torrazza Piemonte (TO), Italy